Doris Sutter

Beluga
geht durchs Nadelöhr

Eine Boots-Reise über Donau, Schwarzes Meer und Mittelmeer

traveldiary.de Reiseliteratur-Verlag
Hamburg

© 2005 traveldiary.de Reiseliteratur-Verlag
Jens Freyler, Hamburg
www.traveldiary.de
ISBN 3-937274-22-7
978-3-937274-22-5
Herstellung: Books on Demand GmbH

Der Inhalt wurde sorgfältig recherchiert, ist jedoch teilweise der Subjektivität unterworfen und bleibt ohne Gewähr für Richtigkeit, Vollständigkeit und Aktualität.

Nachdruck, auch auszugsweise, nur mit schriftlicher Genehmigung des Verlages.

Bei Interesse an Zusatzinformationen, Lesungen o.ä. nehmen Sie gerne Kontakt zu uns auf.

Inhalt

Die Donau	5
Information Donau	104
Blaue Wasser	113
Information Blaue Wasser	171
Heimweg auf französisch	178
Schlusswort	196
Fahrtenbuch	198

Die Donau

Kapitel 1

Pass auf, was du dir wünschst, es könnte in Erfüllung gehen!

„Weißt du schon wohin du nächstes Jahr fahren willst?"

Jedes Jahr die gleiche stereotype Frage und zwar genau zwei Wochen, nachdem wir unsere Reise beendet haben. Schon nervt ihn das Alltägliche unseres Alltags. Doch ich kann vorschlagen was ich will, er hat seine eigenen Ideen, die schnurgerade Richtung Frankreich zielen und die er bis aufs Messer verteidigt. Mich zu fragen ist lediglich Selbstschutz, möglicherweise seine Konzession an die weibliche Emanzipation. Vielleicht fürchtet er auch nur irgendwo nachzulesen, dass seiner Ehefrau lediglich die Rolle des dekorativen Beiwerks zufällt ohne jedes Mitspracherecht, vom Einbringen eigener Ideen und Vorstellungen ganz zu schweigen.

Etwas ungeduldig, wie es seine Art ist, hakt er nach: „Also, wohin?"

Gut, wenn er unser jährliches Stadt-Land-Fluss-Spiel spielen und gewinnen will, kann er haben.

Die Kokosnüsse fallen nach und nach in den Korb also beginne ich vorsichtig: „Wir könnten eigentlich mal wieder nach Holland fahren."

„Hast du vergessen, dass es in Holland immer regnet, dass wir Ijsselmeer und Friesland in- und auswendig kennen? Im übrigen sind da viel zu viele Deutsche, alles total überlaufen, die Häfen viel zu teuer und glaub nur nicht, dass ich vor jeder Schleuse mit 50 anderen Booten stundenlang warte." Abgehakt!

„Ich würde ja wirklich gerne mal nach Ostdeutschland. Berlin, Mecklenburgische Seenplatte, das soll doch alles ganz wunderbar sein," werfe ich vorsichtig ein.

„Du solltest dich an den letzten Reisebericht in der „Boote" erinnern. Was nützt die schönste Landschaft, wenn du nirgends anlegen darfst. Die Boote von den Brücken mit Steinen beworfen werden und die Wasserschutzpolizei regelrecht Jagd auf Sportboote macht. Und abzocken lass ich mich schon gar nicht. Du hast doch gelesen, dass Westdeutsche in den Häfen über den Tisch gezogen werden und das 10fache bezahlen als die Ostdeutschen. Auf den Osten hab ich wirklich keinen Bock."

Einen weiteren Tag lässt er verstreichen, dann macht er zur Gewissensberuhigung einen erneuten Vorstoß: „Hast du dir was überlegt?"

Die Liebe ist im Vergleich mit allen anderen Arten der Kriegsführung ein großer Fortschritt. Auf in die Schlacht! „Was hältst du denn von der Donau? Das war doch schon immer ein Traum von uns!"

Seit wir mit dem Segelboot auch den Traum einer Weltumseglung abgelegt haben, schwärmen wir von einer Fahrt ins Schwarze Meer. Erst gab es keine Verbindung zwischen Main und Donau, dann kam der Krieg auf dem Balkan, doch jetzt gibt es eigentlich keine Ausreden mehr und Zeit haben wir auch. Doch weit gefehlt. Ein Schnauben wie von einem gereizten Stier leitet eine längere Litanei ein: „Weißt du eigentlich wie weit das ist? Und dann? Wie geht es dann weiter? Dann sitzen wir im Schwarzen Meer und du steigst spätestens in Istanbul aus, weil du seekrank wirst. Und die Brücken liegen in Jugoslawien immer noch im Wasser. Die Zollbeamten sind alle korrupt. Wir fahren durch so Chaos-Länder wie Rumänien, Bulgarien, Slowakei, Ukraine, von den anderen gar nicht zu reden. Alles was du gerne machst, an jedem Hundehaufen anlegen und Städtchen besichtigen, kannste vergessen. Es gibt keine Yachthäfen, das Boot kannst du nicht alleine lassen, ohne dass es ausgeraubt wird. Diebstahl ist täglich Brot. Selbst ankern ist gefährlich. In solchen Ländern gilt ein Menschenleben gar nichts."

Als er kurz Luft holt, ergreife ich die Gelegenheit Widerworte zu geben: „Wir könnten ja die Donau auch wieder zurück fahren. Wir wären nicht die ersten. Ich habe einen Reisebericht von einem Schweizer, der ist sogar mit einem Segelboot die Donau bergwärts gefahren und hat es auch geschafft. Und der ist bestimmt nicht so stark motorisiert wie wir und ordentlich Tiefgang hat er auch."

Dieses Thema gefällt ihm noch viel weniger als die anderen. Doch der Kopf ist rund, damit das Denken problemlos die Richtung ändern kann. Und jeder Mann kann seine Frau dahin bringen, wohin sie ihn haben will.

„Eigentlich mein Spatzel, könnten wir doch mal im Lande bleiben. Wir fahren ein Stück den Main rauf, dann den Neckar, bleiben ein paar Wochen im Reffenthal, dann fahren wir die Lahn, da waren wir erst ein Mal. Zwischendurch könnten wir immer wieder mal heimfahren, würde dir das nicht gefallen?"

Ich bekenne mich schuldig, es war scheinheilig! Seine Reaktion ist entsprechend. Sofort entsteht vor meinem geistigen Auge das Bild eines wütenden Stiers mit unmutig im Sand scharrenden Vorderhuf und empört geblähten Nüstern, aus denen kleine zornige Dampfwölkchen aufsteigen.

Jedenfalls ist ihm diese dreiste, völlig unqualifizierte Aussage lediglich einen einzigen, tadelnden Blick wert, der jeden weiteren Vorstoß in diese Richtung im Keim ersticken muss.

Vorsichtig lenke ich wieder ein: „Am besten du überlegst selbst, wo du hin willst. Wir können auch gerne wieder nach Frankreich fahren. Einen Kanal kennen wir ja noch nicht. Aber Donau oder Ostdeutschland, besonders der Osten, das wäre schon mein Favorit."

Das Glück lässt sich nicht zwingen. Aber es hat für hartnäckige Leute sehr viel übrig. Mit einer gehörigen Dosis Stoizismus bringe ich täglich den Osten Deutschlands zur Sprache. Wie schön wäre doch Berlin. Waren die Charterer Ingrid und Wolfgang nicht hell begeistert von der Seenplatte? Soll das Wasser nicht traumhaft sein? Ist eigentlich die Elbe immer schiffbar? Hätten wir nicht schon Karten von dem Gebiet? Und im Handbuch sind die ostdeutschen Wasserstraßen auch schon beschrieben. Und endlich mal ein ganzes Jahr nur deutschsprachige, wie angenehm für mich. Ob er nicht sein Englisch ganz verlernt, wenn er keine Übung mehr hat? Nun ja, ein ganzes Jahr ohne Französisch wird unsere Sprachkenntnisse schon trüben. Und das mit der Donau haken wir einfach ab. In ein paar Jahren sind wir eh zu alt. Tatterkreise können sich nicht mehr auf so ein Abenteuer einlassen.

Mit einem Donnerschlag fährt seine Faust auf den Schreibtisch und lässt die Kulis tanzen. „Bevor ich zu den Ossis fahre, fahre ich an die Donau!"

„Wir fahren die Donau! „

„Basta! Und keine Widerreden!"

Ich erlaube dem kleinen grünen Monster im hintersten Winkel meiner schwarzen Seele aus einem winzig kleinen Fensterchen fröhlich hervorzukrähen: „Na also, geht doch! Gut gemacht!" Dann knalle ich den Laden wieder zu.

Kapitel 2

Auch eine lange Reise beginnt immer mit dem ersten Schritt.

Hat man nach über 35 Jahren Ehe immer noch nicht das Handtuch geworfen, muss man mit Kompromissen leben. Wer glaubt, dass er mich nicht sofort durchschaut hat, irrt. Ich bin raffiniert und boshaft aber nicht dumm. Deshalb ist mir völlig klar, dass er keinen Moment auf meine Spielchen reingefallen ist.

„Du willst an die Donau, also kümmere dich auch drum was wir alles brauchen!"

Mit diesem Satz hat er die Hierarchie wieder hergestellt. An Bord kann nur einer das Kommando haben, der Kapitän. Auf der Beluga ist das Manfred, ein Stier mit bayrischen Chromosomen. Er beherrscht das Boot mit Bravour. Keine Lücke ist ihm zu klein, kein Manöver zu schwierig. Es gibt kein Problem an Bord das mein Archimedes nicht lösen kann, keine Arbeit oder Reparatur, die er nicht macht. Wo andere rumreden, packt er an, wo andere aufgeben, versucht er einen neuen Anlauf. Er fordert sich bis an die körperlichen Grenzen des Machbaren und schließt auch seine Mannschaft nicht aus. Diplomatie ist ihm ein Fremdwort und seine patriarchalische Ader gepaart mit einem ausgeprägten Hang zur Pedanterie kann seine Mannschaft schon mal an den Rand der Verzweiflung bringen. Ein Fels in der Brandung, der auch Manns genug ist die Macken seiner emanzipierten Frau nonchalant zu ertragen.

Die Mannschaft der Beluga ist üppig.

Das wäre z.b. der Smutje,	(Gibt es heute eigentlich gar nichts zu essen?)
der Laufbursche	(Bring mir schnell das Fernglas! Hol mir mal die Sonnenbrille!)
der Steuermann	(Fahr langsam weiter aber bleib bloß im Tonnenstrich!)
die Waschfrau	(Ich weiß überhaupt nicht, was du dauernd zu waschen hast!)
der Blindenhund	(Wo sind denn meine Socken? Da wo sie schon seit 10 Jahren liegen!)
die Putzfrau	(Das Trübe ist kein Nebel, das sind die Fenster!)
der Schriftführer	(Man müsste mal wieder einen Brief schreiben!)
der Historiker	(Gibt's in dem Nest was Interessantes anzuschauen?)
der Fotograf	(Mach schnell mal ein Foto. Bring die Kamera, das musst du aufnehmen!)
die Krankenschwester	(Du hast schon wieder meine Pillen vergessen!)
der Übersetzer	(Doris sag dem mal: „bla, bla, bla...")
der Alleinunterhalter	(Was du mir nur immer für Bücher zum lesen mitbringst!)
der Gastgeber	(Ich hab die Engländer eingeladen. Mach ein paar Häppchen!)
der Finanzverwalter	(Wieso brauchen wir schon wieder Geld?)
die Geliebte	(Hatten wir eigentlich dieses Jahr schon mal Sex oder nur Ausreden?)
die Fendermaus	(Fender an steuerbord, aber ein bisschen hoppla!)
der Leichtmatrose	(Leinen los, wir legen ab!)

Die Mannschaft bin ich, Doris, in Personalunion. Wenn Manfred mich an Bord kommenden Gästen vorstellt sagt er regelmäßig bissig: „Ich bin der Kapitän, meine Frau ist der Admiral."

„Wenn er's nur einsieht!" Immerhin braucht Frau für diese Position ein gewisses Volumen. Nicht dass einer denkt ich wäre übergewichtig, mitnichten, ich bin lediglich überbreit, wie ein mittlerer Schwertransport. Nur wer meinen Sicherheitskreis nicht durchbricht, kommt gut mit mir aus und kann mir gewissenlos den Charme eines Hammerhais bescheinigen. Gleichwohl kann mein Kapitän zufrieden sein, dass er sich seine Katastrophen nicht selbst zu machen braucht.

Ein Boot ist eine Welt im Kleinen. Demokratie, Revolution oder Diktatur sind gelebte Ordnung. Seit Menschengedenken haben sich beide Geschlechter großartig ergänzt, warum sollte es auf einem Boot also nicht klappen?

Natürlich weiß ich schon geraume Zeit, was wir alles brauchen. Wie aus der Pistole geschossen kann ich runterleiern: Fahrterlaubnisschein, Donau-Schifferausweis, Donau-Karten, Crew-Listen, Inventarlisten, Proviantlisten, Verbrauchsstofflisten, Hafenrapport, Pässe, keine Visa, Bootsstempel, Zigaretten und Bier als Löwenfutter, Dollar und Euro in kleinen Scheinen und Münzen für Bakschisch, Bootspapiere.

Mit einem Telefongespräch nach Belgien zum Donaupapst sind die Karten bestellt. Der Donaupapst Pierre Verberght entpuppt sich als sehr freundlicher belgischer Berufsschiffer, der uns sogar einen von ihm erstellten Bildband von der Donau schenkt. Er sagt sofort Hilfe zu, wenn wir unterwegs sind. Das beruhigt doch schon mal sehr. Und er beschwichtigt auch unsere Bedenken in bezug auf die Behörden. Keine Ungeduld, keine Widerworte und orientalische Gleichmut, schon hat man keine Probleme. Na also!

Den Kampf mit den bayrischen Behörden zwecks Schifferausweise und Fahrterlaubnisschein brühe ich meinem Kapitän über. Doch es geschehen noch Zeichen und Wunder. Bereits telefonisch schwappt ihm eine Welle von Freundlichkeit und Hilfsbereitschaft entgegen. Schneller als ich unseren protzigen Bootsstempel beschafft habe, wedelt er mit den Donaupässen und der Fahrterlaubnis. Vom Wasser- und Schifffahrtsamt Regensburg erhält er sogar einen ganzen Stapel Zeitungsausschnitte und Reisebeschreibungen von ehemaligen Donaureisenden, viele gute Ratschläge und einige Telefonnummern. Die Erzählungen der Ehemaligen sind völlig konträr. Entweder helle Begeisterung oder totale Ablehnung. Es beginnt das Kalkül mit den Eventualitäten.

Sicherheit ist eines der zentralen Bedürfnisse der Menschheit. In unserer heutigen Welt wird für alles was im Leben Risiko bedeutet Sicherheit professionell und allgegenwärtig angeboten. Manchmal gibt das starke wie das schwache Geschlecht seine Sicherheit auf, für Selbstbestätigung und das Gefühl von Freiheit oder die Verwirklichung eines Planes, siehe uns.
Aber... Es gibt unterhalb Ungarn keine Yachthäfen mehr. Und wir wollen doch auch was von Land und Leuten sehen.
Aber... Wir können unmöglich unsere Beluga unbewacht irgendwo liegen lassen.

Und völlig entgegen unserer Überzeugung, uns nie von irgendwelchen Mitreisenden abhängig zu machen, geben wir eine Anzeige in der Bootsbörse auf und setzen einen Aufruf ins Boote-Magazin-Forum im Internet: „Donau via Schwarzes Meer. Gibt es da draußen noch andere Irre, die den Törn wagen wollen und an einem Konvoi interessiert sind?"

Wir haben damit keine Lawine losgetreten, höchstens einen Schneeball ins rutschen gebracht. Es melden sich etliche Skipper. Deutsche, Schweizer, ein Jugoslawe, ein Ungar, einer aus dem Osten. Alle träumen sie einen Traum, trauen sich aber nicht an die Verwirklichung.

Ein Rheinländer schwärmt uns vor, dass er schon seit 20 Jahren Bücher und Reiseberichte über die Donau sammelt. Er hat auch ein Schiff, aber... irgendwie verlässt ihn der Mut schneller als er Ausreden erfinden kann. Warum nur meldet er sich dann bei uns? Einige sind nur an Reiseberichten interessiert, wenn wir dann im Herbst wieder zurück sind. Der Ungar hat ein kleines Sportboot. Gerne würde er auf eigenem Kiel nach Ungarn fahren, aber er hat ja keine Zeit, mit dem Trailer geht's halt viel schneller. Warum nur stiehlt er uns die Zeit? Ein ehemaliger Lehrer mit einem 6m-Boot und 30 PS ist Feuer und Flamme, aber seine Frau teilt seine Begeisterung mäßig bis gar nicht. Ausreden sind wie Bananen, sie kommen immer in großen gelben Bündeln.

Der Ostler braucht weder Karten noch einen Erlaubnisschein. Die Karten kann er schließlich in jedem Ort an der Donau kaufen. Unseren Einwand, dass das wohl ein Trugschluss ist und dass er unterwegs wenn überhaupt nur Donau-Karten in Französisch und Kyrillisch bekommt, fegt er hinweg. Schließlich will er ein Abenteuer. Prima für ihn, aber danke, nicht mit uns. In meinen Augen alles marinierte Blindgänger, mit dem Mut eines Kaninchens und der Prinzipienfestigkeit eines Wiesel.

Ein Lichtblick! Unsere Bootsfreunde Helmut und Renate aus Österreich werden die Tour machen und warten bis wir in Wien eingetroffen sind, um das eventuell kritische Stück in Rumänien mit uns zusammen zu bewältigen.

Tja, und dann ist da noch Ditmar aus Neuköln. Wir sind Menschen, die nichts glauben und fast nichts fürchten. Er gehört zu den Menschen, die alles glauben und alles fürchten. Von Überfällen von Tschetniks hat er gehört, von unvorstellbaren Schikanen am Zoll und bei den Hafenkapitänen, von Untiefen und fehlenden Fahrwassertonnen. Er stellt einen Sack voll Einwände hinter die Tür, die er öffnen will. Nach einigen Telefongesprächen und längerer Sendepause - wir glauben schon nie mehr etwas vom ihm zu hören - macht er einen Besuchstermin mit uns aus. Es ist ein Blind Date. Jeder ist ein bisschen unruhig und gespannt, wie der andere wohl sein wird. Und ausgerechnet am Besuchstag hat mich eine Erkältung in den Klauen und ich sehe aus wie eine englische Bulldogge. Meine Nase hat die Größe und Farbe einer reifen Erdbeere und ich rieche wie ein Eukalyptusbonbon in der Brunftzeit. Ein schöner erster Eindruck. Dafür sehen Ditmar und Rosi um so besser aus. Wir sind uns schon bei der Begrüßung nicht unsympathisch und sie machen uns eigentlich nicht mehr den Eindruck von Angsthasen. Seit 10 Jahren fahren sie mit ihrer Yacht im Mittelmeer und in Ostdeutschland. Im Laufe des Gesprächs will ich es dann genau wissen. Wo liegt das Problem? Und Rosi antwortet völlig offen: „Ich habe panische Angst vor Wasser!" Trotzdem verbringt sie die Sommer mit ihrem Mann auf dem Boot.

Wenn auch nur wenig Menschen Cäsaren sind, so steht doch jeder einmal vor seinem Rubikon. Seinen inneren Schweinehund zu überwinden ist wahrlich nicht einfach. Das hat meine absolute Hochachtung.

Wir trennen uns freundschaftlich und hoffen zwei erfahrene Bootsfahrer und Mitreisende gefunden zuhaben.

Nicht alle Menschen können Helden sein. Irgendwer muss schließlich auch am Ufer sitzen und uns zuwinken.

Kapitel 3

**Es läuft alles nach Plan,
wenn man davon absieht, dass keiner von uns den Plan so richtig kennt.**

Die letzten beiden Wochen läuft eigentlich gar nichts und wenn dann aus dem Ruder. Die Zeit will nicht vergehen und das viel zu schnell. Manfreds operierte

Schulter macht ihm Probleme, eine Woche vorm geplanten Abfahrtstermin bekommt er noch schnell eine Wucherung am Augenlid operiert, sein Blutdruck ist zu hoch und beim Verstauen der letzten Getränke holt er sich einen Hexenschuss. Das sind natürlich nicht die Jahre, das ist Materialverschleiß. Die Neuköllner kommen nicht so recht zu Potte. Wenn dies alles Omen für unsere Reise sind, dann wohl keine guten.

Wir gehen an Bord und warten. Warten ist die einzige Beschäftigung auf dieser Welt, die Manfred noch mehr hasst, als Einkaufen und Tapezieren.

Dann die Hiobsbotschaft, ein Motor von Ditmars Vite vite wird heiß und qualmt. Auch Manfreds telefonische Ratschläge bringen keine Abhilfe. Hat denn Ditmar nach dem Winterlager keine Probefahrt gemacht? Müssen wir unsere Reise alleine beginnen? Da ist es wieder, das Kalkül mit den Eventualitäten. Nur die Unbill, für die man sich gut gerüstet hat, tritt nie ein.

Das Problem war nur vorübergehend, wahrscheinlich war einfach nur ein Turbolader verrußt. Der erste Knoten löst sich. Vite vite mit ihrer Besatzung Rosi und Ditmar und den Spaniel Mira, Mirko und Maja, sind eingetroffen. Die letztere, die Hundedame Maja, ist ein Sofa-Hund, der gut zu mir passen würde, übergewichtig und bewegungsmuffelig.

Leinen los!

Das Tal. Er durchbricht es und die Felsen des mittelrheinischen Schiefergebirges weichen ihm aus und blicken mit Erstaunen und Bewunderung auf ihn herab, auf den goldenen Vater Rhein. Bereits nach 16 km verlassen wir ihn und biegen in den Main ab. Unsere Reise hat tatsächlich begonnen.

Der Main entsteht durch den Zusammenfluss von Weißem Main und Rotem Main bei Kulmbach in Bayern. Nach einer Strecke von 524 km mündet er bei Mainz in den Rhein. Er mäandert an Odenwald und Spessart vorbei. Seine Ufer sind hauptsächlich von Wein und Wald bewachsen.

Der schiffbare, kanalisierte Main ist 384 km lang und hat 34 Schleusen. Und das Wichtigste: Er durchfließt Franken, das Land in dem Weißwurst und Haxe auf einem Nebenfluss aus Weiß- und Rauchbier gepaart mit Brezen und Leberknödelsupp eine unvergleichliche Verbindung mit Schweinsbraten und Knödeln eingehen.

Er ist ein freundlicher Fluss, unser Main, liebenswert und gemütlich. Nicht einmal die ständig einschwebenden oder aufsteigenden silbrig glänzenden Luftreisenden können die Idylle stören.

Einen ordentlichen Liegeplatz in Frankfurt gibt es nicht. Der Westhafen, früher unser gern angefahrener Stützpunkt, um Sachsenhausen und die Äppelwoi-Kneipen unsicher zu machen, wurde geschlossen. So bleibt uns auch ein Streifzug durch die kleine Markthalle verwehrt. Hier gibt es alles, was auf dieser Welt wächst, immer und zu jeder Zeit und natürlich auch zu wahrhaft verrückten Preisen. Das Viertel um den Westhafen wurde neu bebaut, mit Gebäuden die mehr verunglückten Blechbüchsen oder Getreidesilos ähneln, denn Häusern.
Und jetzt weiß ich auch, wo unser angeblich an der Börse verschwundenes Geld geblieben ist: Die Deka-Investments haben ein neues Hochhaus davon gebaut.

Nicht einmal haben wir Aufenthalt, nicht einmal schleust ein Berufsschiff mit uns. Aber wir haben ja Offenbach noch nicht passiert.

Über die Schleuse Offenbach wollte ich eigentlich folgendes schreiben: Der Stammvater aller Offenbacher Schleusenwärter hat irgendwann die Saat der Abneigung gegen Bootsfahrer ausgesät und sie ist auf fruchtbaren Boden gefallen. Die Offenbacher Schleusenwärter sind weit und breit bekannt dafür, dass sie sich alle nur erdenklichen Schikanen für Sportboote ausdenken, einschließlich stundenlanger Wartezeiten.

Doch, oh Wunder. Freundlich antwortet die junge Stimme des Schleusenwärters Manfred in perfektem hessisch: „Es dauerd en Acheblick, isch meld mich in finf Minude noch mal." Und länger mussten wir wahrhaftig nicht warten.

Vermutlich wurden die Schleusenmannschaften zwischen Offenbach und Mühlheim gewechselt, denn an der Schleuse Mühlheim dürfen wir eine Stunde auf einen nachfolgenden Bergfahrer warten. Mit einem bisschen good will gäbe es dafür keinerlei Grund.

Manfred und ich gehören zu der wissbegierigen Sorte Mensch. Wir wollen immer alles sehr genau wissen, erforschen und hinterfragen. Am liebsten sogar unseren eigenen Stammbaum zurück bis zu denen, die noch darauf saßen. Deshalb habe ich für unsere neue Reise den strikten Vorsatz gefasst: dieses Jahr keine Geschichte, überhaupt keine Geschichte. Die Geschichte von 13 Ländern und vielen, vielen Städten und Orten zu erzählen, würde jeden Rahmen sprengen.

Leider reichen meine guten Vorsätze nur bis Aschaffenburg. Überflüssig zu betonen, dass Aschaffenburg eine sehr alte Stadt ist. Bereits Karl der Große ist von hier aus zur Jagd in den Spessart gezogen. Ihre Lage am Mainbogen in der Peripherie des Spessarts machte sie schon früh zum begehrten Sommersitz der Mainzer Kurfürstlichen Bischöfe. Das wundervolle Renaissanceschloss aus dem 17. Jahrhundert zeugt davon. Die Geschichte wechselvoll, teils glorreich, kam durch die Eskapaden Napoleons nochmals richtig in Schwung, bis sich Bayern die Stadt 1814 endgültig einverleibte. Zwar war damit die Zeit der Vornehmheit und höfischen Etikette erst mal vorbei, doch Ludwig I. liebte die Stadt, nannte sie das Bayrische Nizza und schenkte ihr das Pompejanum.

Als Vorbild für das Pompejanum diente das in Pompeji ausgegrabene Stadthaus des Castor und Pollux. Und die Kopie ist hervorragend gelungen. Es wurden Zugeständnisse gemacht, indem es einen Aufbau, das sogenannte Königszimmer erhielt, von dem man weit in das Maintal hineinsehen kann. Doch das Erdgeschoss wurde mit erstaunlicher Genauigkeit kopiert. Der Mittelpunkt des Atriums bildet das Impluvium, die Cucina ist vollständig mit den Utensilien ihrer Zeit eingerichtet und direkt daneben ist der Abort. Vielleicht zur gegenseitigen Neutralisierung der Gerüche.

Wer mehr an Moderne interessiert ist, findet in der City-Galerie ein selten gelungenes Einkaufszentrum, in dem man sein Portemonaie fest umklammern muss, damit einem nicht die glitzernden Euros wie von selbst aus der Tasche springen.

Weltuntergangslandregen

Er macht uns die Schleuserei nicht angenehmer. Der starke Wind tut sein Übriges dazu, uns das Leben schwer zu machen. Ich krame meinen überlangen Bauarbeiter-Regenmantel raus und mache mich wasserdicht. Er geht mir bis in die Mitte der Waden und verhindert nasse Oberschenkel, auch wenn ich darin aussehe wie Rumpelstilzchen persönlich. Natürlich könnte ich auch, wie Manfred, eine Regenhose anziehen, aber diese Dinger sind nur für Schmalhüftige, nicht für ordentliche teutonische Hinterteile und drücken selbst in Elefantengröße unangenehm auf den Bauch. Ich komme mir jedenfalls darin vor wie ein Rollmops in Aspik.
Wasser schießt ungestüm in die Schleusen ein, klatscht zwischen Boot und Schleusenwand und springt bis aufs Deck. Wie ein dichter Vorhang hüllt uns der Schnürle-Regen ein. Kormorane hocken mit eingezogenen Köpfen am Ufer wie eine Trauergesellschaft in Erwartung des Leichenschmauses.

Unsere Mitfahrer scheint das Wetter zu deprimieren. Ditmar hat Probleme mit seiner elektronischen Schaltung. Wenn er in der Schleuse beim Manövrieren den Rückwärtsgang einlegt, würgt er den Motor ab. Er hat versucht, in Aschaffenburg Hilfe zu bekommen, doch der herbeigerufene Mechaniker erklärte klipp und klar, dass er von dieser modernen Technik keine Ahnung hat. Wir haben den Eindruck, dass sie dieses Sauwetter lieber im Hafen aussitzen würden, doch wenn wir uns von Wetter abhalten lassen, brauchen wir unseren Törn erst gar nicht zu beginnen. Die Hunde sind ein echtes Problem für die beiden. Drei nasse, wollige, sandige Tiere an Bord zu haben, ist nicht lustig. Doch das haben sie ja gewusst. Obwohl mit Schwimmwesten ausstaffiert, bekommt Rosi jedes Mal, wenn Ditmar die Hunde von Bord hievt, einen leicht hysterischen Anfall aus Angst sie könnten ins Wasser fallen und ertrinken. Auch dass Ditmar ein bisschen geizig mit seiner Heizung ist, trägt nicht zu ihrer Erheiterung bei. Beim Anlegen springt Ditmar auf den glitschigen Steg und es haut ihn hin, dass seine Kehrseite schwarz und grün ist.

In unserer Beluga läuft die Heizung auf Hochtouren. Schließlich brauche ich es mollig und trocken. Dass mein Kapitän öfter mal ausreißt, sich theatralisch den Schweiß von der Stirn wirft und Knurrlaute ausstößt wie „Affenhitze" und „Sauna", kann mich überhaupt nicht beeindrucken.

Der Dauerregen bringt viel Wasser in den Fluss. Manfred ist besorgt, dass wir irgendwann eine Zwangspause einlegen müssen und evtl. die Schifffahrt eingestellt wird. Ihm vor den Kopf zu knallen, dass der einzige Mist auf dem nichts wächst der Pessimist ist, würde nur zu einer Phase der gegenseitigen Unleidlichkeit führen, die - sollte sich herausstellen, dass er doch Recht hat - in endlosen Litaneien und Predigten über die Anwesenheit weiblicher Spezies in der heiligen Seefahrt im Allgemeinen, gewissen besserwisserischen Damen an Bord und den Leiden geplagter, still leidender Ehemänner im Besonderen, endet.

Baumstämme, abgerissene Äste, weggeschwemmter Unrat schwimmen im Fluss. Manfred schlägt Haken mit seiner Beluga wie ein Hase. Nicht immer ist er erfolgreich. Manchmal rumpelt es ganz schön unter uns, was mich zu einem entrüsteten „Mensch pass doch auf" und ihn zu unwirschen Flüchen veranlasst.
In der Schleuse Eichel schwimmen mehrere dicke Holzbrocken, ein drei Meter langer Ast, ein Gewirr von kleineren Zweigen. Natürlich jagt die einschließende Springflut das Geröll zwischen Beluga und Schleusenwand. Ich kann nichts machen, kämpfe mit meinem Tau und dem Boot, das ständig vor und zurück schießt und bösartig am Tau zerrt. Manfred krallt sich den Bootshaken, wirft sich halb über die Reling und drischt auf die Angreifer ein. Gewalttätig kämpft sich das Holz weiter, halb unter, halb neben dem Boot, lässt sich von Manfreds Abwehrversuchen nicht beeindrucken. Kaum hat es sich an uns vorbeigezwängt,

kommt das Wasser zurück und versucht das Geröll jetzt von hinten unter uns zu schieben, wieder bis aufs Messer bekämpft von meinem Kapitän. Als Holzklotz hat man's auch nicht leicht.

Über sein Geunke kann ich mich ärgern, aber mehr noch darüber, dass er mit seiner Schwarzmalerei oftmals tatsächlich recht behält. Dann bleibt mir nur eins! Angriff ist die beste Verteidigung! „Du redest das Unglück ja geradezu herbei mit deiner Unkerei." Bei so viel weiblicher Logik und Dreistigkeit verschlägt es ihm dann jedes Mal buchstäblich die Sprache.

Kälte, Nässe, Hochwasser, da macht auch ein Landgang keinen Spaß. Wir grüßen Miltenberg, das wunderschöne mittelalterliche Städtchen. Vom Marktplatz aus gelangt man durch das Schnatterloch auf die Mildenburg, von der man einen herrlichen Blick übers Maintal hat. Und die Fürstenherberge, das Gasthaus „Riesen" aus dem 16. Jahrhundert sollte man schon mal gesehen haben.
In der Taubermündung bei Wertheim zu liegen, trauen wir uns dieses Jahr auch nicht, wer weiß denn wie viel Wasser die Tauber bringt? So entgeht uns nicht nur ein Spaziergang auf die stolze Burganlage, sondern auch der Genuss dem jungen Schüssler in seiner Wirtschaft beim Kochen zuzuschauen

Noch 30 cm, dann schwappt das Wasser im Hafen in Lohr auf die Mole. Hier können wir für die Nacht nicht liegen bleiben. Angeblich soll noch ein halber Meter Wasser kommen, dann haben wir ein Problem. Wenn vorbeifahrende Schiffe Schwell in den Hafen schieben, donnern wir auf die Mauer weil die Fender aufschwimmen und nutzlos sind. Ein Clubkamerad ist so freundlich, verlegt sein Boot quer vor die kurzen Fingerstege am Ende des Hafens, damit wir uns daran festbinden können. Die Vite vite, die mit der Backbord-Seite an der Mauer liegt, wird nach Steuerbord verzurrt, damit auch sie nicht auf die Mole geschwemmt wird.

Am Morgen muss Manfred rückwärts quer durch den Hafen, dann rechtwinklig ums Eck durch die enge Ausfahrt quer in den wild strömenden Fluss. Eine Meisterleistung. Stellt man sich dusselig an oder macht einen Fehler, liegt das Kunststück darin, es zu machen, wenn gerade keiner hinschaut, was einem nie gelingt. Könnte man mal glänzen, steht bestimmt keiner am Ufer um zu klatschen.

Mühsam kämpfen wir uns durch das hohe Wasser nach Würzburg. Würzburg die heitere Stadt im Herzen Frankens war schon 1.000 Jahre vor unserer Zeitrechnung eine keltische Fliehburg. Der 33-jährige Kaiser Friedrich Barbarossa hat hier die 12-jährige Beatrix von Burgund geheiratet, um endlich in zweiter Ehe den ersehnten Stammhalter zu bekommen. Hätte er gewusst, dass er 75 Jahre alt wird, hätte er vielleicht noch zwei, drei Jahre auf seine Braut warten können. Walter von der Vogelweide ist hier gestorben und begraben, Gustav Adolf von Schweden hat sich die Stadt 3 Jahre unter den Nagel gerissen und Wilhelm Conrad Röntgen hat in Würzburg seine Röntgen-Strahlen entdeckt. Den richtigen Schliff bekam die Stadt aber erst durch das Wirken und Schaffen von Tilman Riemenschneider, dem begnadeten Bildhauer der Spätgotik und dem genialen Baumeister der Barockzeit Balthasar Neumann. Die Gemälde und Fresken des Giovanni Battista Tiepolo schmücken die Residenz, die 1945 durch einen Luftangriff der Engländer genauso wie 80 % der Stadt in Schutt und Asche gelegt wurde.

Man hat es wieder aufgebaut, die ganze Stadt, die Kirchen, die Residenz, die Marienburg, alles, originalgetreu. Gleich einer Triumphstraße führt die alte Mainbrücke, von dem barocken Pathos kolossaler Heiligenfiguren begleitet, in die so gassenreiche Tiefe des Häusermeeres der Altstadt hinein und durch die Domstraße bis vor das Portal der Kathedrale als Endpunkt dieses feierlichen Weges.

Würzburger Erdkrallen

Das hohe Wasser zwingt uns tatsächlich eine Zwangspause auf. Wir verteilen unser Geld unter den einheimischen Geschäftsleuten und beäugen grimmig den Wasserstand. Diesmal sind es nicht die Würzburger Erdkrallen, die uns hier festhalten.

Wir verlieren zwei Tage. Dann ist das Wasser um einen halben Meter gesunken und wir können die Weiterfahrt ins Auge fassen. Immer noch ist starker Strom im Fluss. Ditmar hat große Bedenken, dass er seine Vite vite nicht ohne Probleme von der Mauer wegmanövrieren kann. Er schläft schlecht und versucht noch einen Liegetag auszuhandeln, doch wir wollen endlich weiter. Helmut wartet in Wien auf uns.

Manfred hilft beim Losbinden, Rosi steht mit einem Fender auf dem Vorschiff. Sie lächelt tapfer, doch sie sieht aus wie ein im Regen vergessenes Spielzeug. Ditmar beginnt zu rangieren, Rosi springt mit dem Fender von einer auf die andere Seite. Ditmar manövriert vor und zurück, setzt das Bugstrahlruder ein, bricht das Manöver ab, beginnt von vorne. Ich halte die Kamera bereit, um einen eventuellen Rumser im Bild festzuhalten. Als er die Vite vite in die richtige Richtung bringt, lege ich die Kamera weg. Jetzt muss er nur noch Gas geben und rückwärts aus der Lücke fahren. Da setzt er die Kopfschraube wieder in Betrieb.

Der Bug schwenkt um, wird von der Strömung erfasst. Jetzt könnte ihn nur noch kräftiges Gasgeben vor einer Kollision retten. Doch er gibt kein Gas, um das Boot nach hinten wegzuziehen. Mit einem kräftigen Rums schlägt Vite vite seitlich auf das hinter ihr liegende Schiff. Rosi hält mannhaft einen Fender dazwischen und quetscht sich die Finger. Beide Boote machen heftige Schaukelbewegungen, dann ist es geschafft. Vite vite ist frei und wir sind dran.

Ich habe eigentlich keine Bedenken, dass Manfred die Beluga nicht aus der Lücke bringt. Ich mache die Leinen los, Manfred fährt stramm rückwärts, da geht das Telefon. Es ist der ehemalige Lehrer, der doch tatsächliche sein Boot hergeschafft hat und nun auf dem Kanal liegt und mit uns weiterfahren will. Bis ich nach hinten gehechtet bin, um ihm zu erklären, dass ich jetzt keine Zeit zum telefonieren habe, hat Manfred sein Manöver schon beendet.

Haben wir den Main erst hinter uns und sind im Kanal, können uns weder die Strömung noch das Hochwasser etwas anhaben.

Mit allen Tricks und sehr viel Glück

Bereits vor der zweiten Schleuse laufen wir dem Schubschiff Bayern auf. Seinetwegen haben wir unseren Aufbruch um eineinhalb Stunden verschoben. Es fuhr gerade in die Schleuse Würzburg als wir ablegen wollten. Doch auch der Vorsprung hat nicht viel gebracht. Der Koppelverband ist unheimlich langsam. Das Berufsschiff, das mit uns geschleust ist, passt mit der Bayern in die Schleuse, wir nicht mehr.

Der Schleusenmeister tröstet uns, von unten läuft bereits ein anderes Berufsschiff auf. Bis die Kammer geflutet ist, die Schiffe ausgefahren sind und die Kammer wieder runterkommt, vergeht seine Zeit. Manfred flucht und schimpft, die Regierung muss mal wieder herhalten, um Frust abzubauen. Schließlich ist es der Staat, der gar nicht zulassen dürfte, dass solche Riesengeräte auf einem so kleinen Bach wie dem Main fahren dürfen! Und ist nicht auch die rote Brut an dem Hochwasser schuld? Ditmar nimmt die Unbilden direkt persönlich. Liegen bleiben, morgen weiterfahren, am besten erst übermorgen, was das nur alles an Sprit kostet und die Langeweile, wenn man da nur rumdümpelt. Gegen ihn ist mein Kapitän ein blauäugiges Sonnenscheinchen.

Endlich trudelt die „Klara" ein, das Tor öffnet sich, es kann weitergehen. An der nächsten Schleuse haben wir den Schuber wieder. Die Klara darf mit ihm einfahren, das andere Berufsschiff konnte ihn wohl abhängen und ist verschwunden. Für uns langt es wieder nicht. Wir warten.

Der Schleusenmeister ist freundlich, tröstet Manfred, er käme mit der Kammer gleich wieder runter und nähme uns dann alleine mit.

Vielleicht ist doch nicht nur der Staat an unserem Unglück Schuld, vielleicht sind's auch die Amis oder die Kommunisten, ach die sind ja überholt, die Beamten vielleicht? Es wird sich doch noch ein Schuldiger finden lassen! Doch die Schuldfrage ist in der Kürze der Wartezeit nicht mehr zu klären, es geht schon weiter.

Nach fünf Kilometern laufen wir dem Schuber auf. Im Standgas trotten wir hinter ihm her. Von der Klara ist weit und breit nichts mehr zu sehen. Wenn die den Schuber überholen konnte, müsste es uns doch auch gelingen. Manfred lauert hinter dem großen Pott, bildet den Spähtrupp, schiebt sich links vor, dann wieder rechts, der Bach ist hier zu schmal, zu kurvenreich, das große Schiff braucht das ganze Wasser. Endlich ein längeres Stück. Beluga schiebt die Nase nach vorne, um vor dem Schuber die Kurve einzusehen. Es kommt nichts. Er funkt den Schiffsmann an, ob es gestattet ist zu überholen. „Kommt nur backbord vorbei", genehmigt der jovial. Beluga bekommt Feuer. Von hinten plärrt Ditmar durch den Funk: „Manfred ist frei, kann ich kommen?" Auf beiden Booten liegen die Gashebel auf dem Pult. In voller Marschfahrt preschen wir an dem fast 200m langen Schiff vorbei. Und weiter geht's mit Speed, wir müssen bis zur nächsten Schleuse eine ordentliche Strecke zwischen uns und den Schubverband bringen. Zwei langgezogene Kurven, schon ist die Schleuse zu sehen. Davor liegt die Klara und wartet auf abschleusende Talfahrt. Es wäre nicht die feine Art, die Flüche meines Kapitäns auch noch schriftlich festzuhalten.

Der Schuber lauert hinter uns, wie die Katze vorm Mauseloch. Manfred verhandelt mit dem Schleusenmeister, erklärt ihm, dass wir gerade mit Müh und Not dem Schuber entkommen sind, doch der bleibt cool. Erst muss er feststellen, wie weit der Schuber noch entfernt ist, weitere Einwände helfen auch nicht, er bleibt unerschütterlich, erst muss er mit dem Schuber reden, er meldet sich wieder. Tatsächlich kommt einige Minuten später die erlösende Anweisung: "Die Sportboote können mit der Klara einfahren. Fahren sie dicht auf, ich schließe nur die vordere Kammer."

Fender raus, Leinen klarmachen. „Hol eine Flasche Wein für den Schleusenmeister, das hat er verdient. Da hinten kommt schon der Schuber ums Eck."

Ich hechte runter, schiebe mich wie ein Fragezeichen in die Bilge, angle unseren teuersten Wein, was mich sofort wieder reut, will sie Manfred in die Hand drücken, bekomme den Befehl, sie doch gefälligst in eine Plastiktüte zu tun. (Auch noch 25 Cent für meine einzige Aldi-Tüte)

„Ich brauche die Fender auf der anderen Seite!" Wortlos, ich bin stolz auf mich, habe ich mich doch sofort an meine selbst aufgestellten Regeln über die Befehlsgewalt des Kapitäns an Bord erinnert, also völlig wortlos, hänge ich die Fender um. Fange meinen Poller, drücke meinem Kapitän die eingepackte Weinflasche in die Hand, nicht ohne ihn zu ermahnen, doch noch ein paar Minuten zu warten, anstatt an der glitschigen, total verdreckten mit schmierigem schwarzem Schleim überzogenen Leiter hoch zu turnen und anschließend zu behaupten die Dreckflecke auf seinem edlen Teakdeck wären von meinem verlotterten Schleusentau.
Natürlich bin ich chancenlos. „Kommst du alleine zurecht", fragt er noch scheinheilig. So ein Gassenglänzer. In Frankreich darf ich jedes Jahr 500 Schleusen alleine meistern, weil er entweder drehen geht oder mit den Zuschauern schäkert. Ich setze mein Märtyrer-Gesicht auf und nicke ergeben, soll er wenigstens ein schlechtes Gewissen haben. Und dann kommt er auch noch zurück und weiß überhaupt nichts zu erzählen, keinerlei Neuigkeiten.

Wir kleben weiter an der Klara. An der nächsten Schleuse wieder Talfahrt, wieder warten. Wenn der Schleusenmann ungnädig ist, lässt er alle auf die Bayern warten und wir haben verloren. Er muss feststellen, wie weit die Bayern noch entfernt ist, dann können wir eventuell mit einfahren. Auch er hat ein Einsehen: „Fahren sie zügig hinter der Klara in die vordere Kammer." Das Signal kommt, Doppelgrün, ein weißes Licht.
Die Kammer scheint kürzer als die anderen. Wir finden keinen für uns passenden Poller zum festbinden. Die Klara verursacht starken Schwell. Ich kralle mir einen Poller und winde das Tau erst mal um eine Relingstütze. Aus den Augenwinkeln sehe ich, dass Ditmar in der hinteren Kammer direkt nach dem Tor belegt, doch ich habe keine Zeit, um mir darüber Gedanken zu machen, habe mit mir und der Beluga genug zu tun. Manfred belegt auf den gleichen Poller wie ich das Achterschiff. So können wir nicht schleusen, nur im hinteren Drittel fest. Klara zieht noch ein paar Meter nach vorne. Jetzt wird ein Poller für uns erreichbar. Über Funk höre ich den Schleusenmeister rufen, das weiße Sportboot soll doch nach vorne fahren.
„Kommst du dran?" Ruft Manfred von hinten. Klar, komm ich dran, jeder Cowboy würde sofort an einem Rodeo teilnehmen, könnte er sein Lasso so virtuos beherrschen wie ich Tau und Bootshaken! Jetzt sind wir vorne und hinten belegt, so können wir bleiben, auch wenn's bis zur Klara sehr knapp ist.

Wieder kommt über Funk Anweisung vom Schleusenmeister, doch Ditmar reagiert nicht. Dann plärrt der Lautsprecher: „Wenn sie nicht nach vorne fahren, schließe ich das Tor und nehme sie nicht mit. Was glauben sie eigentlich für was ich Anweisungen über Funk gebe und ein weißes Licht setze?"

Die Vite vite bindet los. Hinter uns ist kein Platz mehr, also müssen die Fender umgehängt werden. Verständlicherweise bricht Panik aus an Bord. Die Hunde toben, Rosi rennt aufgescheucht hin und her. Sie erwischen mittschiffs einen Poller, es rumpelt noch ein paar Mal, dann kann's losgehen.

Die Schiffsfrau der „Klara" nimmt die Gelegenheit wahr, mit Manfred einen Plausch zu beginnen. Die meisten Schiffsleute, denen wir begegnen, sind kontaktfreudig und immer zu einem kleinen Wortwechsel bereit. Klara ist eine gestandene Frau. Ihre Dimensionen schlagen sogar die meinen um Längen und das will was heißen. Manfred bietet ihr eine Flasche Wein an für ihren freundlichen Kapitän, der uns Platz gemacht hat. Sofort verschwindet sie und kommt gleich darauf mit zwei Flaschen Frankenwein wieder. Den roten Dornfelder müssen wir unbedingt probieren, Gott sei gedankt für den Frankenwein. Doch ich danke lieber ihr. Zwei Flaschen für eine, ein guter Tausch.
„Wo wollt dann ihr hie", will sie wissen. „Ins Schwarze Meer!" „Ja spinnts dann ihr?" Das haben wir doch schon mal gehört. „Ja was sucht ihr dann do?" „Das Goldene Vlies?!?" Ja mei, davon hat's jetzt wirklich noch nix g'hört.
Sie fahren nach Linz. Wir werden sie bestimmt noch mal treffen.

Ohne weitere Erschwernisse verlassen wir den Main und erreichen Bamberg am Main-Donau-Kanal.

Denkste!

Vor der Schleuse Ottendorf nehme ich, um Rosi weiteres Ungemach zu ersparen, die Fender von backbord nach steuerbord, weil Manfred glaubt der Schleusenmeister hätte nur eine Kammer auf und wir würden nicht hintereinander passen. Wir liegen an der rechten Schleusenmauer, Vite vite leicht nach hinten versetzt uns gegenüber. Die Schleusung beginnt, alles ist normal. In halber Höhe schießt plötzlich ein Schwall Wasser von unten hoch, drückt Beluga von der Wand. Das Tau rauscht mir durch die Finger. Beluga entfernt sich immer mehr von der Wand. Das Wasser kommt so schnell, dass mein Tau in Gefahr ist aufzuschwimmen. Ich kreische nach Manfred um Hilfe, doch es ist zu spät. Weder mit Bugstrahl noch mit den Motoren kann Manfred das Boot an der Wand halten. Wir driften nach backbord. Doch da liegt die Vite vite. Manfred hat keinen Platz zum Manövrieren. Ich halte mein Schleusentau so lange fest, bis ich sicher sein kann, dass es nicht in die Schrauben kommt, dann wird es mir aus der Hand gerissen. Mein bestes Schleusentau ist weg. Beluga hängt sich mit dem Beiboot in den Anker von Vite vite ein. Rosi schreit nach

Ditmar. Ich versuche mit dem Bootshaken den Gummi vom Beiboot nach hinten zu schieben. Beluga scheuert ohne Fender an der Schleusenmauer. Manfred lässt einen Motor vorwärts einen rückwärts laufen, damit wir wenigstens auf der Stelle stehen. Ditmar lässt den Anker etwas ab. Drückt dann mit dem Fuß unser Beiboot nach unten. Das Gummiboot hängt sich aus. Manfred ist nicht an seinem Platz. Er versucht einen Fender zwischen Beluga und Mauer zu schieben. Beluga hinten nicht mehr festgemacht schießt vorwärts auf das vor uns schleusende Berufsschiff zu. Ich hechte zu den Gashebeln, Manfred rennt nach achtern, irgendwo scheint er sich fürchterlich anzuschlagen, seinem Stöhnen nach. Er bekommt das Boot in den Griff. Ich renne nach einem zusätzlichen Fender.

Ich weiß nicht, was passiert ist. Eigentlich bin ich mir keiner Nachlässigkeit bewusst. Mein Kapitän ist da allerdings anderer Meinung. Die Tatsachen scheinen ihm Recht zu geben. Mein allerliebstes Schleusentau ist weg. Die Scheuerleiste hat jede Menge Lack verloren. Der Alurumpf des Beibootes hat eine Delle, unser Stolz hat tiefe, tiefe Kratzer.

Kapitel 4

Der Kanal

Bereits 793 versuchte Karl der Große, Donau und Rhein zu verbinden. Die Zeit war noch nicht reif, er brachte es gerade mal zum Karlsgraben, Fossa Carolina.

Einer hatte da schon mehr Erfolg: Ludwig I. von Bayern, den man angesichts des berühmteren Ludwig II. zumeist übergeht, hat sich auch um Kunst und Wissenschaft verdient gemacht. Mit seinem Baumeister Klenze teilte er die Begeisterung für den Hellenismus und unterstützte den Freiheitskampf der Griechen. Sein zweiter Sohn Otto bestieg 1832 den griechischen Thron. Liiert war Ludwig mit der Tänzerin Lola Montez. Sein Wunsch diese einzubürgern nahm das Ministerium im Revolutionsjahr 1848 zum Anlass, ihm die Abdankung nahe zu legen. Doch da war der Ludwig-Main-Donau-Kanal nach 9 jähriger Bauzeit bereits fertiggestellt.

Den Beweis für die Bedeutung des Kanals lieferte Graf Szechenyi. Er steuerte seine Dampfmotoryacht UNDINE 1867 von Ungarn bis nach Paris.

Der Kanal war eine technische Meisterleistung. Er führte über die europäische Wasserscheide und 10 Brückenkanäle. Er war aber auch ein Beispiel mangelnder Vorausschau. Man hätte erkennen können, dass er durch die eingeschränkte Schiffbarkeit von Main und Donau nicht sehr lange rentabel ist. Die wesentlich schnellere Eisenbahn hat ihm den Rang abgelaufen. Die Kriegsschäden durch die Alliierten bedeuteten das endgültige Aus für den Ludwig-Kanal.

Doch es gab ja immer noch die 1921 gegründete Rhein-Main-Donau Aktiengesellschaft mit Sitz in München. Der Bund ist zu zwei, der Freistaat Bayern zu einem Drittel an ihr beteiligt. Die AG erhielt u.a. das Recht, die Wasserkraft an fünf bayrischen Flüssen durch den Bau von Wasser-Kraftwerken zu nutzen. Die erwirtschafteten Gelder sollten in den Neubau des Main-Donau-Kanals investiert werden, womit sich der Kanal im wahrsten Sinne des Wortes mit eigener Kraft finanziert.

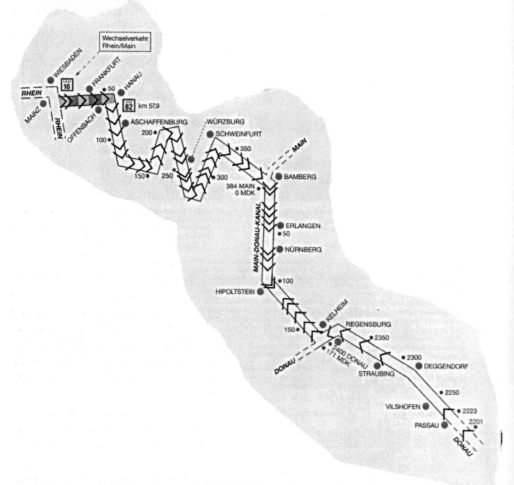

Unser Weg vom Rhein bis zur österreichischen Grenze.
Die Pfeile sind die Schleusen

Mit dem Bau des neuen Kanals wurde 1960 begonnen und es ist nur unserem selbsternannten Kaiser der Bayern, Franz-Josef Strauß, zu verdanken, dass er trotz aller Widerstände der Grünen 1992 fertiggestellt wurde.

Der Kanal hat eine Gesamtlänge von 171 km und 16 Schleusen, darunter Schleusen mit einer Hubhöhe von 25 Metern.

Die Rhein-Main-Donau-AG hat bislang 57 Kraftwerke errichtet, davon 29 am Main, 21 an der Donau, 4 am Lech, 2 an der Regnitz und 1 an der so heftig umkämpften Altmühl. Sie erwirtschaftet ca. 30 Mio. Euro pro Jahr. Alleine durch die Nutzung der Wasserkraft werden jedes Jahr rund 16 Mio. Tonnen CO_2 –Emission vermieden.

Der Kanal bildet heute das Herzstück einer Wasserstraße, die von den Nordsee-Häfen Rotterdam und Antwerpen über 3.500 km bis zu den Seehäfen am Schwarzen Meer reicht.

Für und Wider

Sparschleusen sind so eine Sache für sich. Sie erfüllen perfekt ihre Aufgabe, Wasser, Zeit und Energie zu sparen. Neben den großen Schachtschleusen des Kanals, mit Hubhöhen zwischen 17 und 25 Metern, wurden seitlich je 3 terrassenförmig angeordnete Sparbecken angelegt. Bei jedem Schleusenvorgang wird das Wasser aus den Becken in die Schleuse gelassen oder umgekehrt. Dadurch reduziert sich der Wasserverbrauch jedes Schleusenvorgangs um 60 %.
Der Schleusenvorgang geht ohne Pumpe, nur durch das natürliche Gefälle vonstatten und ist somit der ökonomischste, ökologischste und schnellste Weg die großen Höhenunterschiede zwischen Main und Donau zu überwinden. Um die Scheitelhaltung des Kanals nicht zu dem berühmtem Nadelöhr zu machen, müssen auch die Schleusen mit enormer Hubhöhe annähernd so schnell gefüllt werden, wie die wesentlich niedrigeren Flussschleusen. Es wurde ein System entwickelt, das in der Sohle der Schleusenkammer liegt und das Wasser durch Stichkanäle seitlich an den Kammerwänden einleitet.
Für die Berufsschifffahrt ist das sehr angenehm. Derartige Schiffe füllen die Kammer ja fast vollständig aus und werden so gleichmäßig gehalten, dass sie eigentlich nicht an Pollern festmachen müssen (was sie auch bei normalen Schleusen nur selten tun).
Für uns heißt das, dass das seitlich eingeleitete Wasser versucht, uns zur Mitte der Kammer zu drängen. Enormer Druck liegt auf Tau und Boot. Einen Moment nicht aufgepasst oder nicht genügend Kraft aufgewendet und es passiert das gleiche, was uns in Ottendorf passiert ist, das Boot macht sich selbständig.

Allerdings würde es hier nur bis zur Mitte katapultiert, weil ja von der anderen Seite auch Wasser eingeleitet wird und Widerstand leistet. Eins steht fest: Angenehm ist anders.

Trotz aller Vorteile, die die Verbindung der zwei wohl wichtigsten Wasserstraßen Europas hat, birgt sie auch nicht zu unterschätzende ökologische Gefahren. Der Kanal macht es Fischen, Krebsen und Muscheln möglich, von West- nach Osteuropa zu wandern und umgekehrt. In der österreichischen Donau wurde z. B. 2002 das erste Exemplar der Chinesischen Wollhandkrabbe gefunden, die bereits den Amerikanern und Holländern große Probleme bereitet.

Der Main schwenkt nach links ab und wir schippern in der Regnitz weiter, die hier schon breiter ist als der Main und ihr Bett ein kurzes Stück mit dem Main-Donau-Kanal teilt. Sie bringt uns direkt in die alte fränkische Kaiser- und Bischofsstadt Bamberg, die wie das antike Rom auf sieben Hügel gebaut ist. E.T.A. Hoffmann hat hier gelebt und Napoleon hat in Bamberg seine Kriegserklärung an Preußen unterzeichnet. Im Schlenkerla gibt's „echt Bamberger Rauchbier", eine Spezialität, lecker selbst für Nicht-Biertrinker.

Der Verkehr auf dem Kanal ist enorm. An jeder Schleuse haben wir bis zu einer Stunde Wartezeit. Die Sparschleusen sind ekelhaft zu fahren, 18 Meter Hubhöhe ohne Schwimmpoller sind wirklich eine Zumutung. Der Architekt dieser Schleusen gehört geprügelt, oder besser noch, er müsste selber mal in seinen Kammern hochschleusen. 12 Stunden benötigen wir für die 70 km nach Nürnberg.

Es gibt wenig zu erzählen über diese Stadt, was nicht jeder ohnehin schon kennt. Die Meistersinger und der Schuhmacher Hans Sachs, Albrecht Dürer, Spielzeug und Christkindlmarkt, Lebkuchen und Bratwurst, aber auch der Ort an dem die Naziparteitage abgehalten wurden und die Kriegsverbrecherprozesse stattfanden. Martin Behaim hat den ersten Globus in Nürnberg erfunden und Peter Henlein die erste Taschenuhr, das Nürnberger Ei. Die erste deutsche Eisenbahn fuhr von Nürnberg nach Fürth. Und täglich um 12 Uhr umschreiten die sieben Kurfürsten den Kaiser Karl IV. in Erinnerung an den Erlass der Goldenen Bulle im Jahr 1356, beim Männleinlaufen der Uhr an der Frauenkirche.
Ein paar Kneipen wetteifern darum die einzig echten Nürnberger Bratwürste zu haben und natürlich die Besten und bis jetzt konnte keiner der Wurstküche den Rang ablaufen.
Und ein Yachthafen, in dem man Durchreisenden die Hose über den Kopf auszieht, den können sich hungrige, arme, reisende Rentner wirklich nicht oft leisten.

Wenigstens nimmt mein Kapitän die Gelegenheit wahr und gibt Belugas lädierter Scheuerleiste ihren alten Glanz zurück. Auch das Beiboot wird ausgebeult, somit ist aller Schaden wieder behoben. Wüssten wir allerdings was uns noch bevorsteht, der Pinsel bliebe eingepackt.

Schon wieder Schleusenstress

Ab Nürnberg schleusen wir mit der River Princess, einem Hotelboot, das geradeso in die Schleusen passt. Da die Herren Berufsschiffer sich nie festbinden, kämpfen wir in den Schleusen nicht nur mit den einschießenden Wassermassen, sondern auch mit dem Schwell, den die Schiffe verursachen, wenn sie sich mit Motorkraft in der Kammer halten.

Die River Princess legt an und wir müssen an der nächsten Schleuse auf die River Duchess warten. In diesen hohen 25 m Schleusen hat es jetzt Schwimmpoller, allerdings nur auf einer Seite. Wir haben es gut, zufällig haben wir die richtige Seite erwischt. Rosi belegt an normalen Pollern. Das wird eine schöne Schinderei für sie werden.

Die River Duchess rangiert in der Kammer, als zusätzlich seitlich ein Wasserstrahl eingeleitet wird wie ein Springbrunnen. Die Flut vermischt sich gurgelnd mit dem wirbelnden Schraubenwasser des Hotelbootes. Die Kräfte auf die Boote sind unbeschreiblich. Kein Titan könnte unter diesen Voraussetzungen das Boot festhalten, geschweige denn eine so zarte Person wie Rosi. Unser Tau am Schwimmpoller ist gespannt wie eine Gitarrensaite. Es beginnt zu singen, wir erwarten jeden Moment, dass es reißt. Vite vite hat sich bereits losgerissen und wird auf uns katapultiert. Rosi schreit. Manfred drückt mir unser Tau in die Hand. Ich schlinge vorsichtshalber noch schnell einen zusätzlichen halben Schlag um den Poller. Still bitte ich: „Nicht reißen, du bist mein letztes altgedientes Schleusentau!" Manfred hechtet nach hinten, hilft Vite vite an uns zu belegen. Dann reißt er zornig den Funkhörer von der Wand und brüllt zum Schleusenwärter ob er nicht abstellen kann, dass das Hotelboot uns in der Schleuse tanzen lässt wie einen Pingpongball. Der Schleusenwärter ist etwas pikiert. Wir sollen doch ordentlich festmachen, was er denn tun soll. Manfred bellt wütend zurück, dass er das Hotelboot daran erinnern könnte, dass es eine Schleusenverordnung gibt, die besagt, dass alle Schiffe in der Schleuse festbinden müssen. Doch weder den Schleusenwärter noch die River Duchess scheint unsere Notlage irgendwie zu tangieren.

Rosi ist erledigt. Technischer K.O. in der dritten Runde. In der nächsten Schleuse belegen wir vorne und hinten je an einem Schwimmpoller und nehmen die Vite vite auf die Seite. Doch selbst so einigermaßen sicher belegt, beutelt es uns wie eine Hundemutter ihre Welpen.

Die europäische Wasserscheide

Trotz aller Beschwernisse, wir sind auf der Scheitelhaltung des Main-Donau-Kanals angekommen. Mit einer Höhe von 406m über dem Meeresspiegel haben wir den höchsten Punkt nicht nur im deutschen, sondern auch im europäischen Wasserstraßennetz erreicht.

Hier ist die Nahtstelle, an der 15 europäische Staaten durch eine Binnenwasserstraße miteinander verbunden sind. Von der einen Seite aus fließen die Gewässer ins Schwarze Meer, von der anderen Seite in die Nordsee.

Der Künstler Hansjörg Voth markierte sie mit einem Landart-Monument in Form einer quergestellten Granitwand. Vielleicht wollte er aber damit auch das Brett vor dem Kopf der Menschen symbolisieren.

Wir schleusen ab sofort abwärts. Vorbei ist der Stress mit gurgelnden Wassermassen, zerrenden Booten und wundgescheuerten Händen. Vite vite liegt neben uns, da es in jeder Schleuse nur an einer Seite Schwimmpoller hat. So hält sich auch für Rosi die Aufregung in Grenzen.

Mit einem Frachter und einem Passagierboot schippern wir gemütlich von Schleuse zu Schleuse. Das Passagierboot hat eigentlich sehr viel Ähnlichkeit mit einem Schrotthaufen. Anscheinend wurde es verkauft. Die neue Besatzung besteht aus Ungarn, die uns stolz erzählen, dass sie das Boot aufmöbeln und in Budapest wieder als Passagierschiff einsetzten wollen. Ein sichelbeiniger Abkömmling eines Puszta-Kossacken drückt Manfred sofort ein Bier in die Hand. Er darf den Krug auch gleich behalten. Sie selbst trinken ihr Bier aus Maßkrügen. Na denn prost! Vielleicht ist das der Grund, dass sie beim ein- und ausfahren aus den Schleusen so perfekt an jeder Seite anrempeln. Gezielt ist gezielt.

Unterwegs im Altmühltal

Wüsste man es nicht besser, kein Mensch könnte glauben, dass wir noch in einem Kanal fahren. Die Landschaftsplaner haben ganze Arbeit geleistet. Da wo der Kanal Windungen der Altmühl abschneidet, wurden beide perfekt in die Landschaft integriert. Eine verzweigte Wasserlandschaft ist entstanden, mit

Auwald, Sträuchern, kleinen Inseln. Seen und Nebenarme bilden romantische Winkel voller Seerosen, Farne und Schilf. Ein Paradies für Wasservögel aller Art. Der Gesang der Vögel begleitet uns wie ein Violinenkonzert. Romantische Idylle oder idyllische Romantik? Man kann es sich aussuchen.

Die Ritterburg Prünn kommt in Sicht. Dürer hat sie einst gemalt. Hier wurde der Prünner Codex erfunden, eine Prunkschrift des Nibelungenliedes. Bei Essing spannt sich, mehrfach geschwungen, die längste Holzbrücke Europas über das Tal. Manche nennen sie Spagetti-Brücke, bei vielen ist sie nur der Tatzelwurm.

Nach vieler Müh und Plage belohnt uns die Natur mit ihren schönsten Gaben. Die Sonne lacht ins Tal, wirft glitzernde Sternchen auf das leicht gekräuselte Wasser. Ein Mäusegeier nutzt den Aufwind, lässt sich ganz nach oben tragen, hat dort eine traumhafte Aussicht auf Altmühl und Jurafelsen. Eine Bachstelze wippt mit ihren Schwanzfedern und benutzt uns als Transportmittel. Ein Schmetterling badet auf unserem Verdeck seine zarten Flügel im Sonnenlicht.

Vor uns liegt die letzte Schleuse des Kanals. Die erste Etappe unserer Reise ist geschafft.

Kapitel 5

Die Donau, der europäische Strom

Vater Rhein ist noch von erheblich größerer Bedeutung, die Wolga ist länger, aber kein anderer europäischer Fluss hat mehr Anrainer-Staaten als die Donau. Deutschland, Österreich, Slowakei, Ungarn, Kroatien, Serbien, Bulgarien, Rumänien, Moldawien und die Ukraine. Die Anzahl der Religionen und Völker mit ihren verschiedenen Sprachen, Dialekten, Schriften und Volkstümern beträgt ein Vielfaches davon.
In Donaueschingen vereinen sich ihre Quellflüsse. Brigach und Breg bringen die Donau zuweg, ein alter Merkspruch. Aber an dieser „Donauquelle" ist eine Inschrift „Mutter Baar schickt die junge Donau auf den Weg nach Osten." Nie hört man, dass durch Schlucklöcher unterirdisch noch viel Donauwasser zum Rhein verschwindet.
Die Donau ist der wasserreichste Fluss Europas. Ein reißender Gebirgsfluss, der sich durch Engpässe drückt, in Karstlöchern verschwindet, sich durch senkrecht aufsteigende Felsen des fränkischen Jura frisst, das böhmische Granitplateau durchbricht, die Karpaten und ungarische Tiefebene quert, gegen das Eiserne Tor anrennt, um in der behäbigen Gemächlichkeit des Flachstromes in ein Riesendelta auszuebben und im Schwarzen Meer zu verschwinden.

Die Donau ist der einzige größere Fluss Europas, der von Westen nach Osten fließt. Sie hat 120 größere Nebenflüsse, davon 34 schiffbar, und relativ starke unterirdische Zuflüsse. Das Einzugsgebiet der Donau ist vier mal so groß wie das des Rheins. Sie wälzt ein Wasservolumen wie Rhein, Weser und Elbe zusammen. Das macht sie unberechenbar.
Und sie wird ihren Namen ändern in Dunaj, Duna, Dunav, Dunarea, Danube, Danuvius, Danubio, Dunarez. Bei den Kelten hieß sie Ister, für die Griechen war sie Istros, die Römer nannten sie Danubius. Sie war der Weg der Nibelungen und Kreuzfahrer, die Römer benutzten sie als wichtigen Handelsweg und Teil ihres nassen Limes, die Türken zogen auf ihr bis nach Wien, sie ist Durchzugsstraße, Grenzscheide und Bindeglied zwischen Ost und West und wir werden versuchen bis zur ihrer Mündung ins Schwarze Meer zu gelangen.
Für die freie Durchreise garantieren alle Anrainer-Staaten. Sie haben sich im Internationalen Donau-Vertrag dazu verpflichtet. Hoffentlich wissen das auch alle Grenzer!

Der Übergang vom Kanal zum Fluss ist so unspektakulär, dass ich ein bisschen enttäuscht bin. „Was hast du erwartet," will Manfred wissen. „Dass dich Isa, die Schwester der Loreley, per Handschlag begrüßt?" Er hat ja Recht, man sollte sich seinen Regenbogen wirklich nicht schon durch den ersten Eindruck verdunkeln lassen.

In Regensburg wollte ich mit aller Gewalt zum Dampfnudel-Uli, doch der Sadist hat doch tatsächlich montags geschlossen. Das werde ich ihm so schnell nicht verzeihen. Ein kleiner Bummel über den Rummel mit einem grandelnden Spatzel versöhnt mich wieder mit dem entgangenen Dampfnudel-Genuss.

Alles was uns erzählt wurde über die wild fließende Donau, die reißende Strömung, die dich den Fluss nur so hinunter fliegen lässt, alles Märchen, heuer aus dem Register „es war einmal". Vom Fluss am Ufer freigegebene Geröllbänke zeigen Niedrigwasser. Das Wasser wälzt sich träge dahin und Manfred muss mächtig Gas geben. Der Pegel unserer Tankuhr fällt derart, dass wir es wohl nicht bis in die Slowakei schaffen werden und in Österreich nachtanken müssen.

Die sanften Hügel des Bayrischen Waldes begleiten uns. Walhalla, die Ruhmeshalle 120 deutscher Geistesgrößen mit Büsten, von Ludwig einst dem griechischen Pantheon nachempfunden, blickt stolz 100m über der Donau auf Durchreisende herab.

Deggendorf ist durch das Drama der Agnes Bernauer zu traurigem Ruhm erlangt. 1435 ließ Herzog Ernst seine ungeliebte Schwiegertochter hier als Hexe in der Donau ertränken, als der unwissende Ehemann gerade Volk und Vaterland verteidigte.

Die Fahrrinne ist gut betonnt. Manchmal nimmt sie den ganzen Fluss ein, dann wieder ist sie sehr schmal. Stromleitwerke gehen fast bis zur Fahrwassermitte. Fischruhezonen sind großflächig durch gelbe Tonnen abgegrenzt. Hoffentlich wissen die Fische auch, dass sie hier ausruhen sollen.

Endlich mündet rechts die Isar, kommt aus dem schneegepuderten Karwendel in Tirol, bringt Geröll aber auch etwas mehr Wasser mit. Immerhin bringt uns das 2 km mehr Fahrt. Gut so!

Vilshofen kommt in Sicht. Hier hauen die CSU-Bonzen Nägel in die Köpfe, oder so ähnlich. Und kurz dahinter liegt doch tatsächlich die „Katharina" am Ufer. Alte Bootsfreunde, die wir schon seit Jahren nicht mehr getroffen haben. Wir bedauern, dass es nur zu einem „Hallo, wie geht's, was treibt ihr so, wo wollt ihr hin" reicht. Helmut wartet in Melk auf uns. Weil er uns zu einer Wachau-Spritztour eingeladen hat, düsen wir sehr früh ab und die Crew der Vite vite nimmt die Gelegenheit wahr, einmal richtig auszuschlafen und einen Tag zu relaxen.

Passau, die Drei-Flüsse-Stadt, ist auch Grenzstadt zwischen Deutschland und Österreich. Der Dom beeindruckt und das vergoldete Gehäuse der Orgel. 17.774 Pfeifen bei 233 klingenden Registern, die größte Orgel nicht nur Europas, nein der Welt. Für durchreisende Sportboote hat die Stadt kein Herz, Anlegestellen sind nicht vorgesehen. Der Yachthafen ist weit außerhalb und für Busfahrten und Kinkerlitzchen haben wir überhaupt keine Zeit. Schließlich sind wir, wie schon gesagt, durchreisende Rentner. Zeit ist ein Fremdwort. Wir wollen ins Schwarze Meer. In Passau beginnen die Kreuzfahrer ihre Reise Donau abwärts, leider. Kreuzfahrer heißen so, weil sie ein Kreuz für alle anderen Verkehrsteilnehmer sind. Und da ist es egal ob auf Flüssen oder Kanälen. Sie nehmen sich immer das Recht heraus Gott Vater der Wasserstraße zu sein, das zieht sich vom Ozeanriesen bis zum mickrigen 10 Personen Ausflugsdampfer.

Der Inn bringt jede Menge hellgrünes Schmelzwasser und zusätzliche 2 km an Geschwindigkeit.

Strudel irritieren den Geradeauslauf von Beluga, wo die nur herkommen? Vielleicht weil die Donau hier 10m tief ist? Manfred ist schwer mit seinem Ruder beschäftigt. Die Landschaft wird von Kilometer zu Kilometer schöner. Das Donauwasser ist zur Zeit sehr sauber. Eigentlich ist alles anders, als man es uns hat weismachen wollen.

Manfred hisst die rot-weiß-rote Gastlandflagge. Wir sind in Österreich. In Jochenstein träumt die Nixe Isa vor sich hin und liebkost auf ewig ihren Schwan. Und auf der gegenüberliegenden Seite poliert der heilige Johannes an seinem Heiligenschein und schaut empört auf die „Claudia" herab, die uns vor der Schleuse mit Vollgas überholt hat. Vielleicht hat sie ja Angst mit ihren riesigen 6m nicht in die kleine 230m-Schleuse zu passen oder sie glaubt, wir stehen als Verzierung im Oberwasser. Ihr Rasen verursacht starken Schwell in der Schleuse und macht ihr und uns das Leben schwer. Dieser Kapitän trägt seinen Scheitel sehr offen, vielleicht ist kräftig Gasgeben nur seine Art der Demonstration eines überschäumenden Testosteronspiegels.

Äonen vor unserer Zeitrechnung hat die Donau ein Gebirge durchbrochen und das Passauer Tal ausgespült. Sehr imposant. Der Fluss windet sich durch die Schlögener Schlingen, an hohen Laubwaldhängen entlang, wie eine gekrümmte Schlange. Plötzlich aufkommender Starkwind schlägt Manfred das Verdeck um die Ohren und fast wäre sein vorletztes Käppi auch noch verloren. Die Österreicher Gebirgsmarine knallt uns zusätzlich Wellen vor den Bug.

Hinter der Schleuse Aschach sind die Berge schlagartig weg. Die Donau gewinnt mächtig an Figur, wird aber wieder viel langsamer. Sehr zum Verdruss meines Kapitäns und seiner frisch gefüllten Sprittanks.

Die große Anzahl von Burgen ist auffallend. Viele sind noch sehr gut erhalten, andere Ruinen. Zum Verfall der Burgen hat eine im 19. Jahrhundert erlassene neue Steuer beigetragen, nach der die Höhe der Steuer nach der Größe der Dachfläche berechnet wurde. Daraufhin wurden viele Dächer abgedeckt und die Burgen verfielen.

Schon sind wir in Linz. Eine blonde Drossel winkt uns im Hafen: „Legts bei mir oa, nur for aan Schnapserl." Die Schnapsdrossel muss warten, erst brauchen wir einen Liegeplatz für die Nacht.

Die Salzstraße kreuzte sich mit dem Donauweg und schon entstand eine keltisch-romanische Siedlung „Lentia", das heutige Linz. Immerhin regierte Karl der Große von „Linze" aus das Heilige Römische Reich Deutscher Nation. Als Lustfresser ist mir natürlich das Wahrzeichen der Stadt wohlbekannt, die Linzer Torte. Wer hat sie erfunden? Ist sie entstanden, weil die Linzer ihre Stadt zum Fressen gern haben? Streng waren die Regeln in der oberösterreichischen Landeshauptstadt schon immer. Im Landhaus hängt heute noch die Hausordnung, nach der sich „niemand ein Wehr oder Waffen zu zücken, weniger zu schlagen, zu balgen, einen Rumor zu machen erkühnen" darf. Wir werden uns selbstverständlich daran halten.

Ein paar Berühmtheiten waren hier zu Hause. Johannes Kepler, der Lehrer, Adalbert Stifter, der Schriftsteller, Anton Bruckner, der Musiker, Mozart ließ sich inspirieren zu seiner Linzer Symphonie. Und fast wäre vom alten Linz nicht mehr viel übrig geblieben, weil Hitler, im 100 km entfernten Braunau geboren, in Linz aufgewachsen, gigantische Pläne entwickelt hatte aus Linz eine richtige „Führerpfalz" zu machen und als Altersitz zu nutzen.

Nadelöhr Strudengau

Ein bisschen Geduld gehört schon zur Boots- und Schleusenfahrerei, auch in Österreich. 40 Minuten ist die Standardwartezeit, damit die Bootsfahrer nicht zu üppig werden. Hat man das Glück mit einem Berufsschiff zu fahren, kann man auf Gnade hoffen und mitgenommen werden.
Manfred hat die Nase tief in seinen Karten vergraben. Über den Strudengau hört man nichts Gutes. Strudel und Wirbel sollen den Lauf der Donau bestimmen. Waldhänge sollen bis in den Fluss hineinragen, Sandbänke und Felsen sollen den Schiffern das Leben schwer machen.
Joseph von Eichendorff beschrieb es so: „Kein Mensch ist hier zu sehen, kein Vogel singt, nur der Wald von den Bergen und der furchtbare Kreis, der alles Leben in seinen unergründlichen Schlund hinabzieht, rauschen hier seit Jahrhunderten gleichförmig vorbei."

Schon Maria Theresia ließ Sprengungen im Strudengau vornehmen, trotzdem hatte die königliche Yacht Adler, als sie die zukünftige Kaiserin Sissi nach Wien bringen sollte, hier eine Havarie.

Manfreds Kommentar nach Studium seiner Unterlagen: „Totales österreichisches Chaos. Ampelgeregelt, einspurig und was weiß ich. Würden wir uns mit unserem Binger Loch so anstellen, käme nicht ein Schiff den Rhein mehr hoch." Noch sind wir nicht so weit, wir lassen uns überraschen.

Bilderläuterungen

1	*Opferlamm für gute Heimkehr*	*13*	*Wachau*
2	*Aschaffenburg*	*14*	*Ruine Theben*
3	*Wertheim*	*15*	*Devin, Slowakei*
4	*Frankfurt am Main*	*16*	*Bratislava*
5	*Würzburg*	*17*	*Burg von Bratislava*
6	*Sparschleuse*	*18*	*Stausee Gabcikovo*
7	*Wasserscheide*	*19*	*Basilika Esztergom*
8	*Prünn*	*20*	*Yachthafen Esztergom*
9	*Tatzelwurm-Brücke*	*21*	*Budapest*
10	*Main*	*22*	*Kettenbrücke, Budapest*
11	*„Walhalla-Donau"*	*23*	*Mündung des Gio-Kanals*
12	*Passau*	*24*	*Gastfreundschaft in Serbien*

1

2

3

4

5

6

7

8

9

10

11

12

13

14

15

16

Wieder brechen wir früh auf. Wir wollen endlich den Zeitdruck loswerden. Wir sind bei Helmut eine Woche überfällig und Manfred hasst es unpünktlich zu sein, doch gegen des Schicksals Mächte ist kein Kraut gewachsen. Das Hochwasser im Main war nicht vorhersehbar und außerdem mussten wir natürlich Rücksicht auf das Ruhebedürfnis unserer Mitreisenden nehmen.
Die Schleuse Abwinden ist zum abwenden. 1 ½ Stunden brauchen wir bis sie hinter uns bleibt.

Unterhalb der Burg Spielberg bildete die Donau ein gefürchtetes Schifffahrtshindernis, den Saurüssel, durch Regulierungsarbeiten heute entschärft.
Das berüchtigte Mauthausen ließ Friedrich I. im 12. Jahrhundert niederbrennen, weil sich die Einwohner erdreistet haben von den Kreuzfahrern Abgaben zu fordern. Die Uferfront mit bunten Häusern der k.u.k. Zeit ist wunderschön. Sogar ein Anleger für Sportboote lädt ein. Weithin sichtbar am Ortsende das Gourmet-Denkmal der Jahrtausendwende, die gelben Rundbögen von McDonalds.
Die Enns bringt wenig zusätzliches Wasser. Nach dem zweiten Weltkrieg bildete sie 10 Jahre lang die Demarkationslinie zwischen den amerikanischen und russischen Besatzern.
Die Schleuse Wallsee entlässt uns nach 1 ½ Stunden Zwangsaufenthalt Richtung Grein. Hier sollen die berüchtigten Stromschnellen beginnen, die jetzt durch die Errichtung des Kraftwerks Ypps-Persenbeug geglättet sind.
Schwalleck, der Name macht nachdenklich. Eine rechtwinklig in den Strom ragende Felszunge hat den Schwall gebildet, weg durch das Donaukraftwerk. Beim Sprengen im Flussbett kamen zahlreiche Münzen und Artefakte zum Vorschein, vieles wohl Strandgut von gescheiterten Schiffen, aber wahrscheinlich auch viele Opfergaben, um die Flussgötter gnädig zu stimmen.

Ich befestige die Fender an der Reling, sie sollen uns bei dem kommenden Höllenritt ja nicht wie angeschossene Golfbälle über Bord gehen. Auch alle Fenster werden verriegelt. Bootsfahrer berichteten von tonnenweise Wasser, das sie in den Stromschnellen übernommen haben. „Hast du die Fenster zu gemacht", fragt Manfred. „Hältst du mich für blöd", frag ich zurück. „Nein, nur für schusselig!" Na, das hat noch ein Nachspiel.

Die Ampel kommt in Sicht. Die Talfahrt muss den Hößgang nehmen. Die Bergfahrt den Strudenkanal. Unsere Seite hat grün, wir können einfahren. Beluga beginnt kräftig zu schaukeln, nicht etwa von starker Wirbelei, sondern von den Wellen einiger verrückter Sportbootfahrern die vorbeidüsen und des ro-ro-Frachters der Spedition Harms, der vollgepackt ist mit Autos und Wohnwagen. Wo er die wohl geholt hat? In der Slowakei wahrscheinlich.

Wo ist denn die Insel, will ich wissen, wann geht's denn los. Ich bin doch schon richtig fickrig auf einen heißen Ritt. Ich werde vertröstet, dauert noch ein bisschen. Ob wir denn wenigstens schneller geworden sind? Nein, unser Sumlog zeigt immer noch mickrige 16 km. Da vorne teilt sich das Fahrwasser um eine Insel. Aus dem Strudenkanal kommt ein Frachter zu Berg, dahinter ein russisches Kreuzfahrtschiff. Es steht mitten im Strom, weil der Frachter so langsam ist. Wir schießen in den Hößgang. Das Wasser ist kappelig, die Felsen am Grund bringen es in Unruhe. Und, wie ist es jetzt? Manfred schüttelt den Kopf. 18 km sind lächerlich, gerade mal 2 km mehr als wir bei normaler Marschfahrt über Grund machen. In der Bergstrecke am Rhein zwischen Bingen und Koblenz zeigt unsere Logge 26 km. Beluga stampft etwas, nicht mehr als sie es am Rhein ständig tut. Vielleicht kommt ja noch was? Das Tal wird breiter, die Insel liegt hinter uns. Ein paar Bergfahrer liegen auf Hab Acht und warten bis sie in den Strudenkanal einfahren können.

„War's das schon?" „Scheinbar." Warum schreiben die nur alle so einen Mist. Auch wenn das Wasser einen Meter höher ist, besteht hier sicher keine Gefahr. Wer den Rhein kennt und befährt, für den ist der Strudengau Peanuts. Durch den Strudengau im Schneckengalopp, das hat mein Abenteuer-Such-Gen nicht befriedigt.

Wachau und Nibelungengau

Geschichtsträchtig ist dieses Kernland des heutigen Österreich allemal. Dass man auch noch die alten Nibelungen bemüht hat, liegt eher an der Begeisterung für alles mystisch-nationale und natürlich der Idee mit einem zugkräftigen Begriff zusätzlich touristisch punkten zu können. Sicher ist, dass die Burgunder von Worms an den Hof von Etzel ins ungarische Esztergom geladen waren, auf Betreiben von Kriemhild, der Schwester des Burgunderkönigs, und seiner Brüder. Sie zogen auch die Donau hinunter. Deshalb gäbe es viele Landschaften, die sich mit diesem Namen schmücken könnten. Bewiesen ist jedoch, dass die Burgunder in Pöchlan, früher Bechelaren, halt machten, dort Giselher die Tochter von Markgraf Rüdiger von Bechelaren ehelichte und sie sich, sicher auch durch vier Tage ausschweifendes Gelage, den Graf zum Freund machten. Dem ganzen Geschlecht machte Etzel – die Gottesgeißel Attila – auf Betreiben Kriemhilds, die sich an ihrer Familie rächen wollte, weil Hagen ihren ersten Mann Siegfried ermordete und den Nibelungenschatz im Rhein versenkte, ein grausames Ende. In der Stiftsbibliothek Melk wurden kürzlich 700 Jahre alte Bruchstücke des Original-Nibelungenliedes gefunden.

Dem überwältigenden Eindruck von Stift Melk kann sich kein stromab fahrender Donaureisender entziehen. „Zwei himmelragende Türme und eine Kuppel rufen weithin ins Land: Auf diesem Felsen steht eine Gottesburg..." „Es reuete mich, so ich nicht hier gewesen wär", sagte selbst Maria-Theresia.

Als wollten sie miteinander wetteifern, reihen sich Schlösser, Burgen und Kirchen in dichter Folge aneinander und machen die Wachau zum romantischsten Abschnitt einer Donaufahrt.
Auf Burg Aggstein residierte der schreckliche Raubritter Scheck, der als Schreckenwald in die Geschichtsbücher einging, weil er seine Gefangenen auf einem winzigen Felsvorsprung aussetze. Er ließ ihnen die Wahl zwischen einem langsamen Hungertod oder dem schnellen Sprung in die Tiefe.

Vielleicht hat diese Handlungsweise auch zu der Geschichte der Teufelsmauer geführt? Der Teufel hat versucht an diesem Felsabsturz die Donau aufzustauen, wurde aber von einem frühzeitig krähenden Hahn daran gehindert. Der Ritter von Dürnstein soll ihn dazu veranlasst haben, um auf diese Weise das Burgfräulein von Aggstein zur Annahme seiner Werbung zu veranlassen. Vielleicht war es auch des Teufels Großmutter, die so erzürnt war über die auf der Donau zu Tal ziehenden Kreuzritter und Wallfahrer, dass sie den Leibhaftigen zur Errichtung der Donausperre aufforderte.

„Auf dem Marktplatz zu Spitz wachsen tausend Eimer Wein." Ein Scherzspruch, weil Spitz im Halbkreis um einen Berg gebaut ist. Da, wo bei einem normalen Ort der Marktplatz ist, erhebt sich hier der Tausendeimerberg. Und tatsächlich sollen an ihm in einem Jahr bis zu 600 Hektoliter Wein wachsen. (Ein Eimer hat in Ö. 52 l, basst schoa)

In Burg Dürnstein wurde mehr als ein Jahr lang der englische König Richard Löwenherz gefangen gehalten. Als Kreuzfahrer zog er mit Friedrich Barbarossa ins Heilige Land, wurde dort nach dessen Tod militärischer Führer auch des deutschen Heereskontingentes und eroberte mit dem österreichischen Herzog Leopold V. die Hafenstadt Akko. Als der Österreicher sein Banner als Erster auf die Mauern pflanzte, riss Richard es voller Wut herunter und trat es in den Staub. Leopold reiste sofort ab und schwor Rache. Die ist ihm auch kurze Zeit später gelungen, als Richard auf der Heimreise in der Adria schiffbrüchig wurde und sich über Land zum Stammsitz seiner Familie in Braunschweig durchschlagen wollte. In Wien wurde er erkannt und verraten und Leopold nahm ihn gefangen und ließ ihn erst gegen Zahlung eines Lösegeldes von 150.000 Mark in Silber wieder frei. Leopold wurde für die frevlerische Tat sich an einem gottesfürchtigen Kreuzfahrer vergriffen zu haben vom Papst geächtet.

Auf die Frage, was zwischen Krems und Stein liegt, gibt es nur eine Antwort: „Und", denn so hieß eine Ansiedlung zwischen den beiden Orten. In Krems auf dem Markplatz steht eine Brunnenplastik, die einen Ehemann darstellt, der als Mitglied der von einem gewissen Simon Handl gegründeten „Bruderschaft der Pantoffelhelden" seine Frau auf Knien um Verzeihung bittet für einen begangenen militärischen Vauxpas, bei dem die Frauen ihre Stadt alleine verteidigen mussten. Tja, so kann's auch gehen, meine Herren!

In Tulln sitzt Kaiser Marc Aurel am Ufer der Donau auf seinem Pferd und blickt nachdenklich auf den Fluss. Vielleicht denkt er über seine „Selbstbetrachtungen" nach, in denen er philosophische Gedanken verbunden mit Feldherrenlatein zu Papier brachte. „Denke nicht, wenn dir etwas schwer fällt, dass es nicht machbar sei", hat er geschrieben, und „Der Mensch findet an keinem Ort mehr Ruhe und Ungestörtheit als in seiner eigenen Seele." Ein weiser Mann. Er starb in Vindobona, in Wien.

Stift Göttwein ist ganz sicher der Schlussakkord am Ausgang der Kulturlandschaft Wachau. Man kann den Klöstern und Stiften gegenüberstehen, wie man will, fest steht, die Herrschaften waren nicht dumm. Sie suchten gezielt ihre geistige Freiheit auf Bergen, wählten strategisch wichtige Punkte und ihre Gebäude stehen heute an romantischen, exklusiven Stellen. Mönche rodeten Wälder, bebauten Felder, legten Weinberge und Fischteiche an und gaben ihr Wissen weiter. Sie hatten unheimliche weltliche Macht und Reichtum. Mit einem Wort, sie haben die Entwicklung Europas entscheidend geprägt. Wer die Prachtbauten finanziert hat? Die Frage drängt sich auf! Der kleine Mann natürlich, mit Fleiß und Schweiß und Blut. Uns haben die Mönche nicht nur ihre Prachtbauten hinterlassen, auch unendliche Kunstwerke, Bibliotheken und die Fastenzeit mit Starkbier und Forelle blau. Dafür kann man den Mönchen auch die Möncherei verzeihen. Man gönnt sich ja sonst nichts.

Im Yachtclub St. Pölten werden wir von Helmut und Renate empfangen und sehr freudig und freundlich aufgenommen. Eine Wachau-Rundfahrt ist angesagt, Heuriger und Marillenschnapserl, das muss sein. Man muss doch wissen wie die Wachau schmeckt.

In der Hafenkneipe wird heiß diskutiert. In Mariazell ist Katholikentreffen. 1.800 Busse werden erwartet und die Eingeborenen wissen ganz genau, dass die Gegend die vielen Autos, Busse und Menschen nie aufnehmen kann. Abends beginnt es zu regnen. Wir reiben uns die Hände, das ist prima, das bringt mehr Wasser. Und es hört nicht auf. Ein penetranter, leiser, durchdringender Landregen. Morgens kommen im Radio die ersten Durchsagen. 10 Kardinäle, mehr als 1.000 Priester und bereits über 30.000 Menschen sind schon da.

Personenwagen werden in St. Pölten abgefangen und zurückgeschickt. Die Almwiesen, die man als Parkplätze vorgesehen hat, sind im Regen untergegangen und mussten geschlossen werden. 1.000 Busse sind noch im Anmarsch und verstopfen hoffnungslos die Straßen. Die Monstranz ist durch einen Glaskasten vor dem Unwetter geschützt. Die Gläubigen stehen bis zu den Knöcheln in der aufgeweichten Wiese. Dafür kommen sie ganz gewiss in den Himmel.

Wir lassen uns weder von urlaubsstimmungsfeindlichem Himmelsgrau noch von Bindfaden-Regen beirren. Heute geht's nach Wien. Die Donau ist gestiegen. Mein Kapitän reibt sich die Hände, endlich läuft's ein bisschen. 8 Kreuzfahrer kommen uns entgegen, legen beim Stift Melk an, wahrscheinlich auch besetzt mit Wallfahrern.

Das Wasser der Donau brodelt um Felsen und Untiefen, Starkwind peitscht unsere Persenning, die Kreuzfahrer werfen uns Wellen vor den Bug wie Mini-Tsunamis. Beluga stampft und bockt und schüttelt sich wie ein Wildpferd bei seinem ersten Ritt. Endlich ist mal was los. Diese ständige, aktionslose Idylle beim schippern durch wunderschöne Landschaft bei strahlendem Sonnenschein weicht einen ja auf. Dass nicht leichter Sieg den Preis verringere.
Nur die wunderschöne Wachau, die hält sich hinter Dunst- und Regenschleiern sehr bedeckt.

„Aa Stunden müsets hoalt woarten!" Ist Schleusenwärter erschlagen eigentlich eine Sünde oder eine Notwendigkeit?
Von hinten kommt ein Koppelverband, mit dem wird er uns auch nicht schleusen, das heißt noch mal eine Stunde. Doch nein, von unten kommt ein Hotelboot, das hat absoluten Vorrang. Der Schleusenwärter kündigt dem Koppelverband an, dass er ihn nicht nehmen kann, er muss eine Leerschleusung machen, das Linienschiff muss nicht warten bis der Schuber in die Schleuse manövriert hat. Wir dürfen aber mit runter. Danke Kaiserin Elisabeth. Ausnahmsweise auch mal für was gut.

Manfred macht sich lustig über das einzige existierende Atomkraftwerk Österreichs, das allerdings noch vor seiner Inbetriebnahme stillgelegt wurde. Menschen mit Bildung und Charakter können nicht Politiker werden. Nirgends.

Die Umgebung wechselt ständig. Schroffe Klippen wechseln mit sanften Berghängen, Weinberge, dann wird das Tal breiter und flacher, kleine Flüsse und Bäche münden in die Donau, Kraftwerke, Weiler, Wald, Brücken, Kirchtürme und das Wetter weiterhin bescheiden.

Und zu allem Überfluss stellen wir auch noch fest, dass wir statt der Slowakischen die Slowenische Gastflagge gekauft haben.

Nach § 1 kann der Kapitän dafür aber nicht zur Verantwortung gezogen werden.

Vermag's mein Sinn auch nicht erfassen,
so darf ich trotzdem nicht erblassen

Der Schleusenmeister der Schleuse Greifenstein ist fast nicht zu verstehen, gegen ihn artikulierte sich Hans Moser in feinstem Hochdeutsch. Natürlich müssen wir warten. Ein kleiner flotter Flitzer geht mit uns an die Spundwand. Wir warten bis die „Wilhelm Dettmer" eingefahren ist. Es fahren auffallend viele deutsche Berufsschiffe an der Donau. Wir fahren ein, nehmen uns einen Schwimmpoller, Hera belegt auf uns, der kleine Flitzer überholt uns, versucht unmittelbar hinter dem Berufsschiff an einen Schwimmpoller zu gelangen. Die junge Frau steht freihändig vorne auf dem Bug und schleudert ihr Tau. Mir bleibt fast das Herz stehen, als das Berufsschiff noch mal zu manövrieren beginnt und das kleine Boot hinter sich tanzen lässt. Würde die junge Frau von Bord fallen, sie würde unweigerlich von der Schraube unter das Schiff gezogen und zerstückelt werden. Nach einiger Zeit gelingt es dem Kleinen sich zu belegen, auch das große Schiff ist belegt, wir schleusen langsam ohne Wirbelei nach unten. Das Tor geht auf.
Ich traue meinen Augen nicht, der Eigner des kleinen Flitzers klettert nach vorne und löst sein Tau. Anstatt sich von seinem Vordermann frei zu schwimmen und weiter nach hinten zu fahren, bleibt er eisern hinter dem riesigen Pott stehen. Die Wilhelm Dettmer beginnt die Ausfahrt aus der Schleuse. Ihre Schraube lässt das Wasser hinter ihr sprudeln, den Kleinen dreht's im Kreis. Er versucht gegenzusteuern, gibt unkontrolliert Vollgas, kann das Boot unmöglich von der Mauer freihalten. Noch mal legt er, statt schnell rückwärts zu fahren, weg vom Schiff, den Gashebel auf den Tisch, Vollgas vorwärts. Er donnert mit dem Bug gegen die Schleusenmauer, dass es nur so kracht. Immer noch macht er sich nicht von dem Schiff frei, sondern bleibt stur hinten dran, lässt sich von einer auf die andere Seite beuteln. Wir warten, bis sich das Wasser in der Schleuse wieder etwas beruhigt hat, dann legen auch wir ab.
Ich habe das erste Mal auf unserer Reise wirklich Herzklopfen. So viel Dummheit auf einem Haufen kann es eigentlich gar nicht geben. Es ist reiner Zufall, dass nicht mehr passiert ist, obwohl ich denke, dass er die Nase seines Sportboots ganz schön zerdeppert hat.

Wien

Was ist das für eine Stadt, deren Namen schon nach Musik klingt, egal wer ihn ausspricht. Wenn der Hans Moser sein „I muss amoal im frühern Leben aa Reblaus gwesen sein" nuschelt und der Holländer Jopi kühn seinen weißen Schal nach hinten schwingt, um als Tassilo seine schwarze Witwe in der Fledermaus zu beglücken, da schmilzt das härteste Herz wie Butter auf frischem Toast. Wiener Operette, Wiener Walzer, Johann Strauss, Franz Lehar, Emmerich Kálmán, Wiener Oper, Wiener Symphoniker, Wiener Kongress und Donaumonarchie.

Wer hat nicht Maria Theresia wegen ihrer Klugheit und Umsicht bewundert? Halb Europa hat sie erobert, ohne Krieg, nur durch die geschickte Verheiratung ihrer Leibesfrüchte. „Kriege mögen andere führen, du glückliches Österreich heirate."

Wiener Schmäh „Küss d'Haand gnä Frau". A gäh! Wiener Kaffeehaus und Wiener Melange, fast ausgestorben, vertrieben von Cafeteria und Cappuccino mit Schlagobers, eine Todsünde. Prachtbauten, die Schlösser Schönbrunn und Belvedere, Paläste, Brunnen, Denkmäler, Parks, im Prater blühen wieder die Bäume, die Lipizzaner der Spanischen Reitschule. Ach ja! Die Wiener Sängerknaben, Fiaker und dampfende Rossbolln, das Sacher mit seiner Torte. O wäh!

Wer hat nicht gelitten mit Sissi, die ihren Franzl so geliebt hat und für die die Hofburg zur Kerkerburg wurde?

Grinzing, Nussdorf und der Heurige. Es gibt keine Etikette außer einer: niemand lärmt mehr, als der natürliche Hochschwung der Stimmung es verlangt!

Und dann ist da noch der: „O du lieber Augustin alles ist hin." Der etwas weinselig wirkende Refrain des bekannten Volksliedes lässt die Schrecken seiner Herkunft nicht mehr unbedingt erkennen. Er geht auf die furchtbare Pestepidemie in Wien im Jahre 1679 zurück.

Wir erleben Wien. Regen, Donner, Sturm, Schloss Schönbrunn. Regen, Sturm, die Hofburg. Platzregen die Pestsäule. Sturmböen und Donner zum Heurigen in Nussdorf. Platzregen, Donner und Sturm auf der Heimfahrt. Nett, dieses Wien im Wonnemonat Mai.
Welch Freude festzustellen, dass der Barometer steigt und am nächsten Morgen strahlend die Sonne scheint, wenn auch ein eiskalter Starkwind herrscht.

Was soll uns auf dem kurzen Stück nach Bratislava schon passieren, außer dass kurz hinter Wien der Balkan beginnt und wir das Gebiet der oberen Donau verlassen.

Man darf nie die Rechnung ohne den Joker machen.

Die Schleuse Freudenau zeigt grün, kaum dass wir in Sicht kommen. Manfred guckt skeptisch. „Wo brauchen wir denn die Fender", will ich wissen. Die Steuerbord-Kammer ist offen, die Schwimmpoller sind auf der Mittelmauer, die Fender brauchen wir backbord. Wenn er mich ansieht, als hätte ich eben in einer Kirche ein paar unanständige Lieder gesungen, ist immer was nicht in Ordnung. „Die Kammer ist doch voll. Da steht so ne Rostlaube drin." Hera gibt mächtig Gas. Helmut scheint keine Bedenken zu haben.
In der Schleuse steht ein Muflon, alt, rostig, ungarisch, riesig. Er schiebt zwei Tankschiffe im Doppelpack. Neben ihm schätzungsweise noch 8m Platz. Hera fährt vor uns ein. Sie erwischen einen Schwimmpoller. Renate ruft zurück, wir sollen doch den Schwimmpoller nehmen. Wie soll das gehen? Die Schleuse ist knallvoll. Manfred guckt immer noch merkwürdig. Dass uns der Schleusenwärter noch mitgenommen hat, das ist ihm suspekt. Ich hänge vorsichtshalber auch steuerbord unsere Fender raus. Würde uns aber nichts nützen, wenn der Schuber seitlich versetzt, zerquetscht er uns.
„Vorzeitiges Ende einer Traumreise. Sportboote in der Schleuse Wien zerquetscht." Die Bildzeitung wäre begeistert. Irgendwie habe ich den sauren Geschmack von Adrenalin im Hals. Lass uns lieber wieder rückwärts da raus, fordere ich Manfred auf. Doch es ist zu spät. Das Tor kommt schon hoch. Renate geht es nicht besser. Sie macht mir Zeichen mit der Hand, die ganz klar ausdrücken „schöne Kacke, wenn das nur gut geht."
Der Schiffsmann macht einen Rundgang über seinen Kahn. Vorsichtig frage ich, ob er denkt, dass er das Riesengefährt aus der Schleuse bringt, ohne uns zu zerquetschen. Er grinst und nickt. Wo wir denn hin wollen, will er wissen. Ins Schwarze Meer? Tolle Reise! Na, dann passt nur auf in Jugoslawien und Rumänien. Zur Zeit habe ich andere Probleme. Manfred nimmt seine Befehlsgewalt wahr. Wenn wir unten sind, soll ich ein zusätzliches Tau an einer Relingstrebe befestigen, um das Heck an der Mauer zu halten, wenn der Muflon zu rühren anfängt. Ich sondiere die Lage. Wir könnten ganz nach hinten ans Tor fahren, doch da ist kein Festmacher mehr, das wirbelt uns in der Schleuse rum, wenn er losfährt. Mannomann ist das eklig.
Wir klammern uns an die Taue, als der Muflon die Maschine höher dreht. Sein Heck kommt uns immer näher. Mein Mund wird zunehmend trockener. Bei einer Kollision mit diesem Koloss helfen auch unsere mickrigen Fender nicht.

Der Muflon schiebt seine zwei Leichter aus der Schleuse und hinter ihm kräuselt sich nicht mal das Wasser.

Wir lassen Häuser, Industrie und Menschen hinter uns und schippern durch unberührte Auwälder, das größte zusammenhänge Auwaldgebiet Europas. Ungezähmt und naturbelassen gewinnt die Donau endlich richtig Fahrt.

Der erste Grenzübertritt

Wir verlassen jetzt Österreich und die EU, so hätte es noch vor kurzem gestimmt. Doch seit 1. Mai 2004 ist die Slowakei Mitglied der EU. Wir sind gespannt, wie sie damit umgehen.
Natürlich müssen wir am österreichischen Zollsteiger anlegen, sagt uns der Grenzer über Funk. Zollkontrollen gibt's keine aber Grenzkontrollen. Na schön. Fender raus, Manfred dreht gegen den Strom, gibt neue Instruktionen fürs Anlegen an dem kleinen, flachen Zollhäuschen. Die Beamten sehen unsere Boote, größer als ihr Hüttchen, winken ab: „Goats weiter, goats weiter!" Fender wieder rein. Der Starkwind weht mich fast vom Boot. Weiter Richtung Zoll Slowakei.

Wir sind schwer beschäftigt, die Burganlage von Devin, die Ruine Theben und die Marchmündung zu bewundern, als Helmut durch den Funk plärrt: „Nicht weiterfahren, wird müssen hier zum Zoll." Manfred ist entrüstet, in seiner Karte ist die Zollstation erst in Bratislava. Das Anlegen ist nicht einfach. Die Strömung ist enorm, der Anleger für unsere beiden Boote etwas zu kurz, da am hinteren Stück keine Bretterverschalung mehr ist, nur noch ein Stahlgerüst. Zusätzliche Fender nach Steuerbord. Wird natürlich gemacht. Vorne, hinten belegen, Spring setzen, damit wir nicht auf die Hera auflaufen, unser Bug hängt eh schon über ihr Beiboot. Ein tolles Gebäude, mit einem Leuchtturm in der Mitte, nur leider nicht die Zollstation. Die anwesenden Damen verstehen nur Bahnhof. Die Männer kommen unverrichteter Dinge zurück. Ablegen, Fender und Tau versorgen, weiter.

Bratislava. Zollsteiger in Sicht. Fender raus. Drei Fender sind schon draußen als Manfred ruft, dass ich die Burg filmen muss. Filmen, Bilder schießen, letzter Fender. Anlegen Zollponton. Das Wasser schießt vorbei als wollte es die „Formel Eins" gewinnen. Vier Taue brauchen wir, um einigermaßen fest zu hängen. Wenn Manfred die Motoren mit 1.400 Umdrehungen laufen lässt, stehen wir auf der Stelle. In stehendem Wasser fahren wir mit dieser Umdrehung 14 km über Grund. Ganz schön aufregend. Zwei Offizielle kommen. Alles falsch, wir hätten vorher schon einklarieren müssen, nicht beim Zoll, bei der

Polizei. War aber nirgends zu sehen. Manfred verhandelt. Verschwindet mit Pässen und dem jungen Polizisten in der Station. Der andere verlangt doch tatsächlich 25 Euro fürs anlegen. Manfred lacht ihn aus, kommt mit den gestempelten Pässen zurück und ab geht die Post zu Milans Treff.

In der Slowakei

In einem Seitenarm kurz hinter Bratislava liegen jede Menge Datschen, schöne und gammlige, einige Steganlagen, und Milans und Dodos Restaurants. Unrat und Holz schwimmen im Wasser. Es ist keinesfalls der idyllische Seitenarm im Auenwald, den ich mir vorgestellt hatte. Rosi und Ditmar haben es vor 2 Jahren 3 Wochen hier ausgehalten. Obwohl Milan sehr nett ist, diese Umgebung würde mich deprimieren. Milans Nettigkeit ist natürlich auch nicht kostenlos. Gerne besorgt er Diesel, mit einem kleinen Aufschlag für seine Bemühungen von 10 Cent pro Liter, somit ist der Sprit dann teurer als in Österreich. Ditmar erzählt stolz, dass er bereits in Österreich vollgebunkert hat. In Grein hat er einen Geheimtipp, da kommt ein Tankwagen und betankt sehr preiswert. Leider war der Tipp wohl so geheim, dass er ihn nicht mal uns verraten konnte.

Beim Stichwort Slowakei gerät man immer noch ins Grübeln. Was weiß man schon über dieses Land, das viele Jahre einfach hinter dem Eisernen Vorhang verschwunden war. Um sich den EU-Beitritt zu erkämpfen, hat es viele neue und nötige Reformen durchgeführt, viele sind in der Praxis noch weitgehend unverdaut. Mit einer Steuerreform ist ihnen aber ein großer Wurf gelungen, der in ganz Europa Anerkennung findet und zur Nachahmung empfohlen wird. Vielleicht mit ein Grund, warum VW hier viele seiner Modelle bauen lässt, darunter auch den Touareg. Wenn in zwei Jahren Hyundai noch mit der Produktion beginnt, fertigen die Slowaken pro Kopf weltweit die meisten Autos. Dieser Aufschwung der Wirtschaft zeigt sich besonders deutlich in seiner Hauptstadt Bratislava. Die Stadt pulsiert vor Leben und ist eine einzige Baustelle. Die langen Jahre des Kommunismus haben einiges verkommen lassen. An vielen der wunderschönen Stadtpalais bröckelt nicht nur der Putz. Die Straßen sind selbst in der Innenstadt teilweise in katastrophalem Zustand. Aber ein Teil der Innenstadt ist bereits renoviert und wirklich sehr hübsch.

Unsere Stadtbesichtigung ist ein Parcours mit Hindernissen. Helmut hat seinen Schwager organisiert, der nur ein paar Kilometer weg wohnt. Es ist unheimlich lieb gemeint, soll er uns doch ellenlange Fußwege und teure Taxikosten ersparen. Zwei Stunden irrt der Schwager in der Gegend herum, findet uns nur nach etlichen Telefongesprächen, Wegbeschreibungen und letztendlich weil uns ein freundlicher Einheimischer mit seinem Auto herumfährt auf der Suche nach ihm. Endlich gefunden, scheint er etwas genervt und wechselt mit Helmut den Fahrersitz. Der dreht auf einer Kreuzung, fährt ohne zu bremsen in eine abknickende Vorfahrt, in die gerade ein 30t-LKW einbiegt. Beim Bremsen rutscht er vom Pedal ab, oder er findet es im ersten Schreck nicht. Wir kommen unmittelbar vor dem LKW zum Stehen, Abstand vielleicht die Dicke einer Postkarte. Etwas atemlos sammle ich mein Herz wieder ein, da biegen wir auf eine Verkehrsführung ein, die mich die Luft anhalten lässt. Brücken überqueren Brücken, winden sich wie Schlangen ineinander und wir mittendrin. Helmut schießt von einer auf die andere Fahrbahn, mal wird es rechts eng, dann kommt links ein Kleinlaster beängstigend nah, ganz freche hupen auch. Irgendwo biegen wir ab Richtung Burg, kurven den Berg rauf, dann wieder runter, fragen einen Passanten, der wie durch ein Wunder auch noch deutsch spricht, der schickt uns wieder rauf, dann immer links und tatsächlich die Türme der Burg blitzen durch die Bäume, die Richtung stimmt jetzt. Helmut erobert sich dreist irgendwo einen Parkplatz und sofort kommt ein Polizist angerannt. Helmut verhandelt auf English, ob er nicht hier stehen bleiben könne, schließlich sei er ja gehbehindert, kramt seinen Invalidenausweis raus. Der Polizist schüttelt den Kopf „nix copy", das Original wird gesucht und gefunden, wir können tatsächlich hier stehen bleiben. Der Schwager setzt sich ab ins nächste Restaurant, er hätte heute noch nichts gegessen, wir sollen nur die Burg besichtigen.

Auf dieser Burg gibt's nicht viel zu sehen. Sie mag geschichtsträchtig sein, aufgebaut wurde sie erst wieder in den 50er Jahren des 20. Jahrhunderts. Innen sind verschiedene Museen, doch für die haben wir heute Nachmittag keine Lust. Im Restaurant wartet der Schwager immer noch auf sein Essen, als wir schon längst wieder zurück sind. Wir stören ihn nicht weiter, lassen Helmut und Renate bei einem Kaffee zurück und laufen die paar Meter in die Altstadt, bewundern die wenigen renovierten Häuserzeilen, das Slowakische Nationaltheater und lassen uns von einem Taxi ohne jeden Stress wieder zurück zu Beluga bringen.

Abends verwöhnt uns Lydia mit einem wirklich köstlichen Entenbraten mit Kraut und Hefeknödeln, als Nachtisch gibt's Palatschinken. Leider ist es kalt und ungemütlich, im Freien zu sitzen. Gestern hat Rosi versucht, ihre Sorgen in Alkohol zu ertränken, doch leider erfolglos, denn Alkohol konserviert und bevor sie heute wieder ihren Moralischen bekommt und jammert, dass sie endlich wieder heim will, verschwinde ich hinter meinem warmen Ofen. Hoffentlich entwickelt sich ihr desolates Seelenkostüm nicht zu einem Problem für uns alle.
Am nächsten Morgen verabschieden uns Milan und Lydia mit einem Glas Sekt und wünschen uns viel Glück für unsere Expedition. Und Rosis Augen schwimmen schon wieder, ist es der Abschiedsschmerz von den beiden oder der Frühschoppen?

Die Donau öffnet sich zu einem riesigen Stausee, 20 km lang und unschätzbar breit.

Die Landschaft rundum sieht aus wie bei einer Überschwemmung. Die Bäume bis zum Bauch im Wasser, manche nur noch Gerippe. Flott steuert Manfred das Schiff, geleitet von hohen Steinkegeln, auf denen die Bojen weithin sichtbar sind, wie die Landebahn eines Flughafens. Und genauso zielstrebig führen sie uns, wie der Faden ins Nadelöhr, in den Kanal zur Schleuse Gabcikovo. Der Kanal war ursprünglich ein Gemeinschaftsprojekt zwischen Ungarn und der Slowakei. Doch Ungarn bekam kalte Füße und stieg unter dem Druck der Umweltschützer aus dem Projekt aus. Die Slowaken aber brauchten die Energie eines Kraftwerkes, die Ungarn wollten ihr Donau-Wasser nicht hergeben und die Angelegenheit landete vor dem Europäischen Gerichtshof in Den Haag, ging erwartungsgemäß aus wie's Hornberger Schießen, der Kanal wurde gebaut, ebenso Kraftwerk und Schleusen. Die Ungarn müssen sich mit der alten Donau zufrieden geben, die sumpfig durch ihre Auen mäandert und nur noch 30% ihres ursprünglichen Wassers führt.
Die wasserbautechnischen Leistungen der Slowaken waren gigantisch, aber die Umweltproblematik bleibt komplex und selbst unser Donau-Papst Verberght warnt vor den Wellen, die sich bei Wind hier aufbauen, 3m hoch können sie schon werden. Wir haben Glück, See und Kanal liegen topfeben vor uns und selbst vor der Schleuse haben wir kaum Aufenthalt.

Kanal Ende und schon sind wir wieder in der Donau, die hier die Grenze zwischen Slowakei und Ungarn bildet.

Rin in die Kartoffeln, raus aus die Kartoffeln

Die Donau fließt jetzt wieder gemächlicher durch Auenwälder mit flachen, sandigen Ufern, sie ist breit und träge. Manchmal stehen Wirbel und Strudel im Wasser und die Betonnung wird spärlicher. So viel Natur macht mich immer leicht schläfrig und ich bin froh, dass Manfred wenigsten hellwach ist und unseren Weg problemlos findet.

Helmut hat telefoniert. Er ist sich aber nicht ganz sicher, ob er alles verstanden hat und sein Gegenüber ihn verstanden hat. Jedenfalls sollen wir in Komarom Diesel bunkern. Es gibt tatsächlich eine große Tankanlage für die Berufsschiffahrt. Sechs Berufsschiffe liegen davor und scheinen zu warten. Helmut legt an und sondiert die Lage. Wir dümpeln derweil im Fahrwasser, Vite vite hinter uns. Manfred guckt sparsam, irgendwie hat er kein rechtes Vertrauen mehr in Helmuts Organisationstalent. Und tatsächlich, die Tankanlage ist zur

Zeit außer Betrieb, wann sie wieder funktioniert ist nicht feststellbar und dann müssen erst die Berufsschiffe betankt werden. Helmut fährt ins Hafenbecken, er denkt er wird dort schlauer. Bleibt dann auch dort neben einem deutschen Berufsschiff liegen, in der Hoffnung er bekommt in einer Nacht- und Nebel-Aktion von ihm preiswerten Diesel.

Wir sind noch nicht so klamm, können auf eine andere Gelegenheit warten und schauen uns nach dem Zollsteiger um.

Komarom ist eine durch die Donau geteilte Stadt. Der Slowakische Teil heißt Komarno und hier müssen wir aus der Slowakei ausklarieren. Während ich die Fender auf backbord raushänge, schippert Manfred langsam gegen den Strom ausschauhaltend nach dem Zollsteiger. Auf dem ersten steht ein riesiges Schild, beschriftet auch in Deutsch: Anlegen ist sofort in bar zu bezahlen! An Land stehen einige Offizielle und schauen uns interessiert zu. Wir schippern zum nächsten: Anlegen nur mit Genehmigung! Oberhalb ist noch einer, immer weiter weg von der Zollstation. Der Steiger ist neu gemalt. Ein jungfräuliches hellgrau. Wir legen trotzdem an. Manfred guckt skeptisch, hier im Strom lässt er das Boot nicht allein. Ich werde ausgeguckt für die Zollformalitäten. Zwei Minuten später steht ein junger Mann da: er zeigen, ich mitgehen. Na wenigstens spricht er deutsch. Während wir durch das kniehohe Gras der Uferböschung stapfen, erzähle ich ihm, wo wir herkommen und wo wir schon überall waren. Ich soll in zehn Jahren noch mal kommen und Bratislava anschauen, dann wäre es wie neu. Wir sind sofort einer Meinung. Die Offiziellen am Zollsteiger sind nur für die Berufsschifffahrt zuständig. Wir hasten ums Gebäude rum, eine Treppe rauf zur Brücke, dort macht er einige wage Handbewegungen, die die ganze Brücke einschließen: Stempel holen. Das Angenehme daran, zu der weiblichen Spezies zu gehören, ist, dass man runde Dackelaugen machen kann und sofort Mitleid erregt. Also geht er weiter mit mir, spricht einen Grenzer auf der Brücke an. Der junge Mann grinst, macht zwei eindeutige Bewegungen mit der Faust und fordert Passport. Knallt zwei Stempel rein und tschüss. Tatsächlich tschüss. Das einzige Wort, das er in Deutsch kann. Und entlassen bin ich.

Wir legen ab, suchen den Zollponton von Ungarn. Der ist auch frisch gestrichen, aber mit Teer. Genauso sehen unsere Fender jetzt aus. Wieder werde ich geschickt. Das Zollhaus ist über der Brücke, hat der kleine Slowake mir erzählt. Aber alle Gebäude auf und neben der Brücke sind verwaist. Ein bisschen ratlos marschiere ich weiter an ein Gebäude, bei dem viele Fenster zugenagelt, andere zugeklebt sind. Ein Eingang führt ins Nichts, der andere an eine breite Glastür. Die Tür geht nicht auf. Ich quetsche meine Nase an die Scheibe, innen ist Bewegung. Natürlich klopfe ich sofort aufdringlich, bis einer angerannt kommt und mir zeigt, dass die Tür keineswegs verschlossen ist, nur ein bisschen klemmt. Schüchtern wie es meine Art ist, plärre ich erst mal ein fröhliches: „Guten Tag, wo muss ich denn zum Zoll?" Alle sind jetzt wach und man schickt mich zu einem hübschen jungen Kerl in strahlendweißem Hemd in ein kleines Kämmerchen. Dass wir mit dem Boot hier sind und Grenzformalitäten machen möchten, erkläre ich ihm und krame unsere Pässe raus. Die interessieren ihn überhaupt nicht. Er drückt mir einen Zettel in die Hand zum Ausfüllen: „Schreiben sie Name von Schiff und Nummer und wohin fahren." Ohne Brille tu ich mir ein bisschen schwer. Was ist mit Stempeln in unseren Pässen, will ich wissen. „Nix Stempel." Wie, nix Stempel, dann weiß ja keiner, dass wir hier waren, halte ich ihm vor. „Ich weiß, ist genug!"

Wir haben in der Slowakei ausklariert, in Ungarn einklariert, ohne jedes Problem und ohne irgendeine Zollkontrolle.

Wir ankern in einem wunderschönen Seitenarm der Donau, beobachten einen Fischer, der einige Zentner Fisch in seinem Netz hat und versuchen Rosis Ängste zu besänftigen.

Wir sind in Ungarn.

Ungarn

Ungarn hat wie auch die Slowakei seit kurzem am europäischen Ufer angedockt. Dem Gulaschkommunismus sei Dank, sind die Ungarn wirtschaftlich bereits viel weiter entwickelt, als ihre osteuropäischen Brüder und Schwestern. Kommunismus ohne Kommunisten war früher ihr Motto und heute hätten wohl die ewig Gestrigen gerne einen Kapitalismus ohne Kapitalisten.

Es ist nicht die imponierende Basilika, die einen ersten Eindruck von Esztergom vermittelt, es sind die Plattenbauten a la Ivan deluxe, die auf der ganzen Welt die Peripherien der größeren Städte zieren. Hier scheinen sie mir besonders hässlich und ungepflegt. Und dann erscheint hinter der neu aufgebauten Straßenbrücke die Kuppel der Basilika. Man glaubt vor einer kleineren Ausgabe des Petersdoms zu stehen. Und wenn man bei einer Besichtigung von innen hinauf zur Kuppel sieht, fühlt man, sie wurde erbaut, damit sich unbedeutende Menschen noch unbedeutender fühlen.

Um in den kleinen Yachthafen zu kommen, schleicht Manfred in einen Seitenarm der Donau, der kaum breiter als unser Schiff ist. Yachthafen, die Ungarn schreiben Jachtkikötö, mit zwei Punkten auf dem ersten und zwei schrägen Strichen auf dem zweiten o, ist wohl eine etwas prahlerische Bezeichnung, immerhin ist Attila der Hafenmeister sehr freundlich.

Leider hat er die Mentalität von seinem Namensvetter Attila dem Hunnenkönig übernommen: Reisende ausplündern, wo man sie antrifft. Und er trifft sie hier an, weil es außer seinen Stegen keine Anlegemöglichkeit in Esztergom gibt.

Das alte Stadtviertel unterhalb von Basilika und Königspalast, genannt die Wasserstadt, war früher wohl das VIP-Viertel mit sakralen Bauwerken und bemerkenswerten Bürgerhäusern. Heute kommt es dank seiner verwitterten Fassaden und des Kopfsteinpflasters in freundlicher Nachlässigkeit daher. Der Rest der Stadt unterscheidet sich wenig von unseren touristisch belagerten Sehenswürdigkeiten. Keinesfalls fehlt es an Souvenirständen und Lokalitäten aller Art. Alles zu Preisen wie auf der Reeperbahn.

Kniefall

Esztergom ist das Tor zum ungarischen Donauknie, „die ungarische Wachau."

Und genau wie in der Wachau versteckt sich auch hier die Landschaft hinter einem Schleier aus Dunst und Regen.

Hier haben wir die ersten nicht zu vereinbarenden Vorstellungen. Helmut will unbedingt in den einige Kilometer entfernten See zum angeln. Rosis Panik vor dem Ankern steigert sich, deshalb möchte Ditmar lieber direkt nach Budapest durchfahren. Ich würde aber gerne einen Versuch wagen, in den Szentendre-Arm einzufahren, um den gleichnamigen Ort zu betrachten. Davor hat Ditmar aber Angst, weil er befürchtet, dass der Arm nicht tief genug ist. So trennen wir uns vorerst und jeder sucht seine Vorstellungen anderswo.

Rückwärts müssen wir aus dem schmalen Arm der Kis-Duna rausrangieren. Das ist für Manfred überhaupt kein Problem. Er beherrscht sein Handwerk so perfekt, dass sich jeder andere wie ein Dilettant fühlen muss. Kaum zurück im Hauptarm versteckt sich das bisschen aufblitzende Sonne wieder hinter einer dicken Regenfront. Das ist wirklich schade, denn landschaftlich wäre es hier wundervoll, würde man nur etwas mehr sehen. Manfred schaltet sogar das Radar ein, als die Luft immer undurchsichtiger wird. Tiefhängende Wolken behüten die Berggipfel mit weißen Pudelmützen, quellen aus den Tälern wie die Rauchschwaden eines Lagerfeuers. Niedliche kleine Dörfer ducken sich am Fuße der bewaldeten Berge. Vereinzelte Häuser sind wie bunte Baukastenwürfel an ihren Hängen verteilt.

Als wir an dem so heiß von Helmut ersehnten See vorbeifahren, sehen wir jede Menge abgestellter Schiffe und eine Kiesbagger-Station darin. In der Karte ist er als Schutzhafen deklariert und das ist er wohl auch. Ob Helmut das wohl zusagt?

Mit eingeschaltetem Echolot tasten wir uns in den Seitenarm Szentendrei-Duna. Die ersten Kilometer zeigt es durchgehend 3 - 5m Wassertiefe. Das Börzsöny-Gebirge und die Pilis-Berge haben der Donau den Durchbruch nicht leicht gemacht. Mehrere Tentakel musste sie einsetzten, sich selbst winden wie eine Schlange bis sie ihren Weg finden konnte. Inseln und Auen haben sich gebildet und das Ärmchen ist von wunderschöner Ursprünglichkeit. Hier könnte Helmut wirklich gut angeln.

Wir erkunden diesen kleinen Ort, der noch vor einigen Jahren eine echte Künstlerkolonie war. Am Ortseingang stehen sieben Busse. Ihre teutonische, angelsächsische und nipponesische Fracht quetscht sich durch die engen Gässchen wie drei in einem Schuh, quillt aus Souvenir- Antiquitäten-, Klamottenlädchen, Eisdielen und Restaurants. Typisch ungarische Stickereien werden en masse angeboten, ebenso Häkeleien und endlich aufgefädelten Paprika, den ich schon gesucht habe. Der Ort ist alt, verwahrlost und halb verfallen. Wenig ist restauriert, alles ist sündhaft teuer und selbst die Kirchen verlangen Eintritt. Rein gefühlsmäßig macht der Ort eher einen serbischen, denn einen ungarischen Eindruck auf mich. Ist auch überwiegend von Serben bewohnt. Wäre nicht die wunderschöne Natur, der Umweg durch den Altarm hätte sich eigentlich nicht gelohnt. Falsch, irgendetwas hat das Nest schon.

Die Dame mit der Donau zwischen den Brüsten

10 km unterhalb Szentendre trifft der Seitenarm wieder auf den Fluss. Und dann liegt das Panorama von Budapest vor uns. Die Margarethen-Insel, die die Budapester als Erholungs- und Vergnügungsstätte schätzen und direkt davor die Wiking-Marina, Budapest in einem langen schmalen Hafenbecken. Beim Einfahren wühlt Beluga schon Schlamm auf. Wir fahren wieder raus, drehen um, rangieren rückwärts vorsichtig zur Tankstelle, weil unser Einfüllstutzen sonst nicht erreichbar ist für die Schläuche. Direkt oberhalb der Tankstelle wird ein alter Kahn renoviert. Schleifhexen lassen mit durchdringenden Tönen Funkenregen auf uns herab. Manfred fixiert sie mit dem scharfen Blick eines Galeeren-Kapitäns, der sein Opfer für die tägliche Auspeitschung sucht. Wir erkundigen uns nach dem Umrechnungskurs für Euros. Der von dem Arbeiter telefonisch erfragte Betrag scheint mir sehr günstig. Da wäre das Tanken wirklich billig. Wir bunkern 800l, dann haben wir den Tank schon voll. Viel weniger als wir eigentlich gedacht haben. Sparsam sind unsere Diesel. Die Über-

den-dicken-Daumen-Rechung 11 pro Kilometer trifft zu. Ich werde mal wieder geschickt, die Rechnung zu bezahlen. Der Tankwart führt mich über einen wackeligen Steg, eine noch wackeligere Stiege hinauf, durch ein Gebüsch in ein leicht chaotisches Büro mit vielen modernen Geräten, Fax, Kopierer, Computer, sogar ein Überwachungsmonitor für die Tankstelle sind da. 192.105 Forint müssen wir zahlen. Nach dem uns genannten Kurs wären das gerade mal 644 Euro. Der Knabe rechnet, dann telefoniert er, dann rechnet er wieder. Und dann legt er mir einen Zettel hin: 29.100 Euro! „Das ist Preis", sagt er stolz. Grinsend schüttle ich den Kopf. „Nix Preis, nix gut." Wir debattieren noch eine Weile, dann wird ein zweiter Arbeiter zu Hilfe geholt. Er zückt sein Telefon: „Sprechen mit Chef." Istvan Varga spricht gut deutsch. Ich halte ihm den Kurs vor, den man uns genannt hat. Das könne unmöglich stimmen, sagt er, dabei hab ich es schriftlicht. Er nennt mir einen anderen Kurs. „Ist jeden Tag anderer Kurs für Euro", sagt er. Der Betrag den er mir nennt deckt sich mit dem Umtauschkurs, den wir gestern auf der Bank hatten. Blitzschnell rechne ich den Betrag aus, den wir zahlen müssen. Nenne ihm die Summe in Forint und dann in Euro, mehrere Male, jedes Mal sehr langsam und akzentuiert. Es geht ihm immer noch zu schnell. Seinen Arbeiter will er wieder sprechen. Nach einigem hin und her schreibt der dann die gleiche Summe auf wie ich: 800 Euro. Na, das klingt doch schon besser.

Budapest, die Dame mit der Donau zwischen den Brüsten, liegt vor uns. Kein prägender Baustil, unanständig vielfältig.
Die Durchfahrt durch die Stadt ist ein Erlebnis. Da könnten sich die Wiener mal ne Scheibe abschneiden. Budapest, die Königin der Donau, das trifft von der Flussseite wirklich zu.

Seit die Magyaren sich hier niedergelassen haben, kämpfen sie um ihre Freiheit. Von den Mongolen, von den Türken, von den Habsburgern, von den Nazis und letztendlich von den Kommunisten. Meist endeten diese Revolutionen für die führenden Köpfe mit der Abtrennung vom Rumpf.

> Auf! Die Heimat ruft Magyaren!
> Jetzt heißt's sich zusammenscharen.
> Wollt ihr frei sein oder Knechte?
> Dies die Frage – wählt das Rechte!
> Schwört beim Gotte der Magyaren,
> schwört den Eid, schwört den Eid,
> dass ihr vom Joche euch befreit!

Einer der großen Weitblick bewiesen hat, war Graf István Széchenyi. Ich habe schon von seinem Nachfahren erzählt. Er setzte sich an die Spitze einer

Bewegung der nationalen Erneuerung. Er strebte eine gewisse Autonomie innerhalb des Habsburgerreiches an und setzte auf die Dynamik eines modernen Industriestaates. Er unterstütze mit eigenen Mitteln die Entwicklung von Handel und Industrie. Eine feste Brücke, so hatte er erkannt, war für die Schwesterstädte Buda und Pest unabdingbar. Er gründete einen Brückenbauverein in Form einer Aktiengesellschaft, die Kosten für den Brückenbau sollten nämlich durch eine Maut wieder eingespielt werden.

Jeder musste die Brückenbenutzungsgebühr zahlen, auch der Adel. Das war ganz bewusst ein erster Schritt, den für den wirtschaftlichen Aufschwung so hinderlichen Feudalismus abzuschaffen. Die Brücke wurde gebaut, sie steht heute noch. Nicht genau diese erste, es gab ja einige Kriege, doch sie wurde wieder aufgebaut. Graf Széchenyi, der ein Leben lang auf Kooperation denn auf Konfrontation gesetzt hatte, wurde während des Aufstandes 1848 der antihabsburgischen Machenschaften verdächtigt. Dies und dass die Revolution brutal niedergemetzelt wurde traf ihn so tief, dass er sich von der Kettenbrücke in die Donau stürzte. Er wurde gerettet, in eine Wiener Nervenheilanstalt gebracht, hat sich aber, kaum genesen, letztendlich doch noch erschossen. Die Grafen Széchenyi waren beteiligt am Bau der Markthalle in Pest, dem Westbahnhof und an der Regulierung des Eisernen Tores.

Auf dringenden Rat unseres selbsternannten Ungarnexperten Helmut bleiben wir nicht in der Wiking-Marina, sondern treffen uns wieder mit den anderen in einem kleinen Seitenarm ca. 15 km unterhalb von Budapest. Jachtkikötö heißt hier alles was im Wasser schwimmt und eine Anlegemöglichkeit für Boote hat. Dieser Harosi Yachtclub hat ein Restaurantschiff, auf dem das jährliche Pfingstfest stattfindet. Riesige Lautsprecher spucken von nachts um elf bis morgens um fünf mit ca. 200 Dezibel Jazz und Remmidemmi in die Umgebung. Ich bin mir nicht sicher, ob es nicht bis Buda zu hören war. Als wir zahlen, entpuppt sich dieser Club als noch teurer als die Marina, Wasser gibt es keines und eine Verbindung in die Stadt auch nicht.

Wenigstens liegt am nächsten morgen Frühling in der Luft, wie die Bestätigung eines Gerüchts. Und sofort trifft das zu, was Herr Busch schon vor 100 Jahren wusste:

Fortuna lächelt, doch sie mag
Nur ungern uns beglücken;
Schenkt sie uns einen Sonnentag,
Schenkt sie uns auch die Mücken.

Manfred baut Mückenbarrieren vor sämtliche Fenster in Schlafzimmer und Toilette. Alle vorhandenen Gifte werden aktiviert und bereitgestellt, sollen nur kommen die Blutsauger, wir sind gerüstet.
Auf der Terrasse des Clubschiffes fällt während des Abendessens ein Schwarm Stechmücken über uns her, wie Essigmücken über verdorbenes Obst.

**Frei wird meine Seele wie ein Adler,
seh' ich dieser Welt Unendlichkeit**

Ab Budapest ist der Fluss breit und fließt behäbig dahin. Wenige Highlights stehen an seinen sandigen Ufern. Auch in Ungarn scheint Pfingst-Feiertag zu sein. Angler und Erholungssuchende bevölkern diesen Naturstrand, Ungarns nackte Tatsachen räkeln sich in den diesen Mai so seltenen Sonnenstrahlen. Der Fluss windet sich jetzt durch die große Ungarische Tiefebene, die Puszta. Doch dieser Welt Unendlichkeit bleibt unserem Auge weitgehend verborgen, da die Ufer mit Bäumen und Büschen bewachsen sind und keinen Blick ins Hinterland gestatten.
Noch ist die Navigation nicht schwierig. Es fehlen zwar die meisten Kilometerangaben am Ufer, aber die Fahrrinne ist meist gut betonnt und die Karten von Verberght sind Manfred eine unschätzbare Hilfe, wenn einmal eine Tonne fehlt oder auf der falschen Seite am Ufer angeschwemmt wurde. In Bratislava und Esztergom haben wir einen alten Dänen mit einem Trawler getroffen, der keinerlei Donaukarten ab Ungarn hat. Das dürfte ein sehr schwieriges Unterfangen für ihn werden. Wir haben ihm dringend geraten sich mit Verberght in Verbindung zu setzen, um vielleicht über den Postweg noch an dessen Karten zu kommen. Wir haben ihm auch angeboten, sich unsere Karten zu kopieren, aber das würde schon sehr in Arbeit ausarten. Bis jetzt haben wir ihn nicht mehr getroffen und wissen deshalb nicht, wie er sich entschieden hat.

Ditmar und Rosi haben zunehmend Probleme. Hausgemachte, wie ich denke. Ditmars Problem mit der Schaltung, das er bereits mit auf die Reise genommen hat und in Deutschland nicht lösen wollte, warum auch immer, baut sich auf, wie es bei elektronischen Fehlern gerne passiert. Das macht das Manövrieren beim An- oder Ablegen äußerst stressig. Sein Außenbordmotor geht ständig aus, wenn er die Hunde an Land bringt. Die sandigen Tiere, die das ganze Schiff zusauen und ihre Notdurft überall verrichten, auf den Stegen, im Lokal, wo es denn möglich ist. Rosis Ängste vor allem und jedem. „Es hatte heute Nacht ein Gewitter, ich bin sofort aufgestanden und konnte nicht mehr schlafen." Wir haben die Fenster zugemacht, damit es uns nicht in die Betten regnet, uns umgedreht und weitergeschlafen. Ich habe es nicht mal donnern gehört. Der Funk der Vite vite funktioniert nur manchmal und das auch nicht auf allen

Kanälen. Ditmar ist niedergeschlagen und unglücklich sind sie beide, während Renate und Helmut vor Abenteuerlust nur so strotzen. Und uns kann sowieso nichts und niemand die Laune vermiesen. Und genau dieser Punkt dürfte ein zusätzliches Problem für die beiden sein. Wir haben keine Probleme mit unserem Boot, weder beim manövrieren, noch beim ankern, jeder weiß wo er hinzugreifen hat. Wir haben genug Wasser weil Manfred bei jeder sich bietenden Gelegenheit unsere Tanks randvoll füllt, ohne auf ein paar Kilo Gewicht hin oder her zu achten. Wir werfen die Heizung an, wenn es kühl ist und spannen unser Moskitonetz übers Achterschiff, wenn die Blutsauger uns attackieren wollen. Wir können kochen, wann wir wollen und wo wir wollen, entweder elektrisch oder mit Gas und ich donnere fest auf Holz, dass es auch so bleibt.

Rechts von uns mündet der Sio-Kanal in die Donau. Ein Kanal der uns direkt zum Balaton bringen könnte. Er soll befahrbar sein. Für Sportboote. Doch was verstehen die Ungarn unter Sportbooten? Natürlich juckt es mich schon wieder das festzustellen. Doch Manfred ist vernünftiger. Was sollen wir im Plattensee, der eine durchschnittliche Tiefe von 90 cm hat. Und zum Baden ist es eh noch viel zu kalt.

Also weiter Richtung Baja. Noch einmal kaufen wir ordentlich ein und lassen uns natürlich wieder im Kikötö abzocken. Der Teufel soll mich auf seine Mistforke spießen, wenn ich noch mal über die Freudenhaus-Preise in deutschen Yachthäfen fluche. Vielleicht würden wir uns wünschen, noch mal ordentlich Geld für einen guten und sicheren Liegeplatz bezahlen zu können. Einen Tag werden wir uns noch in Ungarn aufhalten, dann beginnt erneut das Kalkül mit den Eventualitäten.

Wie wird es uns in Restjugoslawien ergehen?
Wird man uns freundlich oder wenigstens fair behandeln?
Werden wir vielleicht in ein aufflackerndes Scharmützel verwickelt werden?
Oder werden uns Rebellen beschießen?
Neider bestehlen?

Was erwartet uns danach? In Rumänien oder Bulgarien?
Wir werden es nur herausfinden, wenn wir hinfahren. Und genau das tun wir!

Wir wären ja so gerne noch ge-blie-i-i-ben, a-ber der Beu-tel ist leer!

Kapitel 6

Balkanische Impressionen

Raus aus Ungarn ist sehr viel schwieriger als rein. Vom eigentlichen Zollsteiger werden wir verjagt. Ein großes Schiff käme, wir sollen den kleinen Steiger oberhalb der Fähre nehmen. Auch gut. Wir legen wieder ab. Manfred flucht wie ein Henker auf alle Beamten, Kommisköppe und Paragraphenreiter dieser Welt. Am kleinen Steiger liegt schon Vite vite. Manfred weigert sich, an dem großen Steiger vorne anzulegen. „Da liegen wir noch nicht richtig, kommt bestimmt ein Berufsschiff." Also werde ich mal wieder ausgesetzt. Bewaffnet mit unserem Allzeitbereit-Täschchen marschiere ich zurück Richtung Zollsteiger. Da legt gerade ein Schubschiff an und lässt Zöllner aussteigen. Einen kralle ich mir sofort. Ich muss ja wissen wo's lang geht. Zur Grenzpolizei muss ich zuerst, dann zur Wasserschutzpolizei, dann zum Zoll.

Das Haus der Grenzpolizei wird gerade renoviert, ist auch nötig, der Zahn der Zeit hat mächtig an allem genagt. Zwei Handwerker sind dabei, die Decke im Amtszimmer abzuklopfen. Leise rieselt der Kalk, hoffentlich nicht in die Köpfe der beiden hübschen jungen Polizistinnen. Eine spricht gut deutsch. Ich muss meine übliche Liste ausfüllen, woher, wohin, wer, dann zeigt sie mir die Wasserschutzpolizeistation. Gleich bei der ersten Tür, die ich nach strammem Klopfen aufreiße, werde ich fündig. Die gleiche Liste ist wieder auszufüllen. Auch die Wasserschutzpolizei ist sehr nett. Ich soll zurück an Bord gehen, sagen sie, dann käme der Zoll. Doch ungläubig wie ich bin, haue ich gleich einen jungen Polizisten vor dem Haus noch mal an, was denn mit dem Zoll wäre. Ja, ja, da müsse ich hin, gleich in dieses Haus. Na gut! Bei dem Polizisten steht ein feister Dicker und debattiert mit ihm. Ich müsse an dem Steiger bezahlen, behauptet er. Ha, da kommt er mir gerade Recht. Wir liegen ja überhaupt nicht an einem Steiger. Ich wäre ja schließlich hier, da müsse das Boot ja auch angelegt haben. Ha, ich bin auf den Steiger geschwebt wie ein Elfchen. Wir zahlen keinen Pfennig. Wieso sie uns vom Zollsteiger weggeschickt hätten, frage ich ihn, wenn sie wollen, dass wir hier zum Zoll gehen, dann müssen sie auch dafür sorgen, dass wir anlegen können. Der Polizist wiegelt ab. Der Zollsteiger wäre auch kostenpflichtig und er hätte ja die Gesetze nicht gemacht. Ich beende die fruchtlose Debatte und marschiere im Stechschritt ins Zollgebäude. Ein menschenleerer Gang vor mir und dreißig Türen. Gleich in die erste falle ich ein. Die nette Dame zeigt mir das Zollzimmer. Wieder die gleiche Liste ausfüllen und immer noch ohne Brille. Mittlerweile trudeln auch die beiden anderen Kapitäne ein. 5 Euro soll ich für das Ausfüllen der Liste bezahlen. Ich zucke die Schulter, habe kein Geld dabei. Ein junger, gut aussehender und gut deutsch sprechender Grenzbeamter in Zolloverall mit Pistole schreitet wichtig hin und her. Ich muss zu ihm. Ich muss warten. Laut und lustig unterhalte ich mich derweil mit unseren Mitfahrern. Mein hallendes Organ muss ihnen doch irgendwann mal auf die Nerven gehen. Tatsächlich, er fordert mich auf mitzugehen. Zollkontrolle an Bord. Die junge Dame von der Grenzpolizei, der Zöllner und ein Wasserpolizist kommen mit mir. Manfred dümpelt im Wasser und wird an den Steiger zitiert. Der Wasserpolizist kommt gar nicht an Bord. Der Zöllner macht einen Rundgang durchs Schiff, lässt sich die Motoren zeigen, ist sichtlich unbeeindruckt von unseren kleinen Maschinen. Da fällt mir ein, dass ich ja wichtig eine Inventarliste angefertigt habe. Ob er die abstempeln könne, will ich wissen? Ungarn und Slowakei wären ja kein Problem, aber Rumänien... Er schickt mich zurück ins Büro, während die Troika die anderen Boote inspiziert, deren Kapitäne immer noch nicht zurück sind. Der Zöllner im Büro ist bereits mit seiner Stulle beschäftigt. Kein Wunder, es ist viertel nach 12. Doch ich überfalle ihn und labere ihn zu. Die gleichen Sprüche, dieses problemlose Ungarn und dann vielleicht die Probleme in Rumänien. Ob er seine Ruhe will und weiter Mittagessen oder vielleicht Mitleid hat, egal, er knallt seinen Stempel auf meine Liste. Ich drücke jedem verblüfft guckenden Beamten die Hand, wünsche ihnen ein gutes Leben und ab geht die Post. Wir haben in Ungarn ausklariert Richtung Serbien. Halleluja!

22 km später erreichen wir den Zollsteiger Bezdan. Ein doppelt breiter ro-ro-Frachter beladen mit LKWs von Willi Betz liegt am Steiger, daneben der Kraftkopf eines Schubschiffes. Dahinter liegt ein Ding, das Ähnlichkeit mit einer Hafenbarkasse hat. Vite vite legt sofort auf dem Schuber an. Hera und Beluga dümpeln noch. Ich führe eine lautstarke Unterhaltung mit diversen Männern, die auf dem Steiger und der Barkasse stehen. Die Barkasse legt bald ab heißt es, dann könnten wir anlegen. Ditmar rennt schon mit den Papieren. Ich halte es für sehr mutig, an einem Berufsschiff, das jeden Moment ablegen kann, anzulegen und dann von Bord zu gehen.

Manfred kann das Boot auf jeden Fall nicht allein lassen. Es ist nicht sicher, wann Schuber und Frachter mit ihren Kontrollen fertig sind. Wenn die ablegen, muss er an Bord der Beluga sein. Hera belegt auf uns und Renate und ich machen uns auf den Weg. Eine Stiege ähnlich einer Leiter müssen wir hoch. Jede zweite Stufe dieses Monstrums knickt nach hinten weg. Lebensgefährlich. Wir hangeln uns rauf, landen an einem kleinen Hüttchen und fragen nach dem Zoll. In das Haus dahinter müssen wir. Dort werden wir sofort von einem gutaussehenden jungen Rock-Hudson-Verschnitt in Empfang genommen. Er spricht gut Englisch, zeigt uns wo wir unsere Pässe abgeben müssen, erstmals werden unsere Donauschifferausweise gewünscht, und teilt uns bedauernd mit, dass wir uns auf eine sehr lange Wartezeit einrichten müssen, da vor uns die beiden Berufsschiffe und ein Kreuzfahrer, der natürlich absolute Priorität hat, abgefertigt werden müssen. Wir werden in ein kleines Zimmerchen geführt. Interessiert begutachten wir die Inneneinrichtung. Ein Bett mit Wolldecken, auf dem dürfen wir sitzen, zwei Stühle, deren Stoffbezug in Fetzen und die Rückenlehnen nur noch an einer Schraube schräg am Gestell hängen. Die Vorhänge rauchbraun irgendwie wohl mit drei Nägeln an der Wand über dem Fenster befestigt. Schreibtisch und Aktenschrank mit einer dicken Staubschicht gepudert. Eine vorsintflutliche Schreibmaschine, ein modernes Faxtelefon. Ein Mann kauert vor einem kleinen Tischchen und füllt seitenweise Formulare aus. Ich versuche, ihn zu fragen, mit welchem Schiff er hier ist, doch er versteht weder Englisch noch Deutsch. Ein anderer sitzt am Schreibtisch, Jeans, blaues Hemd das aus den Hosen hängt, stoppelbärtig. Ich wende mich an ihn. Ob er wohl genau weiß, wie lange das dauern kann und ob er irgendwas für uns tut. Er spricht gut Deutsch. Es wären viele Formulare auszufüllen und dann müssten wir auch noch in die Stadt und beim Ausländeramt für die Durchfahrt durch Serbien bezahlen. Wie viel? Na 60 Euro! Ich lege sofort Veto ein. Schließlich habe ich einen Erlaubnisschein, ein internationales Zertifikat, das uns die Fahrt auf der gesamten Donau erlaubt. Er lacht: „Vielleicht interessiert das die Rumänen, hier zahlen sie!" Ich zeige mich moralisch durchaus entrüstet, dass man arme durchreisende Rentner überall schröpfen will und er lacht, dass es in dem kleinen Raum nur so schallt.

Wir unterhalten uns angeregt mit dem jungen „Rocky", der wie wir später erfahren Dan heißt, über den schrecklichen Krieg, über Politik und Politiker, über die wechselhafte Geschichte seines Landes, über Jagen und Fischen und irgendwann sind wir uns einig, dass es im Krieg keine Sieger und Besiegten gibt, sondern nur Verlierer. Eigentlich haben wir viel Spaß, lachen und sind fröhlich, so vergeht die Zeit schneller und endlich werden wir zur Kapitanerie gerufen. Ditmar hat sich schon lange verdrückt und uns Rosi geschickt. Doch sie leidet unter Übelkeit und Erbrechen und fühlt sich zunehmend schlechter. Anscheinend hat sie es sich mit Gastritis, dem Gott aller Magenkranken, gründlich verdorben.

Der Hafenkapitän ist ein etwas ernst und streng blickender Mann, der zu seiner Uniform ein lässiges, blaues T-Shirt trägt, weil sein total nasses Hemd über der Heizung hängt. Mit einer Handbewegung winkt er eine von uns heran. Ich knalle ihm mein Allzeitbereit-Täschchen auf den Schreibtisch. Als erstes bekommt er eine Besatzungsliste, wofür habe ich die denn gemacht? Er zeigt sich durchaus beeindruckt. Papier um Papier füllt er aus, stellt manchmal eine Frage, die Dan uns übersetzt, und schreibt und schreibt. Dann geht er in den Nebenraum und macht Kopien. Alles schiebt er mir auf den Tisch zum unterschreiben. Ich frage empört:
"I made the worlds best boatsstamp for you, you don't want have it?" Natürlich will er meinen Stempel auf allen Formularen und zum ersten Mal strahlt er uns freundlich an. Er verschwindet mit allen Papieren, kommt nach einer Weile zurück, dann ist Renate dran.

Mittlerweile sind drei Stunden vergangen. Ich sage zu Renate, dass ich in dieser Zeit locker ein Kind kommen könne und sie antwortet „und einige machen." Wir lachen schallend. Natürlich will Dan wissen worüber. Als ich es ihm übersetze, bekommt er erst rote Ohren und dann prustet auch er los. Jetzt schaltet sich der Hafenkapitän ein, er will ja nicht dumm sterben, auch er bekommt es übersetzt ins Serbische. Er wiehert los wie ein Pferd und alles Strenge und Ernste ist wie weggeblasen. Dan schüttelt den Kopf. Eine Frau wäre gerade noch erträglich, zwei eine Zumutung und drei eine Katastrophe. Dabei hat Rosi, die arme kranke Maus, nicht mal einen Piep von sich gegeben. Immerhin profitiert sie am meisten von unserer ausgelassenen Stimmung, denn sie hat die Schiffspapiere nicht dabei und der Hafenkapitän überträgt einfach alles was sie ihm aufschreibt. Eineinhalb Stunden schreibt er sich die Finger wund, dann ist er fertig.

Jetzt geht's in den ersten Stock zum Zoll. Der ältere Mann in Uniform hinter dem Tresen ist genau der Typ, den ich mir unter einem glutäugigen Serben vorstelle. Wir müssen ihm unser ganzes Geld zeigen, sagt er, haben wir mehr als 2.000 Euro muss er ein Formular ausfüllen. Na, das glaubt er ja wohl selbst nicht, dass wir kurz vor dem Ende unserer Exkursion noch mal mit Papierkrieg anfangen. Mein Spruch „poor pensioner, poor boats-people" zieht immer, auch bei ihm. „You can believe me, can these eyes lie?" Er beginnt glucksend zu lachen wie ein Huhn beim Eierlegen. Er kommt an Bord und will dann unser ganzes Geld sehen. Kann er ruhig, ich habe bereits einen Beutel für ihn präpariert.

Wieder werden wir in das kleine Zimmerchen geführt. Dan bietet sich an, die Formalitäten in der Stadt für uns mit dem Auto zu erledigen, sammelt unser Geld ein und verschwindet.

Mittlerweile mache ich mir wirklich Gedanken, dass Manfred sich an Bord schon Sorgen macht, wo wir so lange bleiben und ob er überhaupt an dem alten Steiger liegen bleiben konnte. Immerhin sind fast vier Stunden vergangen. Doch diese Sorge war völlig unbegründet. Irgendwann taucht der Agent mit dem blauen Hemd wieder auf, lässt sich auf seinen Schreibtischstuhl plumpsen und verkündet stolz, dass er gerade einige Gläschen Rheinwein gekostet hat. Na, wir darben hier im Trockenen und den Herren geht's anscheinend prächtig.
Endlich taucht Dan wieder auf und übergibt uns die fertigen Papiere, die Quittung und uns an Hafenkapitän und Zollbeamten weiter. Den alten Serben rechts und links von Renate und mir untergehakt gehen wir zurück an den Steiger. Der Hafenkapitän wirft nur von oben einen Blick auf unsere Boote und verschwindet wieder, mittlerweile ist es nach sechs, sicher hat er schon längst Feierabend. Der Zollmann setzt sich auf unsere Couch, blickt sich um, nickt anerkennend mit dem Kopf, lehnt unser Angebot zu einem Glas Wein oder Schnaps ab, will eigentlich auch kein Geld mehr sehen, muss er aber, wofür hab ich denn den Beutel gemacht, steht auf, sagt auf Wiedersehen und das war's.

Ein Blick in die Gesichter unserer Männer sagt alles. Die Herren sind betütert. Sie haben sich mit der Besatzung der Hafenbarkasse angefreundet und den ganzen Nachmittag einen gezischt. Der alte Kapitän musste sich schon schlafen legen, der junge hat Wache, stellt sich mir stolz als Anton vor, mit „deutsche Name Kaiser". Er hat sich erboten eine Fischsuppe zu organisieren und düst sofort ab. Er kommt mit einem rußverschmierten alten Henkelkessel zurück, befüllt mit Fischbrocken und roter Suppe. Ein Beutel gekochte Nudeln und ein Beutel voll Brot gehören dazu.

Dan kommt mit und drückt mir eine Portion Chilischoten in die Hand. Das muss unbedingt da rein, dann wäre die Suppe erst richtig gut. Recht hat er. Feuer schlägt uns aus dem Hals und Gräten plagen uns, doch die Suppe ist traumhaft und der schwarze Kessel göttlich. Kurz darauf kommt Dan mit seiner Frau und bringt uns einen Teller Palatschinken mit Schokosoße, gefüllt mit Pudding und Erdbeeren.
Wir trinken und lachen und freuen uns. 5 Flaschen Wein, eine Flasche Schnaps müssen dran glauben. Zum Abschied gibt uns der Agent mit dem blauen Hemd seine Telefonnummer, wenn wir Probleme haben, sollen wir ihn anrufen, er hat Connections bis an die Adria. Dann schenkt uns der alte Barkassenkapitän ein Päckchen türkischen Kaffee, erklärt Manfred genau wie er ihn zu kochen hat, damit er auch ganz sicher Nilpferde aus dem Schlaf erweckt. Und wir dürfen kostenlos die Nacht an dem Steiger liegen bleiben.
Allerdings muss die Hafenbarkasse, auf der wir liegen, noch mal ablegen, weil ein Kreuzfahrer angemeldet ist. Dann soll Ditmar die Vite vite nach hinten verholen und wir und Helmut sollen außen auf die Vite vite drauf. Natürlich ist

es bereits stockdunkel, als das Manöver beginnt. Zu allem Überfluss regnet es gerade mal wieder Bindfäden.
Wir legen ab. Vite vite legt ab. Die Barkasse zieht vor. Vite vite manövriert an den Steiger zurück. Wir dümpeln mit Hera auf der Seite und warten auf Beendigung des Manövers. Dann legen wir auf Vite vite an. Ditmar bekommt Panik weil seine Taue so stramm sind. Ich werfe ihm ein zusätzliches Tau zu, das er am Ponton befestigen soll. Vite vite ist ihm zu weit vom Steiger entfernt. Manfred drückt sie mit der Nase gegen den Ponton. Doch irgendwie passt alles nicht so recht zusammen. Die zwei schweren Boote reiben aneinander. Das gefällt Manfred nicht. Ditmar soll wieder aushängen, der macht aber Worte, dass es vielleicht doch geht. Mittlerweile rinnt mir das Wasser durch den Kragen der Regenjacke bis auf die Haut. Meine Hose ist eh schon nass. Endlich bindet Ditmar das Tau los, ich zerre es schnell nach oben, damit es nicht in unserem Propeller landet. Wir legen ab, lassen uns, immer noch mit Hera auf der Seite, nach hinten treiben.
Der Ponton war früher mal ein Berufsschiff, am Heck ist immer noch ein großes Ruder. Das hat ein dickes Loch am Ende. Manfred will, dass ich da ein Tau durchziehe, damit wir uns achteraus schwimmen lassen können. Ich werfe meinen nassen Revuekörper halb über die Reling, doch Manfred kann Beluga im Dunkeln und in der starken Strömung nicht so nah an den Ponton bringen, dass ich das Loch fassen kann. Ditmar steht oben und beobachtet uns. Ob da kein Poller ist, frage ich ihn. Doch da sind sogar zwei. Ich plärre nach hinten, dass wir das Tau auf dem Poller belegen und werfe Ditmar ein Tau zu. Ich muss einen Palsteg drauf machen. Mein Gott, ich habe seit 10 Jahren keinen Palsteg mehr gemacht. Ditmar hängt es am Poller ein, ich hänge meine Schlaufe auf unseren Poller, Manfred zieht rückwärts. Mein Knoten hält. Das gleiche Spiel mit dem nächsten Tau auf der anderen Seite. Jetzt hängen wir an zwei Tauen rechts und links fest. Zusätzlich lässt Manfred noch den Anker fallen. Wir haben mal wieder ein Manöver unter erschwerten Bedingungen (Wein, Schnaps, Regen und Nacht) mit Bravour gemeistert.
Einklarieren in Serbien war einer der interessantesten und lustigsten Tage, die man im Leben haben kann.

Nadelöhr Brücke

Die Donau ist auch hier breit und behäbig. Die Üppigkeit der Landschaft wirkt beinahe dekadent, so, als müsste sie fast bersten vor so viel Überfluss. Sie wirkt wie Therapie auf die Seele. Wir fühlen uns ruhig und gelassen. Suchen unseren Weg zum nächsten Nachtplatz, denn bis Novi Sad haben wir noch viel Zeit. Wir wollen erst am Sonntagvormittag durch die eingestürzten Brücken fahren. Der provisorische Brückenponton wird dreimal nachts zur Durchfahrt geöffnet, doch morgens wenn der Berufsverkehr beginnt, muss alles wieder an seinem Platz sein, außer eben Sonntags morgens, da ist Zeit bis 12 Uhr.

Ein strammer Ostwind Stärke 6 bläst uns ins Gesicht. Er baut sich überschlagende Wellen von mehr als einem Meter Höhe auf. Die Donau scheint jetzt bergwärts zu fließen. Gischt fliegt übers Deck und der Himmel präsentiert uns eine Regenfront die sich und uns gewaschen hat.

Wir kämpfen uns durch in den Hafen von Novi Sad. Manfred macht mehrere Anlegeversuche, doch in dieser nur auf 5m-Boote eingerichteten Marina können wir beim besten Willen nicht anlegen. Bei dem starken Wind hätten wir in Kürze die gesamte Anlage abgerissen. Auch Hera bricht ihre Versuche ab. Vite vite legt sofort mitten auf ein abgestelltes schrottreifes Hausboot an. Weder für Hera noch für uns ist jetzt noch richtig Platz. Wir fahren noch Manöver, da kommt bereits einer angerannt und will 50 Euro kassieren. Ditmar handelt mit ihm 30 Euro aus, doch auch das ist uns für den Schrotthaufen zu viel. Es gibt keinen Ausgang, man müsste mit dem Beiboot an Land, was man aber nicht kann, da direkt am Ufer ein Zigeunerlager ist.

Wir verlassen den Hafen und finden unterhalb der ersten von der Nato zerschossenen Brücke, die zur Zeit wieder aufgebaut wird, eine kleine Anlage bei der ein winziger Kopfsteiger frei ist.

Ein 15m Schiff auf einem Steiger von 5m Länge, der nur 30cm über Wasser ist, bei Starkwind zu verzurren ist überhaupt nicht lustig. Na ja, wir sind ja Kummer gewöhnt. Und heikel dürfen wir schon gar nicht sein, denn wir müssen zwei Nächte hier verbringen und warten.

Keiner weiß so richtig über die Prozedur der Brückendurchfahrt bescheid. Die Einheimischen sagen, man könne einfach hinter einem Berufsschiff herfahren und bräuchte überhaupt niemand zu fragen, doch der Agent in Bezdan hatte gesagt, man müsse sich bei der Kapitanerie melden. Manfreds Telefongespräch zu einem Mittelsmann aus Verberghts Aufzeichnungen erweist sich als unergiebig, der weiß auch nicht so recht Bescheid, was Sportboote tun müssen.
Helmut hat sich zwischenzeitlich mit dem Wirt der Hafenkneipe in deren Nähe er liegt angefreundet und wie er meint die wichtigsten Geschäftsleute von Novi Sad kennengelernt. Deren Aussagen, sie würden das für ihn schon regeln, scheint er blind zu vertrauen. Ditmar macht sich wie immer nur sehr ernsthaft Gedanken. Manfred holt das Fahrrad vom Boot, um sich richtig zu informieren. Eins haben wir in unserem Leben gelernt: Glaube keinem und mache dich selber schlau.

Und siehe da, er muss sich bei der Polizei melden, seine Einklarierungspapiere von Bezdan, sowie unsere Donaupässe vorlegen und wieder wird ein Formular ausgefüllt, eine Besatzungsliste einbehalten und das Original abgestempelt. Dann erhält er bei der Kapitanerie die Durchfahrtserlaubnis. Sonntag Morgen 8:00 Uhr.

Mit dem Taxi fahren wir auf die Festung Petrovaradin, früher Peterwardein, das „Gibraltar der Donau". Sie bekam ihren Namen während des 1. Kreuzzuges von Peter dem Einsiedler. Das althochdeutsche Wort für warten/erwarten/spähen hieß wardein. So ist ein Wardein ein Wächter oder Späher. Selten passt ein Name so gut wie hier, weil diese Festung auf einem Serpentinenfelsen auf einer Halbinsel über der Donau liegt. Der französische Festungsspezialist Vauban hat die Festung verbessert und ausgebaut und es ist immer wieder interessant zu sehen, wie dieser Mann regelmäßig nach dem gleichen Schema Kassematten und Wehrtürme, Gräben und Bastionen errichtet hat. Doch Ironie der Entwicklung, kaum war die Festung endlich uneinnehmbar, wurde sie auch schon bedeutungslos und verlor im 19. Jh. jeden militärischen Wert. Sie wurde eine Zeit lang als Kaserne und Gefängnis benutzt und 1914 war ein gewisser Josip Broz hier inhaftiert, später bekannt unter dem Namen Marschall Tito.

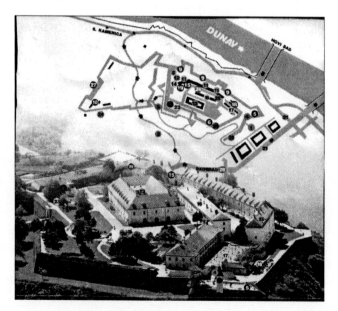

Heute ist ein Museum in der Anlage untergebracht und der Rest ist in bedauernswertem Zustand. Aber der Blick von oben über das alte und das neue Novi Sad und hinunter auf die Donau ist wunderschön.

Novi Sad nannte man früher das serbische Athen, warum ist mir ein Rätsel. Es ist heute die wichtigste Stadt der Vojvodina. Dieser Landstrich wurde während der Türkenkriege vollständig entvölkert und später hauptsächlich mit Deutschen - viele davon Schwaben - neu besiedelt. Ruckzuck hatte das Gebiet den Namen schwäbische Türkei und die ansässigen Deutschen wurden zu den Donauschwaben.

Novi Sad heute? Manche Altstadtviertel sind völlig unrenoviert, ehemals wunderschöne Herrenhäuser stehen leer, sind baufällig. Die Innenstadt ist zum Teil verhüllt, der Rest ist aufgerissen. Anscheinend wird eine neue Wasserleitung verlegt. Man stolpert zwischen Bauzäunen, armdicken blauen Leitungen, Absperrungen, tiefen Gräben, frei liegenden Gasleitungen, Schlammlöchern, gefährlich hängenden oder überstehenden Betonplatten und was weiß ich was alles rum. Die renovierten Häuser dagegen sind traumhaft schön, auch eine Kirche haben wir besichtigt, mit wunderschönem Altar und bombastisch bunten Fenstern. Winzige Tante-Emma-Lädchen gibt es an jeder Ecke, ohne Schaufenster, einfach nur ein Fähnchen vor die Haustür gehängt und drinnen sieht es aus wie im türkischen Basar. Ganz zauberhaft sind die als Einkaufspassagen ausgebauten Hinterhöfe. Dann kommen wir auch durch ein Chrom und Glas blitzendes Einkaufsviertel mit riesigen Schaufenstern und großflächigen Cafes davor. Durch die ganze Stadt verteilt sind bestimmt einige hundert winzige Tabakkioske, alle leider ohne Schnupftabak, den kennt man hier anscheinend nicht. Und endlich kommen wir auch auf den Samstagsmarkt. Erdbeeren 90 Dinar das Kilo, das sind ca. 60 Cent, da kann man wahrlich nicht meckern und schmecken tun sie auch, so wie Erdbeeren eben früher geschmeckt haben.
Kurz nach 12 sind schon einige der Dippemarkt-Stände abgeräumt. Zwei junge Zigeuner sitzen auf ihrem schmierigen Verkaufstisch, eine Tüte mit Brot und Wurst zwischen sich und es schmeckt ihnen sichtlich. Grinsend rufe ich ihnen ein „Guten Appetit" zu, da winken sie mich her, reißen einen Brocken Brot ab, legen mit ihren schwarzen Fingern ein Stück Wurst darauf und drücken es mir in die Hand. Als ich herzhaft hineinbeiße und mich bedanke, strahlen sie wie die Primelpötte. Menschen können eine erstaunliche Spezies sein.

Zurück am Boot drückt uns der Vereins-Hiwi die Rechnung in die Hand, 2.800 Dinar für 2 Nächte. Dafür hätten wir auf dem Markt 31 kg Erdbeeren kaufen können, hier haben wir an einem wackeligen Steg ein paar Stricke festgebunden. Menschen können wirklich eine erstaunliche Spezies sein.

Die Orientierung ist hier gar nicht so einfach, denn die Herrschaften schreiben kyrillisch. Man kann nicht mal ahnen wie etwas heißen soll. Nicht immer steht die lesbare Variante untendrunter, wie hier.

Ach ja, die Pontonbrücke, die hätte ich ja fast vergessen. Sie ist nicht nur ein Nadelöhr, sie ist ein absolutes Verkehrshindernis. Mittlerweile sind zwei Brücken wieder aufgebaut worden und die dritte ist im Bau. Warum man den Verkehr nicht über diese Brücken leitet, ist mir ein Rätsel. Sollte es vielleicht sein, dass man einfach nur kassieren will, denn die Berufsschifffahrt muss für die Durchfahrt zahlen, wir allerdings nicht.

Apropos Verkehr. Rushhour einer Großstadt ist ein Dreck gegen diesen Verkehr. Die Busse sind für jede Mutprobe geeignet und das Abgas der vielen Uralt-Cars nimmt einem die Luft. Brems und quietsch und hup und stink, brrrr!

Punkt halb zehn beginnt die Schifffahrt Richtung Brücke. Bis 22 Uhr sind bereits drei Kreuzfahrer, ein Schubschiff und ein Frachter an uns vorbei und der Strom der durchziehenden Schiffe reißt auch die ganze Nacht nicht ab und schaukelt uns wie ein Baby in seiner Wiege. Wir passieren die Brücke Sonntags morgens um 8 Uhr. Nach der Durchfahrt werden wir nochmals an den Polizeisteiger zitiert. Der Amtsschimmel wiehert, wir müssen wieder eine Crew-Liste abgeben und einen Rapport ausfüllen. Das war's. Wir haben ein wichtiges Nadelöhr unserer Reise genommen.

Bis Belgrad müssen wir ein schwieriges Stück Donau bewältigen, mit vielen Inseln und Sandbänken. Auf den Inseln weiden hunderte von Schweinen, wie Kuhherden. Die müssten wirklich hervorragendes Fleisch geben.

Da die Welt wie ein trüber Schwarz-Weiß-Film vor uns abläuft kann man fotografieren getrost vergessen. Manfred muss sich jetzt unheimlich konzentrieren. Ständig sucht er mit dem Fernglas die nächste Fahrwassermarkierung, doch der Dauerregen und der Dunst auf dem Wasser machen ihm das Leben zusätzlich schwer.

Rechts von uns ziehen sich turmhoch Löswände entlang. Hier hatte die Donau bei ihrer Bettsuche sicher kein großes Problem. Dunkle Bänder durchziehen den braunen Stein, die Leimenzonen der eiszeitlichen Vegetationshorizonte. Doch die Sandsteinhänge lösen sich großflächig ab wie kalbende Gletscher. Sie reißen alles mit in die Tiefe, Bäume, Sträucher, auch mal ein Zaun oder die Hälfte eines Hauses, das zu nah an die Abbruchkante gekommen ist. Und sie scheinen der allgemeine Müllplatz zu sein. Alles wird einfach über den Rand gekippt, Müll, Autowracks, Bretter, Schutt, Kühlschränke, einfach alles was man los werden will.

Die Donau wird immer breiter. Vor uns taucht eine Sandinsel auf. In Verberghts Karten steht, dass er nicht sagen kann, welche Seite der Insel betonnt ist. Der rechte Arm hat etwa die dreifache Breite des Rheins, der linke ist so breit wie der Rhein. Manfred entscheidet sich spontan für den linken Arm, da er in der Außenkurve liegt und nach einigen Minuten kommt tatsächlich die erste Tonne in Sicht. Dieser Fluss ist unbeschreiblich. Die Dimensionen sind einfach kolossal. Ein Fluss, der vor einem liegt wie ein See, eine Wasserwüste, die sich erst hinter der riesigen Insel wieder etwas verengt. Wir werden uns an diese Beträchtlichkeiten gewöhnen müssen.

Ein Leuchtturm, ein kleiner, kündigt schon von weitem die Mündung der Theis an. Sie ist der längste Nebenfluss der Donau. 977 km hat sie auf ihrem Weg aus den russischen Karpaten schon hinter sich gebracht und immerhin sind 490 km von ihr schiffbar.

Wir könnten auf ihr getrost nach Ungarn zurückfahren, wenn wir denn dürften und wollten.

Chaos in Belgrad

Trotz aller Unbilden erreichen wir gegen Mittag Belgrad. Am Revisionssteiger legen wir an. Der Polizist wartet, bis wir gut verzurrt sind, und verschwindet dann mit Manfred in seinem kleinen Container, um ihm zu erklären, dass wir hier falsch sind. Hier meldet sich nur die Berufsschifffahrt. Wir müssen in die Save. Endlos zieht sich der Weg vorbei an Schrott-Alt-Uralt-Fischer-Restaurant- und sonstigen Kähnen. Dann folgt die Zone der abgestellten Schubschiffe und Frachter. Manfred will schon frustriert aufgeben, da kommt vor den Herren Kreuzfahrern der Polizeisteiger in Sicht. Wir werden bereits erwartet. Wir stoßen mit dem Bug fast an den vor uns liegenden Kreuzfahrer, doch die Vite vite soll mit aller Gewalt hinter uns liegen und das reicht einfach nicht. Das Vorschiff lose pendelnd bis in die Mitte unseres Achterschiffs, das Heck am Ponton scheuernd, ein Chaos. Manfred verschwindet mit einigen Uniformierten und als er zurückkommt, ist er auf 340. Alle Originalpapiere haben sie ihm abgenommen. Wenn wir gehen, bekommt er sie zurück. Nicht vorher. Wieder muss ein Rapport ausgefüllt werden, dass wir da sind, und wenn wir gehen ganz sicher wieder die gleiche Liste, dass wir gegangen sind. An diesem Steiger können wir nicht liegen bleiben. Wollen wir auch gar nicht, das Hotelboot hoch wie ein Turm direkt vor uns.

Würde man den Yachthafen auf der Seite der Donau Jauchegrube nennen, würde man diese beleidigen. Dieses stinkende Loch ist eine Zumutung. Wir verschwinden gleich wieder. Zurück in die Save.
Dort hat sich Vite vite bereits an ein Restaurantboot gekrallt. Darauf liegen wir auch. Noch sind nicht alle Taue richtig fest und klar Schiff gemacht, ist mein Herr Kapitän schon in der Kneipe verschwunden um sich seinen Frust von der Seele zu trinken.

Hera ist uns abhanden gekommen. Manfred setzt beim Einfahren in die Save einen Funkspruch ab und Helmut antwortet ihm:" Ic-far-om-a—w-a-it-e—kl-ee-n-sch-ch-mi-n." Unverständlich! Das sollte heißen: "Ich fahre stromaufwärts, da ist ein kleiner See, den schau ich mir an." Das erfahren wir aber erst viel später.

Nach zwei Stunden taucht das Militär auf und sucht das „dritte Boot". Wieder versucht Manfred, Hera über Funk zu erreichen. Helmut ist empört, hat er doch die Genehmigung der Hafenpolizei, dort zu liegen. Doch angeblich darf man die Save nur bis zur ersten Brücke befahren, bis dahin ist internationales Gewässer und er liegt hinter der zweiten, das ist nationales Gewässer, für Ausländer ohne schriftliche Genehmigung strickt verboten. Das Militär spürt ihn dort auf und eskortiert ihn zu uns zurück. Die Beamten sind überaus freundlich.

Auch die Leute vom Restaurantboot, an dem wir uns wieder vereinen, überschlagen sich vor Freundlichkeit. Daca, der Wirt stellt uns zur Begrüßung eine Platte mit Käse, Tomaten, Oliven und Fischpastete auf den Tisch, dass kein Affe drüber springt. Wir können sie jedenfalls zu sechst nicht schaffen.
Zum Restaurantboot gehört auch ein Club. Abwechselnd setzen sich die Herren Vorstände zu uns, um mit uns zu plaudern. Alle sprechen Deutsch oder Englisch.

Belgrad, die Hauptstadt Serbiens liegt eigentlich nicht an der Donau, sondern an der Save, die 712 km weiter oben in den Karawanken entspringt. Der Name Belgrad bedeutet weiße Burg und das erstaunlichste an Belgrad ist, dass es überhaupt existiert. Die Stadt wurde nachweißlich mehr als 20 Mal zerstört, das übliche Völkergerangel stellt hier einen gewissen Rekord auf. In der Innenstadt berühren sich die Extreme, wunderschön restaurierte Herrenhäuser neben hässlichen Plattenbauten, Glaspaläste neben Abrissschuppen. Die Fußgängerzone ein richtiger Boulevard, einer 1,5 Millionenstadt angemessen.

Trotz aller uns entgegengebrachten Freundlichkeit, das Chaos Belgrad fängt gerade erst an. Wir bekommen keinen Diesel. Das Bunkerboot welches wir gestern gefragt haben und das uns gerne Diesel gegeben hätte, allerdings nur gegen Dinar, war nicht stationär und ist heute nicht mehr da. Alle anderen Bunkerschiffe gehören irgendwelchen Companys, die privat keinen Diesel abgeben oder abgeben dürfen. Unsere neuen Freunde bemühen sich redlich, telefonieren für uns mit dem Hafenkapitän und der Polizei. Leider vorerst ohne Erfolg. Unter der Rufnummer, die Verberght für einen Mittelsmann aufgibt, meldet sich niemand. Wir sollen uns Diesel mit Kanistern besorgen. Doch wir brauchen zusammen mehr als eine Tonne, wer soll das bewältigen, mit welchen Kanistern und in welcher Zeit?
Zu allem Überfluss rotten sich sämtliche Gewitter der Umgebung zusammen, um in Belgrad mit Pauken und Trompeten zu einem Inferno zu verschmelzen.
Sollte ich diesen Regengott jemals in die Finger kriegen, hat sein letztes Stündlein geschlagen. Versprochen!

Helmut klappert mit dem Blumenhändler Draco alle Bunkerstationen ab, doch auch er hat keinen Erfolg. Ditmar macht sich wie immer unheimlich Gedanken. Manfred fährt mit Predrag, der mit einer deutschen Frau verheiratet ist und sauberer Deutsch spricht als wir, zur Hafenkommandantur.
Ich setze mich derweilen zu den anderen in die Kneipe um auf ihre Rückkehr zu warten. Außer unserem ist noch ein Tisch besetzt. Die kleine Gesellschaft wird einwandfrei von einer temperamentvollen Lady in Pink dominiert. Sie ist in eine Aura gehüllt, die auf Geld und Privilegien schließen lässt und sie ist perfekt gestylt. Rosa Hose, pinkfarbener Blazer, rosa Paillettentop, pinkfarbene, waffenscheinpflichtige Highheels, die langen Fingernägel abwechselnd rosa und pink lackiert, eine glänzende, sicher lenor-gespülte Mähne bis über den Rücken. Kein krummes Haar, pinkfarbener Schmollmund, das Abbild einer femme fatal.

Fünf Musiker mit Zupfinstrumenten marschieren auf. Setzen sich zu der kleinen Gruppe, spielen nur für Elena. Die Balalaika weint und jammert, zusammen hacken sie russische, serbische, ungarische Weisen und Elena hält es nicht, schwingt nicht der ganze Körper, so schluchzt sie doch die Melodien mit oder wiegt die Arme.

Sie hat mehr Temperament im kleinen Finger, als alle anderen anwesenden Damen zusammen im Hintern. Entsprechend glubschäugig werden die Blicke der Männer und missbilligend die Blicke der Damen. Unsere Rosi wird sogar am nächsten Tag ein pinkfarbenes Outfit überstreifen, obwohl sie normalerweise

Beerdigungs-Look favorisiert, doch auch Grell-Rosé macht aus einem vertrockneten Dorn keine blühende Rose.

Elena im Bild festzuhalten ist einfach unmöglich. Bereits nach kurzer Zeit hängen die Highheels mit den nageldünnen Absätzen im Lampenschirm.

Nach 10 Minuten Beobachtung ist mir klar, sie ist unsere Deus-ex-Machina-Lösung.

Eineinhalb Stunden später steigt Manfred aus Predrags Auto. An seiner Haltung sehe ich schon, dass die beiden keinen Erfolg hatten. Es ist verboten, ohne Transitvisum in Serbien Diesel zu tanken. Die Ausstellung des Visums dauert Minimum drei Tage, es könnten aber auch 2 Wochen werden. Nach den Kosten haben die Männer nicht gefragt. Mit dem Visum können wir dann tanken, wenn eine Bunkerstation Diesel hat oder abgibt. Alles andere ist illegal!

Ich setze mich zu Elena, erkläre ihr unser Problem und sage ihr, dass sie in meinen Augen der einzige Mensch ist, der uns helfen kann. Egal wie sie ihr Geld verdient, ob horizontal oder vertikal, sie ist eine starke, selbstbewusste Frau, die sich auch nicht scheut, ihr Temperament auszuleben, und ganz sicher Connections hat.

Wie viel wir brauchen, will sie wissen. Dann mault sie Daca den Kneipenwirt an, wieso er keinen Diesel für uns organisiert, verhandelt gestenreich und lautstark mit ihm und seiner Tochter, oder ist es seine Frau? Setzt einige Telefongespräche ab.

Zu vorgerückter Stunde weichen wir von der Folklore ab und singen gemeinsam „My Bonny is over the ocean" und „o when the saints go marching in", so heiß, dass dem Gitarristen eine Seite reißt.

Später kommt Daca mit der frohen Botschaft, dass er einen Tankwagen organisiert hat, der uns am Morgen Diesel bringen will. Zur gleichen Zeit kommt auch bei Elena ein Anruf, dass einer ihrer Bekannten Diesel für uns beschaffen kann.
Die Männer müssen mit Daca ins Büro der Tankstelle fahren und im voraus bezahlen. Um 10.30 Uhr steht ein Tankwagen am Ufer. Selbstverständlich bekommt Ditmar als erster Sprit, er hat sich schließlich die meisten Gedanken gemacht. Wir tanken unsere 400l, nicht ohne Sauerei, denn der Druck im Schlauch ist kolossal. Auch nicht ohne Zuschauer und mit jeder Menge Gekreische: „AUF ----- ZU ----- WEITER----- STOP."

Ohne die Hilfe von Predrag, Daca, Draco, Elena und den Tankwagenfahrern, die mehrere Schläuche aneinander geknüpft haben, um die Distanz vom Land bis zu uns von ca. 100m zu überwinden und zwei Stunden ihrer Zeit geopfert haben, um einen durchziehenden Wanderzirkus wie uns mit gerade mal 1.200l Diesel zu beglücken, wären wir verloren gewesen. Übrigens, Elena ist Rechtsanwalt.

Manöver bei Smederevo

Die Donau ist breit, breiter, sehr breit unterhalb Belgrad, an manchen Stellen bis zu 3 Kilometer und 12m tief. Rechts begleitet uns eine Hügelkette, kilometerweit bebaut, keine richtigen Ortschaften, die gibts auch, doch die bewaldeten Hänge sind übersät mit Häusern, das ganze Gebiet hinterlässt den Eindruck einer Spielzeugeisenbahn. Das andere Ufer ist flach, weit wie der Strom. Die Bebauung verdichtet sich, eine Stadt kommt in Sicht. Am Stadtrand ein riesiges Kohlekraftwerk. 30 Frachter und Schuten davor auf Reede, warten bis sie ihre schwarze Kohlefracht loswerden, verschandeln das Bild der größten erhaltenen Flachlandfestung Europas. Ich will doch kein Bild einer mittelalterlichen Burgruine mit hässlichen Rostlauben davor! Manfred muss zwischen die Wartenden rangieren.

Da kommt von hinten der Ruf über Funk: „Ich bekomme einen Fisch." Sofort ist aller Kultursinn vergessen, es geht ums Essen. Manfred braust Vollgas in Schlangenlinie zwischen den Leichtern hindurch zu Hera und wir bewundern jubelnd diesen enormen Wels. Sofort werden beide Boote während der Fahrt aneinandergekoppelt. Renate nimmt den Fisch aus, ich räume unsere Kühlbox auf und verstaue diesen hervorragenden, leider nicht eigenen, Fang. Hinter uns bleibt die im zweiten Weltkrieg so stark beschädigte Ruine mit ihren 24 Wehrtürmen unbeachtet zurück.

Aber was kann schon mit 5kg frisch gefangenem Wels konkurrieren? Höchstens 5kg lecker gebackene Welssteaks und Welsfilets.

Der Anker fällt in einem netten kleinen Naturhafen mit wunderschönem Ausblick auf die in allen Grüntönen leuchtenden Hänge der Karpaten.

Glückskindern wie uns gelingt es sogar, den Fisch zu braten und zu essen, bevor die alltägliche Sintflut losbricht. Innerhalb von Sekunden dreht der Wind von West nach Ost, tobt unter unser Verdeck und lässt den Anker slippen. Manfred wirft behackt von Hagelkörnern den Motor an, als die Vite vite auf uns zuschießt wie eine Kanonenkugel. Beluga fährt mit Hera auf der Seite einen großen Bogen um Vite vite herum, um von dieser nicht gerammt zu werden und hupt wie verrückt, damit Ditmar endlich aus den Katakomben kriecht, bevor Vite vite auf der Mole hängt. Außerhalb der unmittelbaren Gefahrenzone wird mehr Ankerkette gegeben, als Ditmar entsetzt ruft: „Was soll ich denn machen?" Manfred rät ihm, an einem abgestellten Bagger festzumachen, denn auch Ankermanöver wollen gekonnt sein.

Staatsgrenze Jugoslawien/Rumänien

An der alten türkischen Festung Ram an der Mündung der Nera ist die Grenze zwischen Jugoslawien und Rumänien. Der Strom verlässt das Pannonische Becken. Rechts ist der Balkan, links sind die Karpaten.

Natürlich müssen wir in Veliko Gradiste ausklarieren. The same procedure as every time!
Polizei, Zoll, Hafenkapitän. Bei jedem Beamten die Original-Crew-Liste für Stempel, eine Copy und ein Rapport. Zoll und Polizei kommen zur Revision an Bord. Wahrscheinlich plagt die Herren die Neugier. Wir trinken eine Flasche Wein zusammen und versichern den Beamten auf Nachfrage dass es uns in Serbien sehr gut gegangen ist. Ein letztes Händeschütteln und wir sind mit vielen guten Wünschen für die Weiterfahrt entlassen.

Vor uns liegt das wohl schönste Stück der Donau, die Gebirgsdurchbrüche und als Krönung das Eiserne Tor mit zwei der letzten Donau-Schleusen.

Diese gewaltige, heroische Landschaft scheint mir einzigartig unter den schiffbaren Strömen Europas. Hier verwandelte sich der Strom in einen fließenden Drachen, der alles, was ihm in die Quere kam, erbarmungslos angriff. Schmale Schluchten wechseln mit steil bewaldeten Hängen, schroffe Felsen, teils mit grandioser Maserung. Die Erosionskraft unzähliger Regengüsse hat tiefe Kerben in den Fels gefräst. Das Schauspiel ist aufregend. Ein kosmisches Ringen der Energien, scheinbar dem apokalyptischen Register entnommen. Durch das Eiserne Tor wurden 130km Fluss aufgestaut, Dörfer versanken und wurden weiter oben völlig neu aufgebaut, doch es besteht wenig Gefahr an dem Wetterhahn eines versunkenen Kirchturms hängen zu bleiben, unser Echolot springt zwischen 25 und 60m hin und her. Diese Landschaft ist mit meinen Worten nicht zu beschreiben, ich lasse lieber die Bilder für sich sprechen, wenn sie auch wegen des diesigen Wetters nicht so perfekt geraten sind.
Der Geist des unerbittlichen Verhängnisses inspiriert die Arbeit des Wassers. Ein Kampf voller Strategien.

Um den Babakai-Felsen mitten im Stausee ranken sich viele Geschichten. Gegenüber in der Teufelsburg soll eine schöne, aber ehebrecherische Türkin gelebt haben, die ihr erzürnter Ehemann an diesen Felsen schmieden ließ, an dem sie elendlich umkam (babakai = bereue). In einer anderen Version der Sage wurde sie natürlich von ihrem Liebhaber gerettet.

Jedenfalls ist der Babakai-Felsen heute noch der Torwächter und das Wahrzeichen vor dem Eingang der ersten Engstelle.

Früher bestand diese Strecke aus Stromschnellen mit starkem Gefälle über die das Wasser mit Wildwassertempo hinwegschoss. In grauer Vorzeit sollen hier Wasserfälle gewesen sein, höher als die Niagarafälle heute.
Heute ist durch den Rückstau des Eisernen Tores die gesamte Strecke entschärft, viele Klippen und Felsvorsprünge wurden gesprengt, doch die Wirbel und Kreise im Wasser sind erstaunlich und lassen selbst die schwere Beluga aus dem Ruder laufen. Nur hier nicht ins Wasser fallen. Im Wirbel der Kaiserin wäre man rettungslos verloren.

Wen verwundert es beim Anblick dieser Felsen, dass in den Höhlen bei Golubac die Brutstätten der Mordmücken waren (…oder sind)? Sie waren die Geisel der frei weidenden Tiere und töteten viele. Die Sage erzählt: Nahe der Burg befand sich eine Quelle, der wundervolles Heilwasser entsprang. Ein riesiger Drache bewachte die Quelle und ließ niemanden von dem heilenden Wasser schöpfen, auch nicht die tödlich erkrankte Königstocher. Doch für eine schöne Prinzessin sorgt immer ein tapferer Ritter, Georg mit Name. Der erschlug prompt den Drachen und die schöne Königstocher genas. (Ob sie sich wohl erkenntlich gezeigt hat?) Der Ritter versuchte, den großen, stinkenden Kadaver des Drachen in der Donau zu versenken aber das Viech war so schwer, dass er nur den Kopf versenken konnte, der Rest vergammelte an Land als Brutstätte für die Mordmücken. Selbst der römische Dichter Vergil kannte diese Quälgeister und schilderte sie anschaulich in einem seiner Bücher.

Wir durchqueren den „Oberen Karzan", den Durchlass mit der engsten Stelle, nur 150m breit. Wo ist nur diese riesige Donau geblieben? Eingezwängt in eine Kathedrale ohne Dach, Felswände geformt von der Extraktionskraft ungezähmter Fluten. Atmosphäre der Einsamkeit von Tempeln. Ein erbitterter Kampf des Wassers mit dem Stein. Schroffe Felsen, bewaldete Hänge. Das nächste Tal. Der „Untere Karzan", eine Donau wie ein See in den Alpen, das Wasser glasklar. Man könnte vor Bewunderung jubilieren. Eines der zauberhaftesten Poeme, das je ein Gewässer des alten Kontinents geschrieben hat.

Einfahrt in den Dzevrin-Kanal, hier beginnt das eigentliche Eiserne Tor. Serbisch Prigada oder Donje Djerdap, türkisch Demir-Kapi. In dieser Engstelle waren früher derart viele und hohe Riffe, dass man bei Niedrigwasser den Fluss fast springend und trockenen Fußes überqueren konnte, dazwischen waren bis zu 50m tiefe Ausspülungen. Eine Passage war für Schiffe fast undurchführbar. Heute sind die Klippen gesprengt, die Donau gestaut und ein Kraftwerk wurde gebaut. Und zwischen Sip und Guvav durchschneidet ein 1,7km langer, 73m breiter und 3m tiefer Kanal die Sohle des Riffs. 25.000 Menschen wurden umgesiedelt, Ortschaften und Friedhöfe verpflanzt, Tunnel, Straßen und die Bahnlinie mussten neu gebaut werden, selbst eine Ausgrabungsstätte einer Kultur, die älter war als die von Mesopotamien, wurde höher verlegt. Auch die Gedenktafel an Trajan, den ersten Straßenbaumeister der Donau, wurde ein Stück nach oben versetzt. Man will doch die alten Götter gnädig stimmen.

30 Minuten Wartezeit, sagt der Schleusenwärter, und dann müssen wir die Schleuse auf der serbischen Seite nehmen. Balkanzeit? Im Vorhafen dürfen wir nicht festmachen. Dümpeln! Warten! Nach 30 Minuten fährt tatsächlich ein Schubverband aus und wir dürfen! Ankunft Schleuse 9:15 Uhr, Absenkung 2 mal 15m, Ausfahrt aus der Doppelschleuse Eisernes Tor 1 um 11:15 Uhr.

Beluga ging durchs Nadelöhr Eisernes Tor. Ab jetzt fahren wir in Rumänien.

Die Fahrt durch Serbien war wunderschön. Wir haben viel Spaß gehabt und viele nette Menschen kennen gelernt. Lustig ist, dass die Serben uns bei Einreise in ihr Land vor den Serben gewarnt haben: Seid freundlich aber nicht zu freundlich, seid nett, aber nicht zu nett, verbrüdert euch mit niemand und zahlt nie in Euro, jeder versucht euch zu bescheißen.
Und dann haben uns bei der Ausreise die Serben vor den Rumänen gewarnt: Seit freundlich aber nicht zu freundlich... und traut keinem. Es gibt Piraten im Delta und Völker, die noch nie einer gesehen hat. Überfälle und Diebstahl sind an der Tagesordnung.

Die Behörden? Keine Probleme! Was soll schon so ein armer Beamter machen, wenn ihn ein pälzer Schlappmaul mit 2 Zentnern geballter Lebensfreude wie eine Dampfwalze überrollt?

Grinsen und kapitulieren!

Kapitel 7

Dracula lässt grüßen

Der Kessel von Orsova. Hier müssen wir einklarieren. Jetzt wird sich zeigen, in welch deprimierender Langsamkeit der Zahn der Zeit in Rumänien vorgerückt ist.

„Nicht am Ponton anlegen, die wollen Geld", warne ich unsere Mitfahrer, doch keiner hört auf mich. 10 Euro pro Boot für 3 Stunden sollen wir zahlen. Ich debattiere mit dem Pontonwächter. Er in gebrochenem Deutsch und noch weniger Englisch. Hafenkapitän und Polizei kommen ihm zu Hilfe. Alle reden auf mich ein, der Hafenkapitän in Englisch, der Polizist in Französisch, doch wir kommen nicht weiter. Wir müssen hier 10 Euro zahlen für jedes Boot und das Einklarieren kostet noch mal 10 Euro. Meine Schimpferei fruchtet weder in Deutsch noch in Englisch, noch weniger in meinem stotternden Französisch. Da wedele ich mit dem Empfehlungsschreiben unseres Honorarkonsuls, Alex Jakob. Der Polizist ist sichtlich beeindruckt. Ein anderer wird herbeigerufen, auch er muss das Schreiben lesen. Die Stimmung wird zunehmend sympathischer. Wir machen unseren Papierkrieg, Rapport, Crewlisten, Donaupässe, Stempel, erstmals werden auch die Schiffspapiere verlangt und einbehalten. Alles soll uns bei der Revision an Bord zurückgebracht werden. 5 Uniformierte mit ernsthaftem Gesichtsausdruck erscheinen. Eine Liste muss ausgefüllt werden. Wir bestätigen mit Unterschrift und Bootsstempel, dass wir keine Waffen, Munition und Sprengstoffe an Bord haben, auch keine Narkotika, Drogen und verbotene Substanzen und schon gar keine Lei und andere Geheimnisse. Auf eine weitere Revision wird verzichtet. Ein Polizist erscheint mit dem Patron des Pontons und dieser bietet uns den Liegeplatz für alle drei Boote für 10 Euro zusammen an. Ich strahle sie an und verspreche ihnen, sie bei ihrem Konsul sehr lobend zu erwähnen. Von einer Gebühr fürs einklarieren ist auch keine Rede mehr und wir erhalten sogar die Erlaubnis, im Hafenbecken zu ankern. Dracula lässt grüßen. Danke Alex Jakob, General-Honorar-Konsul von Rumänien.

Die 10 Euro zahlen wir aber doch noch, nämlich als wir unsere Bootspapiere beim Verlassen des Hafens zurückbekommen und der Hafenkapitän von gestern heute keinen Dienst hat.

In Turnu Severin legen wir an, da soll ein Schifffahrtmuseum sein. Am Revisionssteiger liegt ein ukrainisches Schubschiff, ein Muflon von ca. 50m Länge. Unsere drei Boote passen locker längsseits. Seine sechs Leichter sind mitten im Fluss verankert.

Die gesamte Mannschaft kommt angerannt und hilft uns beim Anlegen. Darunter auch zwei Frauen, eine davon eine echte Babutschka. Ihre kleinen Äuglein sind fast verschwunden in dem Gewirr ihrer Runzeln.

Ich klettere über den Schuber und suche das Hafenamt, drücke dem jungen Polizisten eine Crew-Liste und das Schreiben von Alex Jakob in die Hand und erhalte sofort die Erlaubnis, dass wir über Nacht hier liegen bleiben dürfen. Zurück auf dem Schuber - Manfred ist natürlich bereits mit dem Maschinisten auf dessen Abenteuerspielplatz verschwunden - köpfe ich eine Flasche Wein und stoße mit dem Gros der Mannschaft auf freundliche Aufnahme an. Sofort rennt der Kapitän los und kommt mit einer Flasche Wodka zurück, die er mir verehrt. Die alte, 80-jährige Babutschka trinkt ein halbes Glas Wein auf ex und kommt sofort wieder zum nachgießen. Glücklich macht sie mit dem Zeigefinger Probebohrungen im Bauch, wahrscheinlich um mir zu zeigen, dass da noch ordentlich Platz ist. Auch die andere Frau trinkt mit. Sie ist der Küchenarbeiter, erzählt sie mir in sehr gebrochenem Deutsch, immerhin können wir uns verständigen. Sie freut sich wie ein Kind über den Schluck Wein, rennt fort und kommt mit einem Mohnzopf zurück. Den hat sie gerade frisch gebacken und ich muss ihn mitnehmen. Natürlich probiere ich sofort ein Stück und lobe ihn überschwänglich, er ist aber auch gut. Als sich die kleine Gruppe aufzulösen beginnt, drücke ich der Köchin die angebrochene Weinflasche in die Hand und trolle mich mit meinen Schätzen. Natürlich ist mein Kapitän nicht begeistert, dass ich mich von diesen armen Leuten habe beschenken lassen. Doch ein Geschenk kann man unmöglich ablehnen, ohne den Schenker zu beleidigen, das sieht er ein. Eine Plastiktasche füllt er mit Bierdosen, die drücke ich meiner neuen Freundin in die Hand. Sie ist so begeistert, dass sie mir postwendend eine Hälfte ihres noch heißen Brotes absäbelt und ihren leckeren Borschtsch muss ich auch sofort probieren. Wieder stehe ich als Beschenkte da. Noch einmal schiebe ich eine Flasche Wein rüber. Dann versuche ich an Bord zu bleiben. Ich kann mich einfach nicht für die Freundlichkeit dieser Menschen revanchieren. Bevor sie ablegen drückt sie mir noch schnell eine Tüte Bonbons in die Hand.
In ihrem Maschinenraum hängt ein blank polierter 25 PS Mercury Außenbordmotor. Mit Sicherheit ist er irgendwo abgängig. Sie würden ihr letztes Hemd mit dir teilen, aber dir auch das letzte Hemd nehmen. Eine Frage der Mentalität.
Das große Schiff ist innen sehr ordentlich und sauber, aber man sieht die bittere Armut, den Verschleiß. Die Inneneinrichtung, Geschirr und Töpfe, alles ist sicher so alt wie Schiff und Motoren. Mit diesem vorsintflutlichen Ofen so leckeren Kuchen und Brot zu backen ist alleine schon ein Kunststück. Und die Gastfreundschaft dieser Menschen ist beschämend.
Nach der Revision legt der Muflon ab und wir müssen einen anderen Liegplatz einnehmen. Polizei und Hafenkapitän stehen bereit, um uns behilflich zu sein. Wir dürfen alle am Polizeiboot festmachen, da der Ponton für ein eventuell ankommendes Schiff frei bleiben muss. Der hübsche junge Polizist bietet uns sogar an, ein Taxi für uns zu rufen, wenn wir ins Museum wollen, doch leider ist

es heute geschlossen und wir müssen uns mit einem Stadtspaziergang zufrieden geben.

Die Stadt hat das Flair eines Vorkriegsmodells. Sehr schöne alte, wenn auch unrenovierte Häuser, kleine Tante-Emma-Lädchen, moderne Glaspaläste, Straßencafes, viel Armut, Verfall, auch Verwahrlosung. Der Markt war heute erbärmlich, vielleicht weil Samstagnachmittags schon vieles abgeräumt ist? Die Preise auch Vorkriegsniveau, ein Kilo Kirschen 60 Cent, 3 Bier (1/2 l) und eine Cola 2,25 Euro.
Es ist schlimm, in einem Land zu leben, in dem es keinen Humor gibt, aber schlimmer ist es, in einem Land zu leben, in dem man Humor braucht.
Der Chef des Hafenkapitäns, der uns morgens übrigens unsere Papiere an Bord bringt, bittet uns um Connections. Er möchte einen Sportboothafen gründen. Über die Adresse des Deutschen Motoryachtverbandes und eine Kopie des Schreibens von Alex Jakob ist er sehr beglückt. Er will uns weiter melden. Telefonisch gibt er sofort die drei Yachten durch, die eine Empfehlung des Konsuls dabei haben. Uns lässt er einige Telefonnummern und Namen von Hafenkapitänen da, die uns weiter helfen werden.

Auch wir sind ihm gerne behilflich. Wenn es uns möglich ist, ein paar blöde Vorurteile auszuräumen, hat unsere Fahrt sogar einen guten Zweck. Diese wundervolle Landschaft, der traumhafte Strom und die herzlichen Menschen hätten es wirklich verdient. Idioten, Kommisköppe, Paragrafenreiter und Spitzbuben gibt es überall, auch bei uns, damit muss man einfach leben.

Der König sagte zum Priester:
Halte du sie dumm, ich halte sie arm.

Vor Rumänien sind wir überall und von jedem nur gewarnt worden. Doch seien wir mal ehrlich, wer weiß schon etwas über das heutige Rumänien zu berichten? Geschichtliche Schreckensbilder von Menschenschändern, Psychopathen und Blutsaugern a la Dracula werden überflügelt von Horrorgeschichten über hohe Kriminalität, den Umgang mit Minderheiten wie Zigeunern, den Donauschwaben, den Siebenbürger Sachsen oder den Behinderten. Kinderheime mit katastrophalen Zuständen, Korruption und wirtschaftliche Misere. Und dann war dieses Land jahrzehntelang hinter dem Eisernen Vorhang verschwunden.

Rumänien liegt dort, wo die Vorstellungswelt des Westeuropäers aufhört. Die wirtschaftliche Misere des Landes ist nicht wegzudiskutieren. Doch hat sich schon einer gefragt, wie bei uns heute die wirtschaftliche Lage wäre nach 50 Jahren Kommunismus, Korruption, Ausbeutung des Volkes, einer Diktatur und

Securitate? Und es gibt keine ungeliebten Wessis, die mit Steuerzuschlägen die schlimmsten Probleme lösen. Vielleicht ginge es ihnen heute besser, hätten sie sich nicht mit den Nazis verbündet? Die Kriminalität ist laut Statistik nicht höher als in anderen Europäischen Staaten des Westens. Was hat man denn von Barcelona gehört? Dass Touristen auf offener Straße ausgeraubt, aus ihren Autos gezogen und diese gestohlen wurden? Und wie steht es, so unvoreingenommen betrachtet, mit unserer eigenen Vergangenheit? Für mich wären die Grenzen von mein und dein mehr als fließend, wenn meine Kinder vor Hunger sterben oder mit Stöcken im Müll wühlen müssten, um überleben zu können. Die Hexenverbrennungen im Mittelalter haben genauso viele Opfer gefordert, wie Vlad III. Draculea Tepes, der Pfähler, der nie in Transsilvanien war, sondern Fürst der Walachei und diese mit gnadenloser Härte und Brutalität gegen alle Feinde verteidigt hat. Seine Angewohnheit, Feinde zu pfählen, hat ihm zu seinem Beinamen verholfen und den Iren Bram Stoker zu seinem weltberühmten Roman inspiriert. Vielleicht versucht dieses Volk nichts anderes als seine eigene Würde und Individualität hinüberzuretten in ein erträgliches Dasein?

Das heutige Rumänien sieht schon anders aus. Die Behörden und Polizisten werden auf Volksnähe und Freundlichkeit getrimmt, 20 % der bei Bill Gates Beschäftigten sind Rumänen und das Land ist auf dem besten Weg in die EU aufgenommen zu werden, auch die Nato verhandelt mit Bukarest.

Natürlich ist die Bevölkerung arm, aber immerhin haben sie es selber fertig gebracht, sich von einem Terrorregime zu befreien - ein trauriges Land voller Humor.

Wir versuchen unvoreingenommen dieses Terra incognita kennenzulernen.

An der Mündung des flachen Timok verabschieden wir uns endgültig von Serbien. An der rechten Uferseite liegt jetzt Bulgarien, an der linken Rumänien.

In Bulgarien hat die Donau bis zu dreißig Meter hohe Sandklippen stehen lassen, sie sind bewachsen mit Sträuchern, Gras und Gestrüpp, Mauersegler haben ihre Nistlöcher darin gegraben und schwirren aufgeregt ein und aus. Die Klippen laufen in einem kleinen Sandstrand aus, auch der teils bewachsen, teils kahl. Oberhalb der Klippen hübsche kleine Dörfchen, alles sieht relativ neu und gepflegt aus. Hirten mit Kühen und Schafen, eine Böschung bewachsen mit Klatschmohn, viele Wachtürme mit Besatzung.

Auf der rumänischen Seite hat sich die Donau zurückgezogen und ein kilometerweites Schwemmland hinterlassen. Ganz weit hinten eine Hügelkette, Dörfer, mit dem bloßen Auge kaum erkennbar im Schönwetterdunst. Keine Wachtürme. Am Ufer Auenwälder, Monokultur, Sand, dazwischen viel weites Land. Und immer eine riesige Donau mit bis zu 10 m tiefem glasklarem Wasser. Noch weisen uns vereinzelte Bojen den rechten Weg.

Nächtigen werden wir ab jetzt in der Walachei, in des Wortes verwegenster Zweideutung.

Calafat laufen wir an. Der Name soll vom Kalfatern der Schiffe kommen, weil hier schon vor Römers Zeiten eine Werft gewesen sein soll. Doch selbst die Geschichtsschreiber bezweifeln das.
Die Anmeldung in der Kapitanerie gestaltet sich langwierig. Der Hafenkapitän hat enormen Schreibaufwand für uns und erstmals wird unser von Regensburg ausgestellter Fahrterlaubnisschein verlangt.
Den Anlegeponton handeln wir runter von 20 Euro für ein Boot auf 20 Euro für beide Boote. An der Kapitanerie steht schon ein hilfreicher Engel mit einer fahrbaren Schrottkiste, deren Motor keuchend zum Leben erwacht, als wir einverstanden sind, dass er uns für 5 Euro pro Paar in den Ort fährt, uns die Einkaufsläden zeigt und wieder zurückbringt. Gleich wechselt er uns auch Euro in Lei, zum gleichen Kurs wie das letzte Mal die Wechselstube. Ein pfiffiges Kerlchen.

Glück und Zufriedenheit sind entweder in uns oder nirgends

Vite vite ist weg. Vor Antritt unserer Reise haben wir den beiden bereits erklärt, dass wir nicht bereit sind, die horrenden Preise in Häfen oder an Pontons zu bezahlen, wenn es sich vermeiden lässt und dass wir lieber vor Anker gehen und in der freien Natur liegen, grillen, baden, Häfen nur anlaufen, wegen einer Sehenswürdigkeit oder zum Wasserbunkern und Einkaufen. Da Vite vite zunehmend Probleme beim Ankern hat und keinerlei Ratschläge annimmt, haben sie sich jetzt anscheinend sang- und klanglos von uns getrennt und suchen ihren Weg alleine. Keiner von uns ist ernsthaft traurig darüber. Die Kinderkrankheiten der Seele brechen erst bei Erwachsenen aus und in Ausnahmesituationen besonders. Selten haben wir Menschen getroffen, die sich so wenig in eine Gemeinschaft einfügen können, wie diese beiden. In Grein hat Ditmar sehr geheim getankt. Bei Milan haben wir erst mitbekommen, dass er tankt, als Milan mit den Kanistern ankam, dabei hätte Helmut gerne seine Kanister auch gefüllt, wenn er gewusst hätte, dass Milan an die Tankstelle fährt. In Belgrad hat Ditmar 600 l Diesel geordert, obwohl er 700 km vorher vollgetankt hat und genau wissen musste, dass wenigstens 900 l in seinen Tank passen, zumal seine Tankuhr um 1/3 gefallen war. Anschließend hatte er behauptet, der Tankwagenfahrer hätte ihn beschissen, sein Tank sei nicht voll, doch dessen Tankuhr war unbestechlich. Ditmar konnte es wieder etwas ausgleichen, indem er die Schläuche nachdem der letzte getankt hat, ausgepresst hat und noch einige Liter in Kanister füllte. In der Kneipe habe ich abends 2 Cola oder 2 O-Saft getrunken und Rosi jedes Mal 2 Flaschen Wein und diverse Schnäpse. Manfred im Schnitt 2 oder 3 große Bier, Ditmar Minimum 10 Cola-Cognac. Als die Rechnung kam hat er getobt, weil er doppelt soviel zu zahlen hatte, als wir anderen. Sie hätten ihn betrogen oder er hätte einen Teil unserer Rechnung mitbezahlt. Strom hat er sich vom Wirt sofort organisiert und als Manfred ihn gebeten hat, bei ihm einstecken zu dürfen, hat er abgelehnt, seine Anlage wäre dann überlastet. Rosis ständiges Geflenne über die angeblichen Schikanen der Grenzer, die unverschämten Forderungen der Grenzformalitäten und ihr persönliches Trauma war einfach nur pubertär. Sie hat eindeutig ein Jammer- und Neurose-Gen zu viel. Kindergartenniveau. Es war ihr nicht zu vermitteln, dass man mit den Karten spielen muss, die man zugeteilt bekommt. Irgendwann haben wir es aufgegeben, sie von den Mücken abzulenken, aus denen sie ständig Elefanten machten. Natürlich hat auch unser Verhalten dazu beigetragen, dass sie keine Freude an dieser Reise empfinden konnten. Hätten wir jeden Abend einen Platz für sie gesucht, damit die lieben Tierchen an Land konnten, ohne dass Ditmar sich der stressigen Arbeit unterziehen musste, auf zwei Knöpfe zu drücken und das Beiboot herabzulassen, oder hätten wir nur einen Funken Mitgefühl aufgebracht, wenn die lieben Tiere nachts ihr Pipi in die Betten verrichtet haben, hätten wir unsere Abfahrzeiten statt morgens um 9 auf 10 oder 11 Uhr gelegt und um 2 Uhr bereits wieder einen Ponton gesucht, vielleicht wäre alles anders gekommen? Doch Egoisten wie wir nun mal sind, haben wir ihnen keinen roten Teppich ausgelegt. Und nachdem Ditmar uns klar gemacht hat, dass sich jeder selbst der Nächste ist, sich nicht mal bedankt hat, dass wir ihn vor einer Kollision mit der Hafenmole gerettet haben, haben auch wir die Konsequenz gezogen. Auf solche Mitfahrer kann man getrost verzichten. Sie wurden uns immer mehr zur Belastung. Und es ist eigentlich nicht nötig, dass man sich diese einmalige Zeit von missmutigen Miesepetern, deren Lebensinhalt darin besteht Alkohol zu vernichten und Hunde zu küssen, vergällen lässt. Wir wollen hoffen, dass die im Duty-free-Shop in Calafat gebunkerten 10 Flaschen Campari ihnen helfen, mit ihrem Boot und sich selbst besser klarzukommen. Die Bibel sagt, du sollst deinen Nächsten lieben. Ich bin aber überzeugt, dass sie diese Nächsten nicht kannte. Der Gottseibeiuns, sei auch bei ihnen.

Bilderläuterungen

1	*Pontonbrücke Novi Sad*	9	*Dezebel, letzter dakrischer König*
2	*Basar in Belgrad*	10	*Oberer Karzan*
3	*Wels*	11	*Turnu Severin*
4	*Wels-Steak*	12	*Stentor-Werft in Oltenita*
5	*Eisernes Tor*	13	*Seeschiff auf der Donau*
6	*Babakai-Felsen*	14	*Gedränge in Tulcea*
7	*Eisernes Tor*	15	*Donau-Delta*
8	*Ram*		

1

2

4

4

5

6

7

Mächtig breitet sich der Strom in der Landschaft aus und macht mir überdeutlich den Unterschied zwischen einem Fluss und einem Strom bewusst. Mein geliebter Rhein ist ein Fluss, doch er ist ein halbstarker Raufbold gegen diese übermächtige Mutter, die mit ihren Armen Inseln umschlingend, andere Flüsse in ihrem Schoß aufnehmend, wie der Strom der Unendlichkeit ohne Anfang und Ende immerdar Zeugin der Urkräfte des Lebens ist. Ein Strom wo Wellen von Toten aller Zeiten vor und zurück branden, wo die Sterne zum Teich werden und die Jahrtausende darin schwimmen.

Ab km 704 dehnt sich die Donau auf 7 km Breite. Einfach gigantisch diese Insel- und Auenlandschaft. Ohne Weitwinkel ist dieses Bild nicht einzufangen. Die Navigation erfordert immer mehr Aufmerksamkeit. Landmarken, als Navigationshilfen vorgesehen, sind beinahe nicht mehr auszumachen und von Gestrüpp und Vegetation verdeckt. Bojen, die den Weg markieren, gibt es fast nicht mehr. Wir müssen uns blind auf die Angaben in Verberghts Karten, den Instinkt meines Kapitäns und Augapfelnavigation verlassen.

Wer für Natur pur, für Wasser, Wind und Wellen nichts übrig hat, wer abends einen Yachthafen mit Stromanschluss braucht und ein Restaurant zum Abendessen, wer panisch reagiert auf Schnaken, Hornissen und Spinnen, wer kein Organisationstalent hat und sich nicht ständig geänderten Situationen anpassen kann, wer einen Furor hat auf quakende Frösche und Wasserschlangen, wer in absoluter Finsternis, vor unbekannter Umgebung und vor fremden Menschen Angst hat, wer rundum Zweisamkeit verabscheut und täglich eine Runde joggen muss, für den wird diese Reise schnell zum Horror-Trip.

Uns reizt das Neue, das Unbekannte, die Menschen, die Herausforderung.
Wir kaufen abenteuerlich aussehenden Fischern ihren Fang mit Euros ab, grillen Welssteaks, baden und fühlen uns wie ein Opossum im Frühling, genießen die Abende, wenn die Sonne sanft hinter dem Wald verschwindet und der Wind das Wasser leise gegen den Schiffsrumpf plätschert. Oder uns ein sanfter Regen die Blutsauger vom Hals hält. Die Nächte verbringen wir besinnlich schaukelnd in Orpheus Armen hinter einer Insel. Das Lied der Frösche und Grillen kündet vom Ende eines weiteren Tages.

Turnu Magurele, eine Industriestadt mit fast 50.000 Einwohnern hätten wir gerne angeschaut. Rumänien hat ergiebige Ölfelder. Hier entstand eine Raffinerie, eine Erzeugung für Kunstdünger und es sollte sogar ein großes Donaukraftwerk gebaut werden. Doch der Zahn der Zeit nagt an einer vergangenen Ära, die Kräne stehen still wie totes Stahlgerippe. Kein blühender Handelshafen, kein Umschlagplatz. Verfall.

Blindenhund gefällig?

Wir haben den Sommer des Plus gewordenen Minus erwischt. Drei Tage Sonne, vier Tage Regen, Gewitter, Bewölkung, Sturm.
Solange die Donau gut betonnt war, hatten wir keine großen Probleme damit, doch wenn jede Art von Markierung fehlt, auch keine Kilometerangaben am Ufer mehr auszumachen sind, wird die Navigation auf diesem unübersichtlichen Flussstück sehr schwierig. Eine Vielzahl von Inseln liegen vor dem Schiff verschwommen in Dunst und Regen. Wo ist die Fahrrinne? Verberght schreibt in seinen Karten: „Dies war die Fahrrinne 1998, kann heute anders sein", oder: „Situation verlegt sich viel, nur für Tagesfahrt". Eine nicht sehr vertrauenserweckende Aussage. „Es ist noch kein Schiff die Donau runter gefahren ohne Grundberührung", schreibt eine Seglerin in ihrem Reisebericht. Auch keine große Beruhigung. Wir haben nur einen Vorteil: Durch das unbeständige Wetter hat es in den Karpaten stark geregnet, alle Nebenflüsse lassen den Wasserstand der Donau mächtig ansteigen.

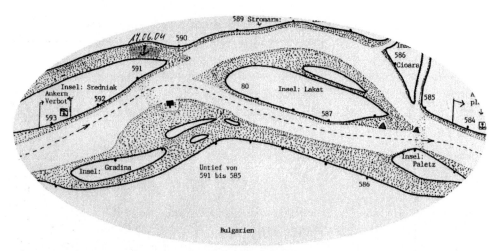

Sandbänke und Inseln, die Verberght eingezeichnet hat, können schon längst gewandert sein, die Tiefwasserzonen können sich verlagert haben, die Flachwasserzonen erweitert. Manfred kann sich keine Minute erlauben, unkonzentriert zu sein. Wie schnell ist man in den falschen Arm eingefahren und steckt dann hoffungslos im Sand fest. Schiffe, wie auf dem Rhein, auf deren Hilfe man vielleicht hoffen könnte, gibt es hier nicht. Was sich keuchend und qualmend den Fluss aufwärts schiebt sind meist äußerst abenteuerliche Gefährte, selbst so groß wie eine schwimmende Insel. Schubschiffe oder riesige Muflons, Schlepper und Selbstfahrer, aneinandergekoppelt mit Leichtern in allen Schattierungen von rostgrau über rostrot bis rostschwarz. Die meisten aus der

Ukraine, beladen mit Kohle, so hoch aufgetürmt, dass mancher Schiffsführer in seinem Haus kaum darüber schauen kann. Ständig läuft bei ihnen das Radar. Manchmal ist die Karte gespickt mit Warnungen vor Wracks, die an diesen Sandbänken gescheitert sind.

Die ersten Vorboten des Deltas kommen in Sicht. Vogelschwärme erheben sich, dass der Himmel sich kurzzeitig noch schwärzer färbt. Kormorane formatieren sich, setzten wie Stukas zum Tiefflug an. Die ersten Pelikane schleppen ihre schweren Körper über uns hinweg. Zwei Adler, leider viel zu hoch um sie zu filmen. Graureiher und Störche, ein Unbekannter in schwarz-weißem Putz.

Auf der bulgarischen Seite erhebt sich malerisch in amphitheatralischer Lage das auf Uferterrassen gelegene Svistov. Hier hat die Donau ihren südlichsten Punkt erreicht und wendet sich wieder nach Nordost.

Immer wieder Inseln, Arme, Sandbänke, unüberschaubare Vielfalt.

Dann Russe, die viertgrößte Stadt Bulgariens und der bedeutendste Industriehafen. Sexanta Prista (60 Schiffe) war schon Standort der römischen Donauflottille.

Auf der gegenüberliegenden, der rumänischen Seite Giurgiu. Genueser Schiffer errichteten im 14. Jahrhundert eine Handelsniederlassung und die Burg San Giorgio, daher der Name.
Wir legen am Steiger der Capitania an. Ein Polizist in Uniform nimmt uns an. Er spricht kein Wort Deutsch, auch kein Englisch, als ich ihn nach Französisch frage wird er verlegen und nickt. Ich versuche ihm zu erklären, dass wir hier liegen wollen, um eventuell nach Bukarest zu fahren. Er blättert desinteressiert in unseren Papieren. Da entdeckt er das Schreiben vom Konsul. Wie durch den Blitz der Erleuchtung spricht er plötzlich ganz ordentlich Englisch. Der Hafenkapitän, nach dem ich schon ein paar mal gefragt habe, wird auch geholt. Auch er spricht Englisch, wenn auch etwas verschwommen, da die Schwere des Wodkas seine Zunge lähmt. Immerhin erlaubt er uns freundlich in einem Bassin etwas weiter oben an einem Steiger der Hafenverwaltung anzulegen
Ein Mitarbeiter der Hafenverwaltung ist uns beim Anlegen behilflich. Sofort frage ich ihn auch nach einer Fahrgelegenheit nach Bukarest. Er hätte ein Auto, sagt er. Und als ich lache und sage: „Du, aber nicht wir", erklärt er, dass er morgen frei hat und uns fahren könne. Er muss erst überlegen, was er für die Fahrt haben will. Ein Schlitzohr kommt selten allein.

Die Männer verhandeln mit ihm wegen eines Tankwagens, doch er nimmt uns jede Hoffnung. Einen Tankwagen werden wir auf keinen Fall bekommen, in ganz Rumänien nicht, er hätte da seine Erfahrung, er wäre auch Bootsfahrer. Leider gibt es nicht überall eine Elena, die mit Temperament und Paprika Blut zum wallen bringt. Aber er bietet sich an, die Männer mit seinem Auto bepackt mit Kanistern an die Tankstelle zu fahren, um Diesel zu holen. Seit dem letzten Tanken in Belgrad haben wir über 600km zurückgelegt, da passt schon wieder ordentlich was in den Tank. Die Prozedur ist lang und mühsam und wie könnte es auch anders sein, es regnet als säße man in einer Autowaschstraße. Als Helmut die Kanister erneut gefüllt hat, ist die Tankstelle ausverkauft.

Nach dieser Fahrt im Auto des Jungen, entscheidet Manfred entschlossen, dass wir nicht mit ihm nach Bukarest fahren. Wir hätten schon wesentlich bessere Autos verschrottet! Er wäre nicht lebensmüde! Basta!

Ausflug nach Bukarest

Morgens organisiert Manfred ein Taxi, den Rolls Royce unter den Schrottlauben. Helmut sind die 50 Euro hin und zurück zu teuer und mit fünf Mann in einem Auto gefällt ihm auch nicht. Er will mit dem Bus fahren. Wir finden den Preis angemessen. Der junge Fahrer, Marian, macht einen guten, seriösen Eindruck auf uns. Ihm wollen wir uns anvertrauen.

Nachts hat es geregnet, die Straßen stehen teilweise 30cm hoch voll Wasser. Ohne Rücksicht auf Verluste schießen wir da durch. Die Ausfallstraße von Giurgiu Richtung Bukarest ist in einem katastrophalen Zustand. Schlaglöchern wie Schützengräben weichen wir aus. Der Ort besteht hauptsächlich aus Plattenbauten, heruntergekommen, vernachlässigt, primitiv, menschenunwürdig. Dann folgt eine Reihe netter kleiner Häuschen mit einwandfrei türkischem Einschlag, einige sehr hübsch renoviert, andere Abraumhalden. Am Ende des Ortes Neubauten, Häuser mit Türmchen und Giebeln, mit Dächern in verschiedenen Ebenen, kleine Villen, auch bei uns fast nicht erschwinglich. Wer kann sich das hier nur leisten? Sämtliche Häuser sind mit verzinktem Blech gedeckt, nur ganz wenige der alten haben Ziegeldächer. Manchmal donnert das Auto über einen Absatz, dass ich denke, es fällt auseinander. Pferde ziehen kleine Wägelchen und traben stolz und schnell zwischen den Autos dahin. Bei uns eine nostalgische Delikatesse, hier Alltag, Fortbewegungsmittel.

Neben uns ziehen sich jetzt Äcker mit Weizen-, Kartoffel- und Maisfeldern bis der Himmel an die Erde stößt. Rumänien ist ein Agrarland. Bukarest hat mehr als 2 Millionen Einwohner, die wollen alle ernährt werden.

Eine Frau, eine alte? Sie trägt Gummistiefel über Trainingshosen, darüber eine Kittelschürze und eine Strickweste, es ist erst 20 Grad um 9 Uhr. An einer Kette führt sie ihre Kuh am Straßenrand spazieren und lässt sie grasen. Eine Ziege ist angepflockt, doch der Hirte sitzt daneben und passt auf. Ein alter Mann bietet Weißkohl feil, ein anderer Tomaten. Wir müssen unbedingt hier anhalten, wenn wir zurück fahren.

Die Einfallstraße von Bukarest ist eine einzige Baustelle. Die Schienen der Trambahn werden mitten auf der Fahrbahn neu verlegt. Die Straße ist ca. 1m tief aufgerissen. Mittlerweile wurde sie als Abfallgrube benutzt, der Regen der Nacht liegt immer noch darin. Wenn ein Fußgänger auf die andere Straßenseite will, muss er knöcheltief durch diesen Morast waten. Der Verkehr ist barbarisch. Verkehrsregeln gibt es nicht. Jeder fährt so gut er kann und es die Karre hergibt. Rote Ampeln? Fußgänger haben grün? Zebrastreifen? Das gilt alles nicht für rumänische Autofahrer, vielleicht für Ausländer, doch es ist unwahrscheinlich, dass sich ein Fremder in diesen Ameisenhaufen verirrt oder jemals wieder rausfindet. Ein Markt beginnt. Obst und Gemüse liegen neben dem Bürgersteig auf Planen auf der Erde. Dann wird's besser. Gemauerte Tische, voll beladen mit allem was der Garten zurzeit hergibt. Eine Markthalle, ein Basar, alles quellt über vor Klamotten und Menschen. Da will ich rein. Wenn Blicke töten könnten, mein Leben wäre keinen Pfifferling mehr wert. Na, dann eben nicht. Marian mogelt sich durch, von allen Seiten unter Beschuss. Hup und quietsch und stop and go. Und alles über Holper-Pflaster.

Wir parken in einer Seitenstraße, direkt neben einem dieser riesigen „Luxusblocks".

Und dann stehen wir vor ihm: Patalul Parlamentului, das Symbol des Größenwahns über ein Volk. Eine Schönheit würde ich ihn nicht nennen, diesen Palast Ceausescus, doch seine Gigantomanie, seine Monstrosität ist überwältigend. Das zweitgrößte Gebäude der Welt neben dem Pentagon. In seinem Irrsinn, ließ der Diktator einen Großteil der Innenstadt platt machen. Eine Prachtallee wurde angelegt, mit voluminösen Springbrunnen und für den Palast wurde extra ein Hügel aufgeschüttet, damit Ceausescu auf seine Untertanen herabschauen konnte. Rechts und links des Prachtboulevards wurden riesenhafte Luxusblocks errichtet, für Geheimdienstler und Ministerialbürokratie. Ein unterirdisches Bunkersystem vernetzt die ganze Anlage und für den Führer des Volkes wurde sogar ein unterirdischer Spazierweg angelegt. Allein der Palast hat eine Wohn- und Bürofläche von 450.000qm. Kosten: 3,5 Milliarden Dollar. Selbst einen Hai im Swimmingpool hätte das Volk dringender gebrauchen können als diesen Palast. In den die Allee begrenzenden Prachtbauten waren früher wohl kleine elegante Geschäfte, vielleicht waren sie auch damals schon nur vorgesehen nach dem Vorbild von Paris. Heute sind diese Lädchen fast ausgestorben, Gras und Unkraut wächst zwischen den Platten, die Mosaiksteine sind teilweise ausgebrochen zu anderer Verwendung.

Wir marschieren die Prachtallee weiter, suchen Reste der ehemaligen Altstadt und finden sie. Es gibt sie, die Perlen, die Kleinode, man muss sie nur suchen und sehen zwischen Schutt, Abfall, aufgerissenen Straßen, Schlaglöchern und streunenden Hunden. Zwei dieser Köter gehen gemeinsam auf einen jungen Mann los, der vor uns läuft, dann lassen sie von ihm ab und versuchen ihr Glück bei uns. Doch wir gehen stramm auf sie zu und verscheuchen sie laut. Täglich werden in Bukarest 30 Menschen von diesen aggressiven Tölen gebissen und müssen dann im Krankenhaus behandelt werden, weil man nie sicher ist, dass sie keine Tollwut haben. Wir holpern und stolpern zwischen den aufgerissenen Pflastersteinen. Viele junge Menschen sind unterwegs. Und es gibt Brautkleider-Geschäfte ohne Ende. Auf unserem Rundgang waren es mindestens 30, eher mehr. Und wie zauberhaft. Schade, dass man das Ehegelöbnis nicht jährlich wiederholen muss, allerdings hatten sie wenig Auswahl in Elefantengröße.

Manfred biegt in eine besonders ärmliche Gasse ein. Auch hier rechts und links kleine Lädchen. Die Auswahl ist oftmals pittoresk, Wasserhähne und Rohrzangen und daneben Goldschmuck für die Dame von Welt. Oder Schuhe und Hüte, auch eine gute Idee, von Kopf bis Fuß gewandet, dazwischen kann man wählen.

Ein kleiner Molliger mit leicht gebräunter Gesichtsfarbe spricht uns an. Er ist gut gekleidet, spricht Englisch. Ob wir irgendein Hotel kennen? Wir sind auch Ausländer, sagen wir ihm. Oh, er wäre Brasilianer, strahlt er und schüttelt Manfred die Hand. Mit den heißen Samba-Boys hat er allerdings sehr wenig Ähnlichkeit. Ich krame meinen Führer von Bukarest raus, vielleicht ist ja sein Hotel da drin. Da stürzt ein Blaubeblazerter auf uns zu, fasst den kleinen Schokobraunen am Schlafittchen, verlangt Auskunft und herrscht ihn an: „Passport". Von uns will er wissen, ob es Probleme gibt. Wir sind ganz verdattert. Keine Probleme, alles in Ordnung. Manfred zückt auch unsere Pässe. Der Beblazerte macht sie gar nicht auf. „Deutsch, ist gut." Mit der Hand wedelt er sie wieder weg. Hier nicht Exchange, nicht kaufen. Hier Straße viel Heroin, Kokain, nicht wechseln. Na, das haben wir ja schon verstanden. Der Schokobraune muss seinen Pass noch mal rauskramen, sein Geld zeigen. Nix Schmuggel, nix Exchange. Dann schleppt er den Kleinen ab und wir trollen uns in die andere Richtung.
An einer kleinen Bude kommen wir vorbei, da liegt so ein leckeres Gebackenes im Fenster und die ganze Straße duftet. Die kleine Maus hinter der Theke kann Englisch. Ob ich mit Käse oder mit Obst will? Na beides natürlich, für meinen Spatzel mit Käse, ich mit Apfelfüllung. Auch mit Zucker? Logisch, das volle Programm. Klar würde diese Küche sofort unter dem Fallbeil unserer Gesundheitspolizei Kopf und Daseinsberechtigung verlieren. Doch mal ehrlich, solange sich keine Kakerlake keuchend aus dem Teig quält und mir fröhlich

zuzwinkert, kann's doch so schlimm gar nicht sein. Diese frittierte Fettigkeit war einfach köstlich und blieb mir viele Stunden in Freundlichkeit verbunden.
Unser Rückweg ist genauso vielseitig wie der Hinweg war. Diesmal halten wir an, um Gemüse, Kirschen und Himbeeren zu kaufen, auch um die Ponywagen zu fotografieren und eine bemalte Zigeunerkirche. Marian ist ein geduldiger Fahrer. Seine Frau ruft er an, damit ich ihr erklären kann, was Manfred will. Pfeifentabak natürlich, weil es in diesen Ländern nirgends Schnupftabak gibt, er nicht mal bekannt ist. Spontan lädt die junge Frau uns zum Essen ein. Sie möchte uns unbedingt kennenlernen. Sie kennt überhaupt keine deutschen Leute. Sie bittet sehr inständig, da kann ich fast nicht mehr nein sagen.
Marian und Madalina wohnen mit ihrem Sohn Andre in einem dieser heruntergekommenen Plattenbauten in Giurgiu. Die Wohnung ist sauber und ordentlich eingerichtet, so etwa war unsere Wohnung als man es noch wagen konnte, mich nackt auf einem Bärenfell zu fotografieren. Madalinas Mutter ist auch da, sie küsst uns sofort zur Begrüßung und freut sich, man sieht es ihr an.
Wir trinken Bier zusammen, deutsches Becks, essen Hühnersuppe, Pommes frites, Hühnerbeine und Salat und erzählen von unserer Reise, von den Menschen, die wir getroffen haben, wie wir in Deutschland leben und sie erzählen uns von ihren Problemen in Rumänien, mit den alten Chartern des Ceausescu-Regimes und der wirtschaftlichen Misere. Madalina erzählt, sie wäre Finanzdirektor einer Künstlerschule und verdiene im Monat 100 Euro. Marians Verdienst heute mit uns war wie ein warmer Regen für die beiden. Ein Freund von Marian fährt uns mit seinem Taxi ans Boot, da er Bier getrunken hat und die Polizei sofort die Lizenz einzieht, wenn sie ihn mit einer Fahne erwischen. Trotzdem laden wir die beiden zu einem Drink am Abend auf unser Boot ein. Beigeistert betrachten sie unsere Bilder von der Donau. Wir sitzen auf dem Achterdeck, trinken eine Flasche Wein und reden über Gott und die Welt, über Krieg und Frieden und versuchen ihnen Hoffnung zu machen für ihr weiteres Leben.

Und man höre und staune, der Liegeplatz mit Wasser und Strom bei der Hafenverwaltung kostet uns keinen Pfennig und wir hatten sogar die ganze Zeit eine Aufpasserin, was uns natürlich ein Euro-Trinkgeld wert war.
Danke Giurgiu!

Wer sich ärgert, verliert

Eine Doppelstockbrücke verbindet Bulgarien und Rumänien, eine Freundschaftsbrücke soll sie sein, doch bevor Freundschaft zwischen diesen beiden Ländern herrscht wird noch manches Wässerchen die Donau hinab plätschern. Die Fähre wurde auch eingestellt, deshalb braucht man auch keinen Duty-free-Shop mehr. Aber eine Freihandelszone, die gibt es.

Tutrakan, malerisch auf einem Steilhang in Gartengrün eingebettet, lassen wir rechts links liegen.

Unser Ziel ist die ehemalige Quarantäne-Station Oltenita. Nicht dass dieses Dorf irgendwie sehenswert wäre, doch hier lässt die Stentor-Werft von Sneek ihre Schiffe bauen. Für einen Freund sollen wir uns mal umschauen, wie sie so arbeiten und wie sie so sind. Die obligatorische Crew-Liste lassen wir bei der Capitania, die uns sogar freundlich anbietet, auf ihrem Ponton liegen zu bleiben, sogar ohne konsularische Empfehlung. Dann geht's Richtung Hafen. Vor der Einfahrt zieht ein blendend weißes Schlauchboot seine Kreise. Im Hafen holt es uns ein. In gutem Deutsch outet sich einer der Insassen als Inhaber der Werft. Er begrüßt uns freundlich und teilt uns genauso freundlich mit, dass Ausländer in diesem Hafen nicht erwünscht sind. Die Stentor-Werft hat noch nicht mal einen Steiger im Wasser, an dem man bei einem Notfall anlegen könnte. Wir werden an einen rostigen Bagger verwiesen für 200 $ die Nacht. Der Eindruck, den diese Werft auf uns macht, deckt sich 100% mit den grauenhaften Erfahrungen, die Walter Edetsberger auf seiner Donau-Tour auch machte. Eine holländische Werft, die im Ausland Schiffe von Ausländern bauen lässt, die sie hauptsächlich an Ausländer verkauft und dort selber Ausländer ist, an ihrem Vorführboot die holländische Nationale am Heck führt und dann verbal lautstark Ausländer-feindlichkeit demonstriert, sehr geschäftstüchtig, alle Achtung.

Natürlich ziehen wir sofort die einzige Konsequenz: Nichts wie weg.

Nach einigen vergeblichen Versuchen, in Baggerlöcher einzufahren, versuchen wir es 20km weiter in einem schmalen Seitenarm. Das Wasser hat hier kräftig Strömung und deshalb liebäugelt Manfred mit einer zusätzlichen Landbe-festigung. Immer läuft es nach dem gleichen Schema ab: er fixiert eine halb abgestorbene Krücke wie die Schlange das Kaninchen. Die und keine andere wird geentert. Während ich hängeschultrig auf dem Vorschiff rumstehe, wird Beluga mitten in ein Gewirr aus abgestorbenen Ästen und überhängenden Zweigen mit Blättern manövriert. Auf mich rieselt ein Gemisch aus toter Rinde und abgestorbener Vegetation des Vorjahres. Dazwischen stürzt sich gierig eine Armee von blutsaugenden Vampiren auf dieses ergiebige Opfer. Kampfspinnen reißen die Stricknadeln aus dem Knäuel ihrer klebrigen Fäden, um blitzschnell ein Netz zu knüpfen und über diesen saftigen Brocken zu werfen. Zecken fletschen die Zähne und setzen zum Tiefflug an. Die Linke schwingend wie ein Degenfechter sein Stilett, gehe ich auf alle angreifenden Untiere los, während er Belugas Nase immer weiter in den Dickicht vortreibt, bis ich mit der bereits erlahmenden Rechte ein Tau über einen Ast katapultiere. Mit der Linken mein imaginäres Stilett den Angreifern, die entsetzt durch diese geballte Abwehr sofort um Verstärkung schreien, entgegen schmetternd, stoße ich mit der Rechten den Bootshaken gegen das sich heftig wehrende Tau, um das Ende wieder an Bord zu ziehen. Was selten auf Anhieb gelingt, da Taue die lästige Angewohnheit besitzen, sich ringelnd wie eine Schlange jeder Art von Fangmethode zu entziehen. Sind beide störrischen Enden wieder an Bord und meine Knoten halten wider Erwarten, fährt er langsam rückwärts, bis das Tau spannt, um die Haltefestigkeit seines Kaninchens und die Beißfestigkeit seiner Schlange zu testen. Der Erfolg besteht meist darin, dass der abgestorbene Teil des Baumes abreißt, auf dem Bug von Beluga landet und ich mit freundlich lächelnden Borkenkäfern, Tausendfüsslern und Ohrschlitzern ein gemütliches Meeting abhalte. Was mich irgendwann dazu ermutigen wird, IHM die Maske des mitleidig lächelnden Ehrenmannes vom Gesicht zu reißen und der Welt das Antlitz eines wahren Sadisten zu präsentieren.

Schüchtern wie ich bin, verdrehe ich auch diesmal wieder nur die Augen, und prompt hält er mir einen Vortrag, dass ich ja wohl die erste wäre, die sich in die perfekte Imitation einer Harpyie verwandelt und rumkeift, wenn WIR nachts abtreiben, mit verbogenen Propellern und Wellen im Gebüsch hängen oder quer vor der Berufsschifffahrt treiben. Augenverdrehen und Backenaufblasen sind nutzlos. ich muss den Anker fallen lassen. Dann steuert er einen abgestorbenen Baum in Ufernähe an. Zwei Palstege brauche ich auf unserem längsten Tau. Dann schleudere ich es treffsicher über den dicksten Ast, angle es und hänge es ein. Beluga zieht zurück, bis Anker und Tau spannen. Mit lautem Krachen reißt die ganze Krücke ab und wird mitsamt unserem Tau mit der Strömung fortgerissen. Alles stoppt abrupt am Achterschiff. Das Tau klammert sich in wilder Verzweiflung und aller ihm zur Verfügung stehenden Kraft an seinen schwimmenden Rettungsanker. Kapitän und niedere Dienstgrade sind gezwungen, eine kurzfristige Allianz einzugehen und gemeinsam zu kämpfen, bis das Tau siegreich wieder an Bord gehievt ist und der Leichnam alleine weiterschwimmt. Anker wieder raus, neuen Platz suchen und dann wird eine Landleine mit dem Beiboot ausgebracht?!

Wieder einer dieser stillen verträumten Abende. Irgendwo in der Ferne erklingt der Ruf eines Käuzchens, das auf der Jagd nach Mäusen über den Feldern seine Kreise zieht und die wachsenden, blaugrauen Schatten zwischen den Bäumen sind das erste Anzeichen für die anbrechende Nacht.

Naturschutz wider Willen

Silistra, eine irre breite Donau und die Staatsgrenze zwischen Rumänien und Bulgarien. Jetzt kann das bulgarische Militär getrost seine Feldstecher, Ferngläser und Teleskope einpacken, das Corpus inkognito ist ohne Attacke vorüber gezogen.
470km lang bildet die Donau die Grenze zwischen den beiden Staaten. Ungehindert fließt sie dahin und kann nach einem Hochwasser ganz anders aussehen als vorher. Wenn das Hochwasser das Ufer oder eine Insel durchbricht, bildet sich ein neuer Seitenarm oder wieder eine neue Insel. Das Wasser nimmt gerne Boden vom Ufer mit und lagert es im Fluss ab, schon entsteht wieder eine Sandbank. Es gibt Inseln gerade mal so groß wie eine Briefmarke und andere die fast ein Drittel des Saarlandes ausmachen. Unzählige Vogelarten sind auf diesen Inseln zu Hause.

Kürzlich habe ich in unserer Tageszeitung gelesen, dass die Pappelplantagen auf den Inseln wieder durch naturnahe Auwälder ersetzt werden sollen. Nur, die Pappelplantagen sind hauptsächlich auf der rumänischen Landuferseite gepflanzt, um die Fläche zu befestigen und weiteres Abtragen von Erde zu verhindern. Da braucht man schnell wachsende Vegetation, keine Bäume, die 200 Jahre brauchen, bis sie Bäume werden. Dass die Pappeln auch der Holz- und Papierverarbeitung zugeführt werden, bietet sich an und bringt dem armen Land wenigsten eine gewisse Einnahmequelle.

Leider war der Verfasser dieses Artikels nie an der Donau, sonst wüsste er, dass die meisten Inseln völlig naturbelassen sind, mit Dickicht und Gestrüpp bewachsen. Schon aus dem Grund, weil es in diesem dünn besiedelten Gebiet fast keine Menschen gibt. Ein paar armselige Fischerhütten und in weitem Abstand kleine Dörfchen auf dem Festland, in denen die Menschen leben wie vor hundert Jahren. Pferdewagen sind die Hauptfortbewegungsmittel. Festland und Inseln sind überzogen mit herrlichen Laubwäldern, in denen man ganz sicher jede Art von Bäumen findet, die in diesem Gebiet zu Hause sind.

Die EU sollte sich Gelder für einen naturnahen Auwald lieber sparen, denn davon hat es hier mehr als reichlich, und an anderer Stelle sinnvoll einsetzten. Und die gleiche EU hat angeblich ein „transeuropäisches Netzwerk" von Verkehrswegen beschlossen, in dessen Rahmen die Donau für die Schifffahrt massiv erschlossen werden soll. Angeblich nach deutschem Vorbild. Der Strom würde dann in Betonrinnen mit hohen Dämmen verschwinden.

Egal, ob diese Aussage nun einfach das sinnlose Nachplappern von grünem Halbwissen eines Redakteurs war oder tatsächlich von inkompetenten

Staatsdienern in die Welt gesetzt wurde, ich würde gerne sehen, wie das zu bewältigen wäre.

Die Donau ist ein Fluss, der an manchen Stellen bis zu 7km breit ist. 2 - 3km breit ist sie fast überall in ihrem Unterlauf, ohne Inseln. Im Schnitt ist sie 6 bis 10m tief, umschlingt mit ihren Armen Hunderte von Inseln. Wer bitteschön soll hier Dämme bauen und wohin. Die Seitenarme der Donau sind so breit wie Neckar oder Main oder der Rhein, manche noch breiter. Im Übrigen ist die Donau bereits heute schiffbar. Das einzige was ihr fehlt, sind ordentliche Fahrwassermarkierungen, damit man seinen Weg auch bei Niedrigwasser oder hohem Wasserstand ohne Blindenhund findet.

Vielleicht wäre eine vernünftige Information, manchmal sogar vor Ort, angebracht, bevor man, auch als EU oder WMF, Dinge beschließt und darüber redet, von denen man eigentlich keine Ahnung hat. Leider gibt es überall Menschen, die pausenlos von Dingen reden, denen sie besser sprachlos gegenüber stehen sollten…

Gefährliche Gegend

Am rechten Ufer breitet sich nunmehr die Dobrudscha aus, eine Landschaft als hätten die Engel im Sand gespielt. Die Donau mäandert zwischen großen und kleinen Inseln und wir folgen ihrem Lauf wie Slalomfahrer. Der Borcea-Arm zweigt am linken Ufer ab, dazwischen ein Gewirr aus Seitenarmen, Inseln, Tümpeln, kleinen Seen, Dickicht und Auwäldern. Der Arm ist breit wie der Rhein und ebenfalls befahrbar. Eine urwüchsige Landschaft mit üppiger Vegetation. Die Luft trägt schwer am süßen Duft der Lindenblüten.
Nie war der Strom näher daran, sich im Schwarzen Meer zu verlieren. Doch als ob das Land seine Lebensader noch nicht hergeben wollte, wirft sich der 470m hohe Gebirgshorst der Dobrudscha zwischen Meer und Strom und zwingt diesen zu einer rechtwinkligen Richtungsänderung nach Norden.

Wir folgen seinem Hauptarm Richtung Cernavoda. Hier wurde vor einigen Wochen ein Berufsschiff von Piraten gekapert. Ein Schiffsmann wurde verletzt und musste im Krankenhaus behandelt werden. Die Piraten erbeuteten 15kg Soja und wurden von der Wasserpolizei ohne viel Federlesen dingfest gemacht und 3 – 18 Jahre festgesetzt. Die werden unseren Weg wohl nicht mehr kreuzen.

In Cernavoda zweigt der neue Donau-Schwarzmeer-Kanal Richtung Constanza ab. Er folgt dem Donaulauf der Eiszeit. Unter menschenverachtenden Bedingungen wurde der Kanal von einem Heer von Zwangsarbeitern gebaut.

Viele ließen dabei ihr Leben und der Kanal erhielt bald den Namen Canalul Mortii. Die Berufsschifffahrt kann hier das Delta abkürzen und spart 300km. Wir nehmen diesen Kanal natürlich nicht. Erstens ist die Durchfahrt teuer und man muss auch noch einen Lotsen nehmen, bezahlen und durchfüttern. Zweitens gehört das Donaudelta zu den landschaftlichen Raritäten und es wäre ja wohl schwachsinnig über 2.000km Donau zu fahren, nur um dann das Delta nicht zu sehen.

In Cernavoda steht auch eine der seltenen Brücken über die Donau. 15km lang überspannt sie den Borcea-Arm, die Balta-Insel und die eigentliche Donau. Wegen des problematischen, sandigen Untergrunds mussten die Pfeiler 31m unter Mittelwasserstand versenkt werden.

Die endgültig letzte der wenigen Donaubrücken verbindet Giurgeni und Vadu Oii, die Schaffurt. Einst setzten an dieser Stelle transsilvanische Hirten über, um ihre Tiere im Winter auf die Weideflächen der Dobrudscha zu bringen.

Die letzten Kilometer bis zum Delta

Nunmehr begleiten Pappelhaine unseren Weg, nur unterbrochen von ein paar kleinen Siedlungen, hie und da einer traurigen Fischerhütte und den beiden großen Städten Braila und Galati.
Braila hat einen riesigen Militärhafen, in dem der Stolz der Nation vor lauter wienern silbern glänzt. Das ist aber auch schon alles was hier glänzt. Eine ellenlange Werftanlage zieht sich den Fluss entlang, doch die Wagen der Helling sind von Gestrüpp überwuchert. Hier hat schon lange kein Bär mehr gesteppt. Ein begonnener 5-Jahres-Plan rostet vor sich hin. Die Stadt Plattenbauten, Hochhäuser.

Galati ist der größte rumänische Donau-Seehafen. Die Reede liegt voller Leichter und Frachter. Ein kleines Kümo wird gerade entladen. Die Skyline mindestens 100 Kräne und mindestens 500 Hochhäuser. An der Donau entlang zieht sich ellenlang ein Park mit merkwürdigen Skulpturen. Als könnten die Rumänen ihr Geld nicht gescheiter anlegen. Auf dem Ponton des Hafenkapitäns dürfen wir liegen. Revision soll erfolgen, auch von der Fremden- und Grenzpolizei, bevor wir von Bord dürfen, um die Stadt zu besichtigen und einzukaufen. Die Revision erfolgt sehr freundschaftlich unter Vernichtung einer Flasche Schnaps. Der Offizier der Hafenverwaltung beanstandet meine Crew-Liste, er hätte gerne auch Länge, Breite etc. vom Boot darauf. Der Wasserschutzpolizist fragt nach unserer Proviantliste und der Ausländerpolizist will unsere Inventarliste sehen. Jeder der Herren bekommt eine Flasche Wein verehrt, dann will keiner mehr irgendwas.

Galati liegt da, wo das rumänische Moldovanien, die Walachei und die Dobrudscha mit der russischen Landschaft Bessarabien zusammenstößt. Durch deutsches Bombardement 1944 wurde die Altstadt zum größten Teil zerstört. Einige antike Gebäude sind allerdings noch erhalten, manche wunderschön restauriert, andere fast Ruinen. Galati ist eine Industriestadt, hat beispielsweise das größte Eisen- und Stahlkombinat in Rumänien und man merkt der Stadt einen gewissen Wohlstand auch an.

Weil Manfred die Suche nach Schnupftabak endgültig eingestellt hat, ist er jetzt ständig auf der Suche nach Pfeifentabak, der ist aber nach Aussage des Hafenmeisters wesentlich schwieriger zu bekommen als Koks oder Heroin. Einen Metro-Markt gibt ist hier, da finden wir ihn bestimmt. Und die Capitania hat sogar eine Metrokarte. Einer der Hafenkapitäne fährt uns mit seinem - man höre und staune - Mercedes zum Einkaufen. Natürlich ist die Metro am Ortsende, welches in einer 300.000 Einwohnerstadt nicht gerade um die Ecke ist. Der Laden ist genauso gestrickt wie die Metro bei uns, hat sogar ein komplett deutsches Angebot. Allerdings die Preise! Für 1,5 kg Entrecote zahle ich 4,50 Euro.

Wir sind über die große Hilfsbereitschaft einfach aus dem Häuschen. Dann kommt das dicke Ende!

Der Chef der Herren war da, sieht uns liegen und weist die heutige Mannschaft an, uns für die Nacht 101 Euro pro Boot abzuverlangen. Wir weigern uns. Debatieren! Ich drücke dem Hafenkapitän das Schreiben des Konsuls in die Hand. Er faxt es seinem Chef. Die Verhandlungen ziehen sich bis knapp 14 Uhr, dann zahlen wir 10 Euro pro Boot und verschwinden. Trotz aller Freundlichkeit und uns erwiesener Hilfe, irgendwie hat diese Sache einen bitteren Beigeschmack. A Glück muaß der Mensch ha', oder aan Konsul.

Ab Kilometer 150 ist das Maß aller Dinge die Seemeile sm oder nautische Meile nm. Die Umstellung 81 nm.

Bei sm 72,4 mündet der Pruth in die Donau. Er ist mit seinen 828km der zweitgrößte Nebenfluss der Donau und er bildet die Grenze zwischen Rumänien und der Ukraine. Das nördliche Ufer ist jetzt ukrainisch, das südliche rumänisch. Und prompt steht ein Patrouillenboot im Gebüsch. Es bringt uns nicht auf, doch über Funk geht eine für uns leider unverständliche Kunde über ein Deutschboot.

Reni, eine größere ukrainische Stadt mit einem Verladeplatz für russisches (ukrainisches) Erdöl. Eigentlich sieht sie aus wie viele Städte an der Donau, Plattenbauten, Kräne, Lagerhallen, vielleicht sogar noch einen Touch ordentlicher als viele andere Städte, an denen wir vorbei gezogen sind.

Rechts Isaccea. Weithin sichtbar Umspannmasten für Ukrainestrom und ein Lindenwald. Der gewonnene Honig muss wunderbar sein.

Träge blinzle ich die Tagträume der Nachmittagshitze weg, hab ich doch gerade einen Plattenbau wie ein Hochhaus über die Bäume ragen sehen. Doch beim nächsten Lidschlag ist es immer noch da, dieses Hochhaus, das sich jetzt langsam um die Kurve schiebt. „Sag mal", frage ich vorsichtig, „ist das da vorne ein Hochhaus?"
Natürlich erwarte ich die übliche Verulkung mit blinden Hühnern und so, das bin ich gewöhnt. Da mir jedes räumliche Sehen abgeht, sehe ich immer Dinge platt vor mir und kann die Perspektive erst erkennen, wenn ich unmittelbar davor stehe. Doch dieses Mal lacht er nur: „Das sieht wirklich aus wie ein Hochhaus, das ist unser erstes Seeschiff."

Jetzt kann auch ich es erkennen, ein noch winzig kleines Boot schält sich aus dem Dunst und darauf wie ein aufgestellter Legostein dieser Plattenbau. Schnell kommt das Hochhaus näher. „Mensch hat der nen Zahn drauf, halt dich nur fest, das geht zur Sache!" Das Schiff ist riesig. Mit seinem Bulb schiebt er Wasser vor sich her wie eine Walze und was er hinter sich her zieht gleicht einem Seebeben. Manfred zieht Belugas Nase herum und fährt gegen die Wellen. Sie sind lang und hoch, heben uns auf und nieder, immer wieder und lang anhaltend, dann ist der Spuk vorbei. Abgestellte Fischernachen liegen auf dem Ufer, der Riese ist verschwunden wie eine Fatahmorgana im Sonnenschein.

Eigentlich ist uns heute nicht schon wieder nach einer Nacht an einem Ponton neben dem Fahrwasser. Hundegebell und Geschaukel hatten wir letzte Nacht genug. Doch es gibt nicht mehr viele Übernachtungsmöglichkeiten vor Tulcea. Eine Insel die wir uns aussuchen, hat keine Einfahrt mehr, die Zufahrt ist zugeschüttet. Auch bei der nächsten Insel sieht es trübe aus. Ellenlang ist eine bewachsene Sandbank vorgelagert. Eine Einfahrt ist nicht festzustellen. Langsam schippern wir daran vorbei, nach 2 Kilometern können wir hinter uns die Einfahrt erkennen. Mit dem Echolot tasten wir uns vorsichtig hinter die Sandbank. Plötzlich ein Schlag. Manfred reißt die Gashebel rückwärts, das Echolot zeigt immer noch genug Wassertiefe. Da schwimmen rechts und links von uns Holzteile hoch. Aufatmen, nur ein versunkener Baum, wir tasten uns weiter bis hinter die Insel. Ein guter Nachtplatz. Manfred hängt unser Moskitonetz über das Achterschiff. In dem kleinen Arm wollen wir kein gefundenes Fressen werden. Der Kuckuck ruft, die Vögel zwitschern, kein Frosch will geküsst werden, ein Rehbock schwimmt durch den schmalen Arm, manchmal platscht ein großer Fisch und winzig kleine hüpften wie fliegende Fische aus dem Wasser auf der Flucht vor einem großen Jäger. Ein herrlicher

Abend mit traumhaften Farben. Die untergehende Sonne taucht den Auwald in rosa Licht. Ein Silberreiher steht regungslos wie eine Statue am Wasser. Der Nachthimmel übt einen beruhigenden Zauber aus. Und die Schnaken rennen sich an unserem Netz die Schädel ein.

Nachts um drei tuckert ein Nachen vorbei. Sein Motorgeräusch ist leise, wird lauter, vergeht. Keine Gefahr in Verzug, weiterschlafen. Die Sonne leuchtet mir aufdringlich ins Gesicht. Vorsichtig öffne ich ein Auge, erst fünf Uhr morgens nach deutscher Zeit, aber auch erst sechs nach hiesiger, da kann ich noch ne Runde. Manfred schläft tief und fest.

Uing, Uing. Oh Gott, die Bullen. Ich mach mein Auge wieder zu. Wenn keiner kommt fahren sie vielleicht weiter. Uing, Uing. Fehlanzeige, doch Manfred rührt sich immer noch nicht. Uing, Uing. „Ob die uns meinen", fragt er verschlafen. Uing, Uing. „Das ist zu befürchten." Wir schwingen beide gleichzeitig die Beine aus dem Bett. Uing, Uing. Mein Gott sind die Jungs ungeduldig. Wir schaun uns um. Kein Boot weit und breit. Uing, Uing. Da, ein Blaulicht blinzelt nervös bei Helmut ins Cockpit. Manfred geht aufs Achterschiff. Ein winziges Schnellbötchen, nicht viel größer als unser Beiboot, besetzt mit 6 korrekt Uniformierten schiebt sich an Belugas Heck vorbei und legt jetzt neben uns an. „Politia de Frontiera, Control Document." Was anderes war ja auch nicht anzunehmen. Manfred fragt, ob sie an Bord kommen wollen, doch sie lehnen höflich ab, wollen nur Dokumenta. Ich hätte sie auch nicht an Bord gelassen. Ihr Boot sieht aus, als hätten sie gerade eine Eskimorolle in einem Schlammloch gemacht. Wahrscheinlich haben sie ein paar armselige Fischer aufgebracht und wir waren die kostenlose Zugabe des Tages. Theatralisch verdrehe ich die Augen, es wäre mitten in der Nacht für alte Leute. Der Wortführer grinst, wir wären nicht alt und er sieht die Sonne. Jeder einzelne der Herren überprüft unsere Pässe, als wüssten sie nicht ganz genau, woher wir kommen und wohin wir wollen. Ich bin sicher, dass die Buschtrommel die Yachten schon längst bis ins Delta gemeldet hat. Ob wir im Delta fischen wollen, wollen sie wissen. Nein, wir wollen nur die Schönheit genießen, Fisch kaufen wir vom Fischer. Das nehmen sie sehr wohlwollend zur Kenntnis. Alle Pässe zurück. Ein freundliches: „Have a good trip, bon voyage, auf Wiedersehen, la revedere." Und wir antworten genauso: „Thank you very much, merci, auf Wiedersehen, la revedere." Hebel auf den Tisch und weg sind sie. Jungs, ob alte oder junge, sind auf der ganzen Welt gleich. Mädchen legen spätestens mit 18 ihren Spieltrieb ab, Männer dagegen entwickeln ihn offenbar ab achtzehn erst richtig und steigern ihn bis ins Greisenalter. Der Endpunkt dürfte erreicht sein, wenn sie Petrus nach seinem Einsatz fragen.

Tulcea das Tor zum Delta

Rechtwinklig zweigt der Tulcea-Arm vom Hauptstrom ab, doch er ist breiter als der Rhein. Der Hauptstrom mündet in den Kilian-Arm und führt 63% des Wassers der Donau mit, er durchläuft die Ukraine und wir haben keine Visa für dieses Land, so nehmen wir den Tulcea-Arm und verlassen später das Delta über den Sulina-Arm.

In Tulcea erhalten wir die Erlaubnis, das Delta auch außerhalb der offiziellen Wasserwege zu befahren. Nur einen vernünftigen Liegeplatz gibt es auch in Tulcea nicht. Am ersten Steiger, an dem wir anlegen, damit Manfred zur Capitania gehen kann, können wir nicht bleiben. Es könnte ein Fahrgastschiff kommen und wenn die beiden vor uns liegenden Fahrgastschiffe ablegen, könnte es für uns gefährlich werden. Also suchen wir weiter unten einen Platz, doch überall wo wir fragen nur Kopfschütteln. Überall liegen nur kleine Ausflugs- und Rundfahrboote, die sich nicht von uns beim Ablegen behindern lassen wollen. Verständlich, sie verdienen ihr Geld damit.

An einem Ponton in einer Kurve liegen mehrere abenteuerlich und selbstgestrickt aussehende Boote. Keiner der Männer spricht ein uns verständliches Wort. Doch sie winken uns freundlich herbei. Manfred manövriert Beluga in eine Lücke, dass mir die Haare zu Berge stehen. In der Kurve nährt die Strömung und versucht uns ständig abzudrängen. Im Hafen ist der Teufel los, Barkassen eilen hin und her, Fischernachen, Ausflugsboote, die Ambulantia, Seeschiffe, private Flitzer, Frachter, Passagierschiffe, schwimmende Dinger, die das Wort Boot eigentlich nicht verdient haben, alle haben's schrecklich eilig und die Krönung ist die Politia, die mit Vollgas in Schlangenlinien dazwischen kurvt. Es brummt und knattert, tutet und scheppert, es röhrt und dröhnt, einer schreit immer irgendwas, eine Schleifhexe kreischt, ein Handy klingelt, ein Radio plärrt, Musik spielt laut und Hunde bellen, Autobremsen quietschen, ein Nebelhorn gibt Signal, Motoren jaulen. Unsere Boote bewegen sich ständig, ohne Unterlass und ohne Pause und jedes in eine andere Richtung. Nach einiger Zeit kommt der Patron des Pontons. Er erlaubt uns hier liegen zu bleiben. Wie viel wollen wir wissen. Wir sollen geben was wir meinen. 10 Euro ist uns ein Platz in Tulcea für beide Boote wert, wenn's auch ein unruhiger ist. In der Not frisst der Teufel Fliegen.
Wir liegen mit dem Bug ungefähr 1,50m hinter einem Konvoi aus gelben Ungetümen. Hinter uns genauso seltsame Gefährte ca. 50cm von unserem Heck entfernt. Ständig legt eines dieser Ungeheuer ab oder wieder an. Es geht zu wie in einem Taubenschlag. Dann kommt ein Kahn mit zwei Fahrgästen. Uing, Uing, seine Hupe ist eine Polizeisirene. Die Gelben vor uns rennen aufgeschreckt auf ihren Schiffen herum. Einer macht Zeichen. Wir interpretieren

es ganz richtig, er soll quer zwischen uns und den Gelben Richtung Ufer und Ponton fahren. Wir rennen auf den Bug, die anderen Helfer stehen auf den Gelben. Wahllos schiebt jeder in eine Richtung, die Gelben gehen ein Stückchen nach vorne, wir nach hinten, der Kahn scheint irgendwie den Bauch einzuziehen, verschwindet fast unter Belugas Reling und Vordersteven. Erstaunlicherweise passt er durch, ohne uns die Nase zu verrammeln.

Kleine Möwen kreischen, große lachen gluckernd und lassen gezielt über Renates frischer Wäsche eine volle Breitseite ab.
Vor uns füllt einer seinen Spritttank mit Kanistern. Er zieht den Diesel an, bis sich seine Backen blähen, blitzschnell schiebt er den Schlauch in den Tank, nachdem er eine ordentliche Ladung über sein Hemd verteilt hat, die überschüssige Ration spuckt er ins Hafenbecken. Guten Appetit.
Ein grauköpfiger Nachbar pult in sich versunken seit Stunden seinen Eimer voll Erbsen.
Ein Gelber schöpft einen Krug voll Wasser und nimmt einen guten Zug, dann wäscht er sich die Hände darin. Umgekehrt wäre auch kein Beinbruch gewesen.

Die Dazier, die Urahnen der Rumänen, hatten die Gewohnheit vor jedem Kampf aus diesem Strom zu trinken. Sie waren überzeugt, dass die Gottheiten des Wassers ihnen Mut und Siegesglück verleihen. An Traditionen sollte man festhalten.
Wenn mal fünf Minuten nix passiert, heult im Minutentakt eine Sirene los, nur so zum Spaß. Und ich frage mich, woran liegt es nur, dass überall ein paar Jungen wie eine wilde Horde klingen?
Ich kann mir nicht vorstellen, dass es in Hongkong zwischen 1.000 Dschunken anders zugehen und riechen kann.

In Tulcea zahlen wir für 4 Pizzen, 1 italienischen Salat, 4 Bier, 2 Cola, 1 Flasche Rotwein und ein Eis 655.000 Lei = 16 Euro. Und das war eine der besseren Pizzerias.
Die Stadt ist stark touristisch geprägt. Wären die hässlichen Plattenbauten der Kommunistenzeit nicht, sie könnte genauso gut in Italien oder Griechenland sein.

Strom ohne Ende

Ungebändigtes Leben in ungebändigter Natur, ein Dschungel, eine Wasserwüste, eine Sumpflandschaft, schwimmende Inseln, wogende Schilffelder, zahlreiche kleine und große Seen, das ist das Delta. Eine archaische Landschaft im Reich des Wassers. Hier erinnert die Natur an die Entstehung der Welt. Hier wird sich der Strom in einsamer Größe in drei Armen mit dem Meer vereinen. Zum letzten Mal hat die Donau ein Meisterwerk geschaffen, eine großartige Krone, die das

Heldentum und die Versöhnung mit dem Schicksal, die Großzügigkeit und das Rätselhafte belohnt, ohne dessen Existenz der Strom in trauriger Banalität vergehen würde.

In diesem Land jenseits der Nebelschwaden befindet sich ein erstaunliches Mosaik verschiedener Biotope. 3.480 Tierarten gibt das Delta eine Heimat. Davon alleine 300 verschiedenen Vogelarten und 90 Arten Fische. Der Rest, Wirbeltiere und Wirbellose. Schmetterlinge, Libellen, Fledermäuse, Wildschweine, Schlangen, Marderhunde, Bisamratten, Seeotter, Füchse und Hasen und Unmengen von Insekten, 2.224 verschiedene Arten. Da muss ich mich wirklich fragen, warum nur hat Noah die zwei Stechmücken nicht erschlagen.
Die Donau teilt sich in drei Arme, die miteinander durch kleine Kanäle und Seen verbunden sind. Der größte ist der Chilia-Arm, er fließt durch die Ukraine und führt 63% des Donauwassers mit sich. Der Sulina-Arm ist der Hauptschifffahrtsweg und entsprechend kanalisiert und begradigt. Der Sfintu-Gheorghe-Arm windet sich in großen Mäandern dem Meer entgegen. Inseln scheinen im Fluss zu treiben, nicht verankert im Rest der Welt. Ein sicherer Zufluchtsort für alle Geschöpfe, die sich nur durch Flucht oder Tarnung verteidigen können.
Diesem Stromarm folgen wir, bis wir abbiegen in einen winzigen Kanal, mitten durch ein Sumpfgebiet bis er sich verbreitert und rechts und links 3m hohe Schilfwälder sich leise rauschend im Wind bewegen. Weiße Seerosen und gelbe Teichrosen säumen unseren Weg unterbrochen von den Netzen der Fischer. Umgestürzte Bäume verengen das eh schon schmale Fahrwasser. Zwei Pelikane erheben sich schwerfällig in die Luft. Ein winziger Kanal führt in den Isac-See, der soll unser heutiges Tagesziel werden. Einheimische rasen mit kleinen Nachen oder weißen Flitzern beladen mit Touristen an uns vorbei. Kann man so ein Paradies genießen, ein Naturschutzgebiet erkunden? Der See ist verkrautet, hier können wir nicht fahren, auch wenn das Wasser glasklar ist und zum Baden einlädt. In dem kleinen Zufahrtskanal fahren wir in den Schilfgürtel, wie alle anderen auch. Ein Ausflugsboot liegt neben uns. In Deutsch spricht uns einer der Mitfahrer an, nach woher und wohin. Zum Fischessen laden sie uns ein. Zwei Professoren, die bei einer Tagung in Bukarest waren, ein Deutscher, ein Rumäne, die jetzt noch ein paar Tage im Delta Urlaub machen.

Nur noch 15.000 Menschen leben im Delta, auf den kleinen festen Landerhöhungen, den „grindul". Meist sind es Nachfahren der Lipovener, die vor 200 Jahren aus ihrer russischen Heimat geflohen sind. Männer mit der Kraft von Ochsen sollen sie sein und die meisten leben vom Fisch- und Touristenfang.

Die Nacht bricht herein, eine der wenigen die uns in diesem Paradies noch bleiben. Wilde Schwäne haben im Schilf Zuflucht gefunden. Ihre Schreie klingen auf unerklärliche Weise traurig, vielleicht eine schreckliche, wortlose

Klage um einen verlorenen Gefährten, die den Zuhörer erschaudern lässt. Andere Laute unsichtbarer Nachtwesen umgeben uns. Diese Geräusche der Nacht, das Quaken der Frösche, das Zirpen der Zikaden und das leise Rauschen der Brandung sind zu einer Symphonie verschmolzen die man als seltsam beruhigend empfindet.

**Mal dramatisch, mal stürmisch, mal feierlich, mal zahm,
die Donau inszeniert ein erhabenes Finale.**

Nichts liegt mir ferner, als einen Mythos zu entzaubern, aber dieser geheimnisvolle Urwald, in dem Völker leben sollen, die noch nie ein Mensch gesehen hat, ist ein Märchen.

Natürlich verändert sich die Sumpflandschaft ständig, doch die Haupt-Kanäle, die das Delta durchziehen, haben Namen und sind sogar beschildert. Kein vernünftiger Mensch wird sich mit einem Paddel- oder Schlauchboot in 3 bis 4m hohes Schilf wagen und sich von den Schnaken fressen lassen. Die Kanalwelt ist wie ein Labyrinth, verzweigt, unübersichtlich, jeder Kanal ähnelt dem anderen. Hat man die Orientierung verloren, ist es schwer ohne Hilfe wieder auf den rechten Weg zu finden. Doch über die Wasserwege und Kanäle des Deltas gibt es sogar Karten, nach denen man durchaus fahren kann. Ohne Kompass zu fahren, ist nicht anzuraten und wir haben zur Sicherheit auch das GPS eingeschaltet. So konnten wir das Delta kreuz und quer befahren und genießen.
Unserem Mitfahrer Helmut ist genau das passiert, was einem erfahrenen Bootsfahrer hier eigentlich nicht passieren sollte. Nur mal eben schnell ist er mit dem Schlauchboot, ohne Karte, ohne Kompass, in den kleinen See ein paar Meter vor uns gefahren. Nach über zwei Stunden überlegt Manfred, ob er nicht eine Suchexpedition starten soll, doch ich denke mein heftiges Veto hält ihn zurück. Wo soll man denn einen Menschen suchen, der im Labyrinth der Inseln verschollen ist, im Norden oder Westen, oder wo? Dann findet glücklicherweise Helmut, wenn auch etwas aufgelöst, wieder zu uns zurück. Er hat den See problemlos gefunden, eine Runde gedreht und ist dann auf dem Rückweg in den falschen Kanal gefahren. Es gibt keine Orientierung in diesen schmalen Seitenkanälen, ein abgestorbener Baum gleicht dem anderen. Hier ein markanter Busch, ein herrliches Seerosenfeld, im nächsten Kanal der gleiche markante Ast an einem ähnlich markanten Baum und drumherum 4m hohes Schilf. Nur weil zufällig Sonntag war und viele Angler und Ausflugsboote mit erfahrenen Schiffsführern unterwegs waren, konnte er den Weg zurück zu einem kleinen Ort finden, an dem wir vorbeigekommen sind und hat dann von dort aus den gleichen Weg genommen wie wir vorher mit den großen Booten. Seine Beine sind vom stundenlangen knien im Schlauchboot völlig zerschunden. Es war

leichtsinnig und gefährlich und ein typisches Beispiel für maßlose Selbstüberschätzung in einem unbekannten Revier.

Doch unser Helmut scheint nicht der einzige zu sein, der ab und an verloren geht. In Tulcea ist direkt am Hafen ein Hubschrauberlandeplatz und im Hafen selbst sind ein Lazarettboot und mehrere kleine Einsatzboote stationiert – die Ambulantia.

Helmut ist im Delta nicht auf Rosen gebettet. Morgens um 8 steckt er den Kopf bei uns ins Boot: „Moi Heuserl goaht net."

Wenn die Klopumpe nicht mehr funktioniert, ist das für jeden ein Drama griechischen Ausmaßes. Keinesfalls bleibt dieses Ding stehen, wenn man gerade ein kleines Pipi abpumpen will oder man einen netten Köttel gesetzt hat, mitnichten, nur wenn die Verdauung ganz hervorragend funktioniert und eine homogene Mousse absetzt, dann pumpt das Mistding nicht mehr ab. Jetzt kommt die Zeit, da eine alte, mit allen Kielwassern gewaschene Bordfrau noch einige völlig neue Kraftausdrücke lernen kann. Eine nicht funktionieren Toilette kann den vornehmsten und mildesten Kapitän zu einem tobenden Choleriker machen. Wobei weder der Kapitän der Beluga noch der der Hera zu den erstgenannten gehören. So ist es denn nicht verwunderlich, dass nach stundenlanger vergeblicher Fehlersuche auch sonst stille Temperamente zu kochen beginnen und versteckte leicht gewalttätige Anlagen zum Vorschein kommen. Weniger starke Mannschaftsgrade könnten hier leicht nervös werden und zu Fehlreaktionen neigen, was dann die Stimmung nur noch mehr anheizt. Wenn man als Psychologe so feinfühlig wie ein Nilpferd ist, wäre Mundhalten eine sinnvolle Maßnahme. So sei es jeder Bordfrau angeraten in dieser Situation den gewissen müden Blick anzunehmen, der die Fliegen an der Wand einschlafen lässt und in stiller Resignation der Dinge zu harren, die entscheiden, ob künftig die Notdurft auf dem Eimer stattfindet. Was allerdings dank der Erfindungsgabe meines Archimedes bei uns noch nie vorgekommen ist.

Im Delta entdecken wir tatsächlich zwei Wassertankstellen, die wir beide restlos aufkaufen. Beruhigt und mit vollen Sprittanks laufen wir den letzten Ort unserer Donau-Reise an: Sulina.

Nach den vielen Wochen auf der Donau wirkt der Sulina-Kanal enttäuschend nüchtern, öde, langweilig. Die Ufer sind befestigt. Rechts ziehen sich endlos triste Strommasten schnurgerade entlang. So weit das Auge reicht niedrige, sich verlierende Ferne. Eine verlassene Werft mit den Überresten einstiger Neubauten, rostige alte Kräne, Verfall. Auf einem Arbeitsboot dürfen wir anlegen, um uns beim Hafenkapitän zu melden. Sie machen Tiefenvermessungen von Galati bis ins Schwarze Meer. Doch heute können sie nicht auslaufen, die Wellen draußen sind zu hoch. Na denn Prost!

Die Prozedur des Eincheckens ist fast noch umständlicher als überall vorher. Wieder haben wir Revision an Bord und diesmal werden sogar unsere mitgeführten Devisen notiert.

Beim Brotkaufen spricht uns eine junge Frau an. Sie studiert in Tübingen Geographie und macht in Sulina Nachforschungen für ihre Diplomarbeit. Auf meine Frage, was es in diesem mickrig kleinen Nest zu forschen gäbe, lacht sie und sagt, dass sie sich das auch schon gefragt hat. Bei einer Cola im Cafe schwatzen wir über Rumänien und seine Probleme und weil sie noch keine Berufsperspektive hat, drücke ich ihr das Schreiben von Alex Jakob in die Hand. Immerhin hat der Konsul Connections. Vielleicht hilft es ihr ja.

Fast zwei Monate haben wir auf der Donau gelebt, mit ihr, von ihr. Morgen ist das Abenteuer Donau zu Ende. Ich fühle Bedauern. Es war ein Abenteuer, das wenige vor uns erlebt haben und wenige nach uns erleben werden. Es war spannend und lustig, es war atemberaubend und fremdartig, es war die Erfüllung eines Lebenstraumes.

Der König der europäischen Ströme existiert nicht mehr.

Informationen Donau

Papiere

1. Reisepässe

2. Fahrterlaubnisschein Wasser- u. Schifffahrtsamt Regensburg, Tel. 0941/81090 http://www.wsv.de (Auswahl: Regensburg, Würzburg)

3. Schiffs-Zertifikat, auf jeden Fall einen Besitznachweis

4. Listen
   - Inventarlisten: elektrischer Geräte, Film, Foto, Computer, TV mit Typ und Geräte-Nr. etc. (haben wir in Ungarn abstempeln lassen, einmalig)
   - Crewlisten: alle Personen an Bord, Geburtsdatum und -ort, Pass- und Donau-Pass-Nr., Nationalität, Funktion, alle Angaben über das Boot, Länge/Breite/Tiefe/PS/Reg.Nr. etc. (jede Capitania, jeder Zoll und jede Polizeistation braucht eine, mindestens 30 mitnehmen, eher mehr)
   - Verbrauchsmittellisten: Diesel, Öl, Schmierfett, Gas, etc. (wurde nicht kontrolliert)
   - Devisenlisten (Devisen wurden nur bei der Einreise in Serbien kontrolliert und in Sulina deklariert, nicht die Liste)
   - Proviantlisten (wurde an der Donau nicht kontrolliert)
   - Hafenrapport (am besten schon vorher mit allen Daten ausfüllen)

   Listen müssen generell die vollständigen Angaben des Bootes, Name, Reg.Nr., Heimathafen, Eigner mit Adresse und Nationalität enthalten, ferner Datum, Unterschrift und Bootsstempel.

5. Donauschifferausweise (je 2 Passbilder) beim Ausländeramt der Stadt Passau (diese Pässe wurden bevorzugt genommen, da in allen Sprachen. Unsere österreichischen Mitfahrer hatten keine speziellen Donaupässe, da wurde der Reisepass akzeptiert).

6. Stempel mit Bootsname, Reg.Nr. und Eigner mit Adresse (ist unabdingbar)

Kartenmaterial

Führer für den Binnenfahrtensport vom Deutschen Motoryachtverband für Main und Main-Donau-Wasserstraße.

Donaukarten von Pierre Verberght, 2170 Merksen/Belgien, Tel. 0032-3-6470285, Fax 0032-3-6459974
Donau 1 – 10 je 26 Euro (Karte 10 nur wer diverse Seitenarme fahren will).

Donauhandbuch 2 und 3 von Passau bis Mohacs vom DSV-Verlag (sind leider 10 Jahre nicht recherchiert und nur noch mit Vorbehalt zu gebrauchen).

Weska Europäischer Schifffahrt- und Hafenkalender für die Berufsschifffahrt vom Rheinschifffahrtsverlag in Bad Soden (war eigentlich nicht unbedingt erforderlich)

Sonstiges

200 Dollar in Ein-Dollar-Scheinen und 200 Euro in 1- und 2-Euro-Münzen für Trinkgelder, auch der Rest in kleinen Scheinen. Rückgeld gibt es keines. (Trinkgeld war an der Donau nicht nötig. Dollar sind als Zahlungsmittel nicht mehr gefragt. Hafengebühren können nur in Euro bezahlt werden).

Dosenbier und Zigaretten in Ungarn oder Frankreich kaufen (preiswert und kein Dosenpfand) als Gastgeschenke für Zöllner (war an der Donau nicht nötig, haben wir selbst verzehrt).

Ein Empfehlungsschreiben des rumänischen Honorar-Generalkonsuls von Rheinlandpfalz, Alex Jakob, Bad Kreuznach (erwies sich als sehr nützlich).

Ein Translator in sieben Sprachen für alle Länder die wir passieren bei Euro-Tops 80,-- Euro (haben wir nicht einmal gebraucht, alle sprechen gut Englisch).

Visa ist außer für die Ukraine nicht erforderlich und die muss man nicht unbedingt anfahren, man kann auf der rumänischen Seite bleiben.

Gesetze gibt's auch

Auf der Bundeswasserstraße Donau gelten für Wassersportler folgende Rechtsvorschriften:

Donauschifffahrtspolizeiverordnung

Verordnung über die Kennzeichnung von auf Binnenschifffahrtstraßen verkehrenden Kleinfahrzeugen

Verordnung über das Baden und Schwimmen in den Bundeswasserstraßen im Bereich der Wasser- und Schifffahrtsdirektion Süd

Verordnung über das Führen von Sportbooten auf den Binnenschifffahrtsstraßen

Verordnung über den Betrieb von Sprechfunkanlagen auf Ultrakurzwellen in der Binnenschafffahrt und den Erwerb des UKW-Sprechfunkzeugnisses für den Binnenschifffahrtsfunk

Verordnung über die Schiffssicherheit in der Binnenschifffahrt

Verordnung über Befähigungszeugnisse in der Binnenschifffahrt

Strompolizeiverordnung zum Schutz bundeseigener Schifffahrts- und Betriebsanlagen an Bundeswasserstraßen

Schiffsregisterordnung

Verordnung über das Inverkehrbringen von Sportbooten

Ergänzend dazu sind die schifffahrtspolizeilichen Anordnungen und Hinweise des Wasser- und Schifffahrtsamtes Regensburg zu beachten.

Wirklich hilfreich ist das „Merkblatt für Wassersportler auf der Bundeswasserstraße Donau" vom Wasser- und Schifffahrtsamt Regensburg, das auch Telefonnummern von Wasserschutzpolizei und Ämtern enthält. Das Amt übersendet auch eine Aufstellung der zuständigen Schifffahrtsbehörden an der Donau für Deutschland, Österreich, Slowakei, Ungarn, Kroatien und Rumänien, mit vollständigen Adressen und teilweise auch Telefonnummern.

Yachthäfen

Alles was sich an der Donau Yachthafen schimpft, kann man getrost vergessen. Auch auf dem deutschen Teil und in Österreich ist diese Bezeichnung mit Vorsicht zu gebrauchen. Die übliche Schiffsgröße an der Donau ist 6 bis 8m. Für größere Boote stehen kaum Plätze zur Verfügung, was nicht heißt, dass man keinen Nachtplatz findet, nur eben wenige in einer „Marina". Große Yachthäfen wie die Marina Wien verlangen für einen 15m- Platz 36,00 Euro.

Auch in Ungarn sind die Pseudo-Marinas schweineteuer. Die Preise stehen oftmals in keinem Verhältnis. Gerade Ungarn hat den Unterschied zwischen Euro und DM noch nicht erkannt.
Ähnliche Verhältnisse in Serbien. In Novi Sad kostet ein Taxi für 10km 1 Euro, aber der Nachtplatz an einem lebensgefährlichen Steiger im Strom ohne jede Versorgung nach zähen Verhandlungen 20 Euro.
In Rumänien gibt es überhaupt keine Marinas, doch auch hier findet man Pontons, die einen auf Wunsch auch mit Wasser und Strom versorgen, doch sie sind dünn gesät. Ankern ist Alltag.
Gebühren an Pontons müssen in Euro entrichtet werden, Dollar oder Landeswährung sind nicht erwünscht.

Treibstoff

In Österreich keine Probleme, da es preiswerte Wassertankstellen gibt.
In der Slowakei besorgt Milan Diesel in Kanistern gegen einen Aufschlag von 10 Cent, ist aber bei großen Mengen nicht unbedingt begeistert.
In Ungarn hilft jeder Hafenmeister an, Diesel mit Kanistern zu besorgen, auch gegen Gebühr und auch nur Mengen bis 200l. In Budapest gibt es in der Marina eine Wassertankstelle.
In Serbien ist Diesel normalerweise nur mit Kanistern zu bekommen, am Bunkerboot braucht man ein Transitvisum. Diesen Behördencircus spart man sich besser. Wir haben illegal mit Hilfe von Einheimischen an einem Tankwagen Diesel bekommen.
In Rumänien gibt es Diesel nur mit Kanistern, doch man findet immer freundliche Helfer. Andernfalls kann man sich der spotbilligen Taxis bedienen. Erst im Delta gibt es in Mila 23, Crisan und Sulina Wassertankstellen.

Wasser

Die Wasserqualität war nie ein Problem. In Ungarn muss man darauf achten, auch wirklich Trinkwasser zu bekommen. Oftmals kommt aus dem Wasserschlauch der Pseudo-Marinas Donauwasser oder eigenes Brunnenwasser. Das haben wir natürlich nicht getankt. Ohne ellenlangen Wasserschlauch geht allerdings gar nichts.
Wir filtern Wasser grundsätzlich über einen Vorfilter, um Sand und Schwebstoffe aus dem Tank zu halten und machen es mit Certicil haltbar. In der Pantry filtern wir über einen Kohlefilter und Trinkwasser zusätzlich über einen Brita-Filter. Wir haben auf der ganzen Reise das Wasser unabgekocht getrunken und uns viel Schlepperei erspart, indem wir dieses Wasser mit einem Soda-Club

gesprudelt haben. Das setzt voraus, dass Tank und Schläuche in tadellosen Zustand sind und regelmäßig gepflegt werden.

Müll

Für staatlich geprägte Müllsortierer wie uns ist die Abfallbeseitigung unterhalb Ungarn ein echtes Problem. Der Mülleimer für alle ist die Donau. Die Selbstreinigungskraft dieses Flusses ist enorm, denn wir hatten solange sehr sauberes Wasser, bis die Nebenflüsse bedingt durch starke Unwetter aus den Karpaten Schlamm und Sedimente mitbrachten. Wir haben versucht, wenigsten den Plastikmüll an Land loszuwerden.

Einkaufen

Man kann auch unterhalb von Ungarn alles Lebensnotwendige kaufen. Es gibt viele Tante-Emma-Lädchen, die ein ordentliches Angebot haben. Viele bekannte Marken werden angeboten, z.B. Milka, Hochwald und Danone. Obst und Gemüse wird allerdings nur das angeboten, was gerade wächst. Frische Äpfel vom Cap wird man selten finden. Ein Kilogramm Weißkraut kostet 4 Lei, 40.000 Lei sind 1 Euro. Ein Päckchen Amerikanische Zigaretten kosten 75 Cent, die einheimischen die Hälfte.
Das Fleischangebot in Rumänien ist manchmal gewöhnungsbedürftig (wegen der Präsentation, nicht wegen der Qualität). Wir haben in Ungarn unser kleines Gefrierfach gut bestückt und unterwegs von Fischern frischen Fisch gekauft.
Es gibt über das ganze Land verteilt Metro-Märkte, die hervorragend sortiert sind, auch mit Fleisch. Gelangt man nicht mit seiner eigenen Karte (die ich natürlich nicht dabei hatte), hinein, findet man ganz sicher einen Einheimischen, der einen mitnimmt.
Die Flasche Palinca haben wir gekauft für 55.000 Lei, ein wunderbarer Schnaps!

Behörden

Wir haben auf der gesamten Donau nicht ein einziges Mal Probleme mit Behörden gehabt. Bei der Ausreise aus der EG in Ungarn hatten wir die erste Revision an Bord, die eigentlich eine reine Formsache war.
Die Einreise in Serbien ist mit viel Papierkrieg verbunden, den allerdings die Grenzpolizei erledigt. Die Durchfahrt durch Serbien kostet 60 Euro, daran führt kein Weg vorbei. In jedem Hafen, in dem man anlegt, muss man zur Kapitanerie, manchmal auch noch zu Polizei und Zoll, muss eine Crew-Liste

abgeben und einen Hafenrapport, reine Formsache. Es ist wirklich hilfreich diese beiden Listen in ausreichender Anzahl immer komplett ausgefüllt zur Hand zu haben.

Die Anlegepontons an den Grenzen sind immer privat. Es ist anzuraten, an einer Mauer oder einem abgestellten Schiff oder Leichter anzulegen, da die Forderungen an den Pontons teilweise unverschämt hoch sind. Wir haben immer gehandelt und immer Erfolg damit gehabt. Es ist auf jeden Fall anzuraten, nach dem Preis zu fragen, bevor man anlegt.

Rumänien hat seine Grenzbeamten mit vollem Erfolg auf Kundenfreundlichkeit getrimmt, alle waren ausgesprochen freundlich, hilfsbereit und korrekt. Nicht einmal wurden wir auf Geschenke angesprochen, im Gegenteil, manchmal mussten wir ihnen einen Begrüßungstrunk regelrecht aufdrängen. Aber Ausnahmen bestätigen die Regel. Auch wenn ein Beamter Macht demonstrieren will, man muss sich nichts gefallen lassen und kommt damit auch durch.

Erstaunlicherweise hatten wir keinerlei Sprachprobleme. 90 % aller Menschen, die wir getroffen haben, sprachen sehr gut Englisch, einige Deutsch oder Französisch.

Auch für die Behörden gilt: Gebühren werden ausschließlich in Euro erhoben. Dollar nur in Ausnahmefällen und zu einem ganz miesen Kurs und Landeswährung überhaupt nicht. Kleine Einheiten sind unbedingt erforderlich. Die Schreibgebühren kosten oft nur 1 Euro, doch auf große Scheine wird nicht herausgegeben.

Navigation

Wir hatten keinerlei Probleme, da der Wasserstand der Donau ziemlich hoch war. Ohne vernünftiges Kartenmaterial geht allerdings gar nichts. Wenn drei Inseln vor einem auftauchen und jeder Arm dazwischen ist gleich groß, muss man wissen, wo normalerweise das Fahrwasser ist. Auf der unteren Donau ist die Betonnung nur noch gut, wenn gefährliche Felsen oder sonstige Untiefen unter Wasser sind. Diese Engstellen sind für die riesigen Schubverbände aber sehr schwer zu bewältigen und es kommt immer wieder vor, dass sie eine Tonne rammen und ein großes Stück mitnehmen. Also immer auf den logischen Menschenverstand verlassen, eine rote Tonne rechts und eine rote Tonne links muss sofort alle Alarmglocken klingeln lassen. Standort der Pegelstände sind den Karten zu entnehmen. Kilometertafeln am Ufer sind sehr schwer auszumachen, da meist schwarzer Hintergrund mit weißen Zahlen und nicht sehr groß. Oftmals kann man sie erst erkennen wenn man sich unmittelbar auf gleicher Höhe befindet. Allgemeingültige Ratschläge kann man keine geben. Der Fluss verändert sich ständig und für extreme Situationen wie Niedrigwasser oder Hochwasser gibt es eh kein allgemeingültiges Rezept. Wir hatten im Schnitt eine Fließgeschwindigkeit von 3 bis 4km/h. Starke Wirbel kommen vor, da der Untergrund ja nicht sauber ausgebaggert ist wie an unseren Flüssen, sondern gewachsener Fels. Das Echolot kann schon mal von 30 auf 5m springen und dann hats halt Wirbel im Wasser. Doch bis auf wenige Ausnahmen hatten wir eine Wassertiefe von 7 bis 10 Metern.

Der Verkehr ist für Rhein-Begriffe mäßig. Auf einem 3km breiten Fluss würde selbst starker Verkehr keine Rolle spielen.
Partikuliere wie auf den westeuropäischen Flüssen gibt es hier keine. Was unterwegs ist, sind immer Schub- oder Schleppverbände oder beides kombiniert. 9 Leichter sind keine Seltenheit. Ein Kreuz für alle Verkehrsteilnehmer und Anrainer sind wie überall die Kreuzfahrer. Sie fahren ohne Rücksicht auf Verluste an Pontons, Anlegebrücken und Schiffen vorbei und lassen verbogenes Eisen hinter sich. Liegt man an einem Ponton und ein Hotelschiff rauscht vorbei, hat man alle Hände voll zu tun, größeren Schaden zu verhindern.
Auf der gesamten Donau herrscht Rechtsfahrgebot. Bei Passieren steuerbord/steuerbord wird keine blaue Tafel gesetzt wie bei uns, sondern ein weißes Blinklicht. Der Bergfahrer ist auch hier weisungsberechtigt.

Fischernachen und die ausgelegten Netze der Fischer sind ein Thema. Der beste Fisch wird wohl unmittelbar am oder im Fahrwasser gefangen. Netze sind nur mit Plastikflaschen gekennzeichnet und von der Ferne kann man nicht erkennen ob Netz oder Unrat. Das gleiche Problem hat man in den Altarmen. Man muss bedenken, dass ein Netz oftmals der ganze Besitz einer Familie ist und diese auch ernährt. Also Augen auf!

Gutes Ankergeschirr und viel Kette sind Grundbedingung, denn ankern ist unerlässlich, oftmals auf 10m Tiefe und schlammigem Untergrund. Teilweise ist die Strömung in den schmalen Altarmen enorm, so dass es erforderlich ist, eine zusätzliche Landleine auszubringen.

Und auf noch etwas muss man gefasst sein: Wir hatten ungeheuer viel Starkwind und natürlich immer gegen uns. Die Wellen, die sich auf der großen Wasserfläche aufbauen sind enorm.

Es gibt überhaupt keinen Grund, die Reise nicht alleine anzutreten. Auf der gesamten Strecke kamen wir nicht einmal in eine Situation, die auf irgendeine Art erschreckend oder bedrohlich war. Es wurde uns nichts vom Schiff gestohlen und auch an Land wurden wir niemals belästigt. Selbst Bettler sind sehr zurückhaltend. Die Fischer sind alle sehr freundlich, nie wurden wir von einem behelligt.

Telefon

Telefonempfang ist an der gesamten Donau hervorragend. Allerdings sind die Roaming-Preise in Osteuropa irre. Wir haben uns auf SMS beschränkt.

Geld

Landeswährung ist am Automaten mit der EC-Karte nur in größeren Städten zu bekommen. Es gibt viele Wechselstuben, die aber nur Euro und Dollar in Landeswährung wechseln. Der Kurs ist meistens in Ordnung und deckt sich mit der Bank, aber die wenigsten Wechselstuben nehmen Gebühren wie die Banken. Nie zu viel Geld wechseln, da die Preise für unsere Verhältnisse meist sehr günstig sind und man sich mächtig anstrengen muss, sein gewechseltes Geld wieder auszugeben. Zigaretten sind im Vergleich zu uns geschenkt. Einkauf in Duty-free-Shops ist teilweise noch möglich. Sie bieten Schnaps und Zigaretten an, natürlich nur gegen Euro und Vorlage des Passes.

Das Allerletzte

Mückenspray, Moskito-Netze, Einreibemittel sind lebenswichtig. Wer allergisch auf Stiche reagiert, unbedingt mit Arzneien vorsorgen. Erstaunlicherweise war dieses Jahr die Stechmückenplage an der gesamten Donau größer als im Delta.

Sehr gute Informationen findet man auch unter www.elwis.de
>Sportschifffahrt >Main >MDK > Donau

Noch Fragen?

Einfach stellen an beluga@traveldiary.de!

Blaue Wasser

Kapitel 8

Schwarzes Meer

Die Griechen nannten es Pontos Euxinos, das friedvolle, das gastliche Meer. Doch es soll seinen Namen Schwarzes Meer daher haben, weil so viele schwarze Wolken Schatten auf das Wasser werfen.

Auf den Spuren des Odysseus, so wollte ich eigentlich den zweiten Teil unserer Reise über die vielen „Meere" nennen. Doch glücklicherweise ging mir gerade noch früh genug ein Licht auf. Vielleicht war es Göttervater Zeus persönlich oder sein Bruder Poseidon, der mir den wahren Charakter dieses Mannes offenbarte. Odysseus war der mieseste Seeräuber aller Zeiten. Zwanzig Jahre irrte er ziellos im Mittelmeer rum, mordete, plünderte und hurte und zuhause wartete sein liebes Frauchen und fiel ihm wie eine reife Frucht in den Schoß. Also, den Odysseus, den kann sich mein Kapitän ganz schnell abschminken. Und das Penelope-Syndrom schon zweimal.
Dann wäre da noch Jason, ein Vorsintflutbursche, ein Heroe ersten Ranges. Allerdings ist vor der Sintflut nicht korrekt, denn vor der Sintflut gab es das Schwarze Meer noch nicht. Auf jeden Fall ein hübscher junger Halbstarker, der zielstrebig über Mittelmeer und Schwarzes Meer seine Gleise zog. Mit dem kann ich mich schon eher identifizieren. Genau wie wir suchte er für seine gefährliche Tour einige Mitreisende, war allerdings in Auswahl und Menschenkenntnis erfolgreicher. Orpheus kam als erster, er wurde eingeteilt mit seinem lieblichen Stimmchen den Ruderern den Takt anzugeben. Herakles wurde angeheuert. Er war ein unehelicher Sohn von Zeus, und Hera dessen Gattin war keineswegs gut auf den Jungen zu sprechen. Es war Herakles, der die Truppe vorzeitig wieder verließ, um dem schönen Jüngling Hylas zu folgen. Diese seine Neigung, bereits 2.500 Jahre alt, feiert gerade heute wieder unter staatlicher Sanktion ein neues Comeback. Herakles musste sich anschließend unter vielen Mühen einen Platz an Heras Ambrosia-Töpfen verdienen, doch diese Geschichte ist ja bekannt. Auch der Rest waren verwöhnte Söhne von Göttern und feinen Leuten, Peleus, Kastor, Polydeukes, Kalais, Zetes, Theseus, Telamon, etc. Alles Abkömmlinge, die sich einbildeten, gottähnlich zu sein. Argos baute mit Hilfe der Göttin Athene ein ordentliches, stabiles Schiff, das der Einfachheit halber gleich Argo, die Pfeilgeschwinde, genannt wurde. 53 junge Wilde waren versammelt, um mit Jason und der Argo in See zu stechen. Sie gründeten einen Verein und nannten sich die Argonauten.
Dann machten sie sich auf die Suche nach dem „Goldenen Vlies", das in Colchis am Schwarzen Meer aufbewahrt wurde. Jedes Mal, wenn sich unser Weg mit dem der Argonauten kreuzt, werde ich von deren Eskapaden erzählen.

Beginnen wir mal günstigerweise mit dem Höhepunkt der Reise. Kurz vor Colchis - das ist oben rechts - kreiste hoch über der Argo der Adler von Zeus und aus dem Kaukasus kam ihnen das Jammern des Prometheus zu Ohren, dessen Leber gerade mal wieder gefressen wurde. Endlich in Colchis gelandet, begegnete Janos seiner Zukünftigen, Medea. Das war ein recht durchtriebenes Luder. Für ein Eheversprechen half sie Janos den feuerspeienden Drachen zu überwältigen und das Goldene Vlies mitgehen zu lassen. Auf ihrer Flucht mussten sie sich im Donaudelta (damals Isterdelta) verstecken. Da, wo wir gerade herkommen.

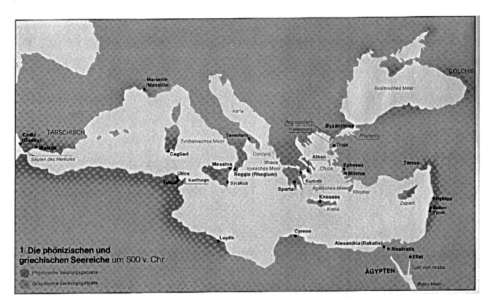

Was das Goldene Vlies ist? Na, das Fell eines riesigen, geflügelten goldenen Widders namens Chrysomallus. Es soll nie endendes Glück und ungeheuren Reichtum bringen. Ein Geschenk von Hermes. An wen? Darauf kommen wir noch.

Rasmus faucht

Regen trommelt aufs Deck wie Salven aus einer Maschinenpistole. Verschlafen drehe ich mein Fenster zu. Es ist stockdunkel. Ein Blitz donnert auf uns nieder, als hätte Zeus persönlich einen seiner Donnerkeile auf uns geworfen, erlaubt aber einen kurzen Blick auf die Uhr. Ich kann noch eine Mütze. Es wird eine kurze Nacht. Um 4.30 piept der Wecker. Das Vermessungsboot neben uns will um 5 ablegen und wir wollen um 6 starten. Um 5 liegt immer noch die Stille des kleinen Todes über dem Hausboot. Nichts rührt sich. Dann geht das Licht im Aufenthaltsraum an. Verschlafene, halbnackte Gestalten versammeln sich. Eine kurze Debatte, das Licht wird gelöscht, die Männer verdrücken sich wieder. Anscheinend wird die Ausfahrt verschoben. Starker Wind plätschert nervös Wellen gegen die Boote und zaust die Bäume an der Promenade. Der Himmel blickt schwarz drohend auf uns herab. Jetzt sind wir schon mal auf, frühstücken. Was soll man machen morgens um 5? Ich packe Eimer und Feudel aus und wische Staub. Manfred verdreht die Augen. Ob mir um diese Zeit nichts besseres einfallen würde, will er wissen. Ehrlich gesagt nicht. Von Hera ist auch noch kein Mucks zu hören und zu sehen. Um halb sieben blinzelt Helmut verschlafen aus dem Boot. Da packe ich Eimer und Feudel gerade wieder weg. Es ist kühl und feucht im Ruderhaus und das am 30. Juni. Manfred geht zum Hafenamt. Erfolglos, alles dunkel, keiner da. Nächster Versuch um 8. Das klappt, er bringt die Herren mit an Bord, wo ich gerade ein kleines Nickerchen eingelegt habe. Es wird wieder gestempelt auf Teufel komm raus, dann sind wir mit den guten Wünschen auf eine glückliche Weiterfahrt entlassen.

Der Wind hat sich etwas gelegt. Der Barometer steigt. Der Himmel sieht immer noch aus, als wolle er gerade runterfallen. Ablandiger Wind wäre gut für uns, meint Manfred, und die Herren Experten nicken dazu. Ein 8km langer Buhnenwall führt weit ins Schwarze Meer hinaus. Wir folgen ihm, lassen den letzten Leuchtturm hinter uns, peilen die Fahrwassertonnen an. Beluga erwischt die erste Breitseite. Wellenberge walzen heran, werfen uns von einer auf die andere Seite. An der Reling klammernd turne ich nach unten. Wir hatten gerade mal 2 Monate Zeit, uns auf die Fahrt im Schwarzen Meer vorzubereiten, wer denkt da an so Nebensächlichkeiten wie Wasserkocher oder Kerzen auf dem Tisch, oder gar die Klemmen für die Türen anzubringen, damit sie nicht aufspringen. Auf Händen und Knien beseitige ich das Chaos so weit wie möglich. Mein Magen beginnt mit einer nie gekannten Frühgymnastik, hängt entweder zwischen Brust und Zwerchfell oder zwischen Eierstock und Blase. Beluga rollt und stampft. Der Himmel lichtet sich, wird blauer, die Wolken ziehen sich zurück. Wir fahren jetzt weiter unter Land, die Wellenberge sind nicht mehr so hoch, die Bewegungen des Bootes werden ruhiger, mein Magen krabbelt zurück an seinen angestammten Platz.

Seekarten im Frühjahr sehr professionell durch Rollen gezähmt, sind abends ausgerollt worden, mit mächtigem Fluchen über Größe und Unhandlichkeit. Man brauche einen ordentlichen Kartentisch und überhaupt, wer nur diese Kolosse erfunden hat, der gehöre eigentlich selbst darin eingewickelt.

Jetzt wäre man froh, man hätte für diesen Teil des Schwarzen Meeres eine richtige, gigantische, unhandliche Seekarte, doch es gab in Deutschland keine. So folgen wir dem in etwa errechneten Kurs. Doch die Küstenlinie macht einen Bogen, den wir nicht ausfahren wollen. Die Strecke wird sonst noch länger und wir kommen in die Nacht. Die Welt um uns ist ständig in Bewegung. Wohin das

Auge auch blickt, Schaumkronen, Wellen, Bewegung. Auch das Schiff bewegt sich ohne Unterlass. Hinter uns wachsen mit schwarzen Füßen dichte Wolkenberge aus dem Meer. Ihre Köpfe sind strahlend weiß, als wollten sie von den tiefschwarzen Füßen ablenken. Sie finden sich in Schlieren zusammen, als würden sie sich die Hände geben, lauern hinter uns wie ein Wolfrudel, warten auf einen kleinen Fehler. Warten, lösen sich auf, vergehen. Auch bei uns aufatmen.

Eine Stunde später das gleiche Spiel. Sie lauern hinter uns und seitlich. Wollen sie uns einkreisen? Eine setzt lässig eine Breitseite auf uns ab. Meine Finger sind schon ganz steif, seit Stunden umklammere ich den Geräteträger, um nicht mit dem Stuhl auf dem Achterschiff hin und her zu rutschen. Manfred kann sich am Lenkrad festhalten. Wir lassen uns nicht vertreiben, auch nicht von ein paar Regentropfen. Ich würde mich überhaupt nicht trauen aufzustehen und nach unten zu gehen. Die Seele braucht mehr Raum als der Körper.

Manfred muss regelmäßig nach unten. Bereits einen Kilometer vor der Hafenausfahrt ist der Kompass der Selbststeueranlage ausgefallen. Warum? Keine Stunde später gibt auch der Magellan den Geist auf. Warum?

Es ist mir schleierhaft wie er einen Kurs halten kann ohne Kompass, ohne Landmarke. Um uns ist nur Wasser, unruhiges aufgeregtes Wasser.

Vor Gericht und auf See ist man in Gottes Hand. Jetzt wäre ich lieber vor Gericht, mit dem Richter könnte ich debattieren. Ich habe die Power einer ausgezuzelten Weißwurstpelle.

Wieder frischt der Wind auf, dreht, lässt erneut schwere Brecher gegen uns donnern. Sturm ist etwas ambivalentes, braucht man ihn, hofft auf ein Aufblähen der Segel, ist er weder zu sehen noch zu hören. Wenn man ihn am wenigsten gebrauchen kann, faucht er tobend und ungebremst über das Wasser.

Ohne Vorwarnung funktionieren Kompass und Selbststeueranlage wieder.

Mehrere Bohrinseln lassen wir links liegen. Ein Orientierungspunkt.

Dünung von gestern, Dünung von heute und Wellen aus allen Richtungen. Kein klares, sauberes Wellenbild, Gewell von allen Seiten. Richtige Klauen aus Wasser greifen zu. Beluga weiß überhaupt nicht wie sie ihren Weg finden soll. Dieses dumpfe, bittere Gefühl absoluter Ohnmacht gegenüber einer unheimlichen Macht ist übel.

Aus dem Dunst steigt die Küstenlinie auf. Unter Land nimmt die Dünung wieder ab. Port Tomis von Constanza liegt vor uns.

Bis wir am Kai anlegen ist es halb acht, ein langer Tag. Essen und Schlafen, sonst hat man nach so einem Tag keine Wünsche mehr.

Manfred meldet die Ankunft von Beluga über Funk. Bis halb elf sind 4 Vertreter von diversen Behörden da und füllen wieder einmal seitenweise Papiere aus. Ich steh schon pudelnackig im Bad, als der letzte anmarschiert kommt.

Die Biscaya, lacht der Hafenkapitän, wäre ein gemütliches Wässerchen gegen das Schwarze Meer, wenn es denn richtig in Fahrt kommt. Heute, das war höchsten ein ganz kleiner Streich von Poseidons Dreizack.

Das Schwarze Meer muss sich schon noch ein bisschen anstrengen, dass es mir nicht in schwärzester Erinnerung bleiben soll.

So schwarz wie es wohl auch Ovid, dem römischen Dichter, der hierher verbannt wurde, weil er einfach nie im rechten Augenblick seinen Mund halten konnte, in Erinnerung geblieben ist. Auch seine Anreise über das Schwarze Meer war beschwerlich. Zwei arge Unwetter musste er ertragen: „Ja, um uns ist's geschehen! Es ist keine Hoffnung auf Rettung. Da ich noch rede, ergießt mir sich die Woge aufs Haupt." Immerhin hat er den Ort der „relegatio", der Verbannung sicher erreicht und gefiel sich in der Rolle des schmachtenden Dulders.
„An Donaus wildem Gestad, die leugnet, dass du, Nil, sie an Größe besiegst," erkennt er, „dass ihre blauen Gewässer bei dauernden Stürmen gefrieren und eingeschlossen von Frost stehn da wie in Marmor die Schiffe."
Mit dem geheiligten Kranz wurden seine Schläfen umwunden, den die Stadt ihm gereicht, ohne dass er es wollte.

Constanza hat wie jede große Hafenstadt ein ganz eigenes Flair. Ist das noch Europa oder schon der Orient? Die Silhouette der Stadt wird bestimmt von Hafenkränen, orthodoxen Kuppeln, Kirchtürmen und dem Minarett der Moschee. Das Casino ist sicher das interessanteste Gebäude von Constanza. Ein Prachtstück der Belle Epoque.

Hier klopft plötzlich jemand an unsere Tür. Der ehemalige Lehrer aus Italien, der die Tour ganz alleine mit seiner Frau in einem winzigen Bootchen gemacht hat. Sie waren immer eine Woche hinter uns, erzählen sie. Doch ins Delta haben sie sich nicht getraut, weil sie mit ihrem Boot das Schwarze Meer nicht befahren können. Sie haben den Donau-Schwarzmeer-Kanal genommen. Wir haben uns sehr gefreut sie zu treffen.

Weia! Waga! Woge, du Welle!

Morgens um sechs säuselt ein zartes Lüftchen durch den Hafen. Um acht ist es immer noch ein zartes Lüftchen, aber es säuselt nicht mehr. In 10 Minuten sollen wir unsere Auslaufgenehmigung erhalten. Balkanzeit. Bis wir endlich wegkommen ist es kurz vor 10. Jetzt ist das Lüftchen nicht mehr zart. Eine kräftige Brise weht uns aus dem Hafenbecken. Hinter der Abdeckung der

Hafenmole jagen 4 Windstärken aus Süd-Südwest auf uns zu. Trotz Südwind, der Wind ist kalt.
Heute sind wir gerüstet. Die Schränke sind gesichert, alles was rutschen und fallen kann ist verstaut oder verklemmt.
Einmeterfünfzig hohe Wellen springen uns entgegen.
Um 11 hat der Wind aufgefrischt auf 5 Windstärken, die Wellen sind 2 bis 2,5m hoch. Wir fahren Schiffschaukel in den Wellenbergen. Auf der Dünung brechen sich kleine Wellen mit Schaum vorm Maul. Der Wind reißt sie ihnen schlierig weg. Gischt spritzt bis zu unseren Windschutzscheiben. 3sm vor der Küste fallen plötzlich hunderte von Salzfliegen über uns her wie Schmeißfliegen über duftendes Aas. Beluga ist schwarz getupft und wir erschlagen mit Handtüchern so viele, dass das Achterschiff bedeckt mit Leichen ist.
Rechts von uns ellenlanger weißer Sandstrand. Ein Schiffswrack, gestrandet. Wie aufgestellte Schuhkartons die Bettenburgen der Pauschalurlauber. Ähnlich Schließfächern neben dem Bankautomaten.
Um 12 blasen uns 6 Bft. fast vom Schiff, die Wellenberge 3m. Der Wind pustet den Schaum in langen Schlieren an uns vorbei. Das Wasser ist mehr weiß als schwarz. Blau ist es schon lange nicht mehr trotz des glasig blauen Himmels.
Um eins ist jede siebte Welle ein Monster. Es ist längst keine Gischt mehr, es ist Wasser kübelweise, das bis über unser Verdeck spritzt.
Die Hafeneinfahrt von Mangalia liegt vor uns. Wir müssen die Einfahrtboje umrunden. Eine volle Breitseite erwischt uns, lässt Beluga Lage schieben wie ein Segelboot. Manfred legt die Hebel auf den Tisch um noch schlimmere Krängung zu vermeiden. Selbst im Hafen ist der Schwell noch schlimm. Wir werden wohl einige Tage ausharren müssen, um anderes Wetter abzuwarten.
Hera hat es wegen ihrer kurzen Wasserlinie schwer gebeutelt. Überall ist Wasser eingedrungen, Betten, Kleidung, alles nass. „Der Wiand is jo soa oarg, der reißt dir die Hoar vom Schädel", schimpft Helmut.
Zum ersten Mal liegt die Frage auf dem Tisch, ob es nicht Sinn macht, die Donau wieder rauf zu fahren, wenn sich das Wetter nicht stabilisiert.

Sonnenküste

In Mangalia verabschieden wir uns endgültig von Rumänien. Wir klarieren hier aus, wieder in der üblichen Balkanzeit. Mit zwei Stunden Verspätung verlassen wir den Hafen Richtung Baltschik in Bulgarien.
Ein Tag Ruhepause war zu wenig. Obwohl der Wind eingeschlafen ist, dann gedreht hat und nun ein leichter Nordwind Stärke 1 weht, steht immer noch kräftige Dünung und darauf mächtige Kreuzseen im Meer. Entsprechend kabbelig ist unsere Fahrt. Weiß schäumen die Bugwellen und hinter uns ziehen wir eine schnurgerade Spur aus Schaum durch das schwarze Wasser. Lange Zeit

begleiten uns nur Sandstrände, werden abgelöst von eindrucksvollen, zerklüfteten Steilhängen von rostrot bis weiß mit mannshoch ausgewaschenen Grotten. Wir umrunden das 50m hohe Kap Kaliakra. Hier sollen sich während der osmanischen Besatzungszeit 40 schöne Jungfrauen von den Klippen gestürzt haben, um ihrem Schicksal als Haremsdamen zu entgehen. Dann kommen die 110m hohen Felsen des Kap Tschirakman mit der kleinen Stadt Baltschik in Sicht. Der Ort schmiegt sich malerisch wie ein antikes Amphitheater über die Terrassen weißer Kalksteinfelsen rund um die Bucht.
Selbst Ovid konnte über die Stadt nur Gutes berichten: „Heil dir, weiße Stadt und deiner einzigartigen Schönheit."

Bereits auf den ersten Blick ist zu sehen, dass die Bulgaren wesentlich weiter sind als die Rumänen. Der Ort macht einen sehr viel gepflegteren Eindruck, es gibt einen Yachthafen mit Stromanschluss und die Menschen sind ausgesprochen geschäftstüchtig, was man von den Rumänen nicht behaupten kann. Der Hafenkapitän persönlich setzt sich ein, dass uns am Sonntagabend noch Diesel angeliefert wird und beim Anlegen greifen sofort helfende Hände zu. Doch schon beim Einklarieren werden wir von den Beamten gewarnt, vorsichtig zu sein und keinesfalls Geld auf der Straße zu tauschen.
Lediglich mit einer halben Stunde Verspätung trifft der Tankwagen ein. Alleine das Alter des Vehikels macht Tanken in Bulgarien zu einem Erlebnis.

Immerhin ist unser Sprittank wieder gut gefüllt, wenn auch der Tankwagenfahrer gegen Ende etwas ungeduldig wird, mächtig mit dem Gaspedal spielt und so bestimmt 10l Diesel überschäumen und ins Hafenbecken laufen. Wir rennen sofort mit betretenen Gesichtern nach Spüli, doch jeder winkt nur ab, lacht, zuckt die Schultern, das macht doch nichts. Unter dem Motor des LKWs bildet sich eine schwarze Lache aus Motoröl und etwas weiter hinten ein kleiner See aus verlorenem Diesel. Schulterzucken!
Um Wasser zu bunkern, müssen wir Beluga an eine andere Mole verlegen. Manfred schließt unseren eigenen Wasserschlauch an, dem vorhandenen traut er nicht. Ein Greis mit stark geschwollener Prostata hat einen kräftigen Strahl gegen das, was aus dieser Leitung tröpfelt. Um ca. 100l Wasser einzufüllen, brauchen wir 2 Stunden, dann geben wir auf.
An den langen Sandstränden der bulgarischen Riviera schippern wir vorbei, verschandelt von maßgeschneiderten Bettenburgen und kilometerlangen Fress- und Souvenirzeilen. Auf blütenweißem Sand räkeln sich Grillhähnchen und Sprotten im eigenen Saft zwischen nackten Tatsachen. Dazwischen immer wieder sanft bewaldete Hügel oder Steilküste.

Nessebar liegt auf einer kleinen Halbinsel. Ein zauberhaftes kleines Fischerdorf, mit pittoresken alten Holzhäusern und Römerruinen. Leider ist der ganze Ort umfunktioniert auf Touristennepp. In jedem der schönen alten Schwarzmeerhäuser ist eine Boutique oder eine Kneipe, ein Souvenirladen oder ein anderer Laden in welchem den Stadtneurotikern auf Urlaub ihr schwer verdientes Geld aus der Tasche gezogen wird.

Eine leichte Brise schiebt Riesenschwell hinter die Hafenmole und unsere Nacht wird genauso unruhig wie laut, denn bis morgens um 5 berieselt uns der Sound des Vergnügungsviertels.

Das Schwarze Meer ist ein reines Binnenmeer, ein Nebenmeer des Mittelmeeres, mit diesem verbunden durch den Bosporus. Es ist 1.200km lang und 610km breit. An der tiefsten Stelle ist es 2.135m tief. Das Wasser des Schwarzen Meeres ist nicht sehr salzhaltig, da so große Ströme wie Donau, Don und Dnjepr jährlich ca. 400 Kubikkilometer Süßwasser einbringen und über den Bosporus nur 193 Kubikkilometer Salzwasser eindringen. Kluge Leute könnten bestimmt ausrechnen, wie lange es dauert, bis das Schwarze Meer ein Süßwassermeer ist. Der halbtägige Tidenhub von 11cm ist belanglos. Das Schwarze Meer war früher berühmt für seine Artenvielfalt. Lachse und Störe zogen die Flüsse hinauf, Steinbutt, Sprotte und Rochen tummelten sich in den Küstenregionen und im offenen Meer ziehen Delfine und die Schwarzmeersardelle „Hamsi", die übrigens frittiert hervorragend schmeckt, ihre Kreise. Heute hat der Fischreichtum stark nachgelassen. Oberhalb von 200m Wassertiefe ist das Meer ohne jedes organische Leben. Forscher vermuten, dass das riesige Becken des Meeres in grauer Vorzeit ein fruchtbares besiedeltes Tal war und erst durch eine riesige Flutwelle, die über den Bosporus hereinschwappte, vielleicht die biblische Sintflut, überschwemmt wurde. Vor einigen Jahren entdeckte man in 140m Tiefe eine seit ca. 8.000 Jahren versunkene Küstenlinie. Das Schwarze Meer ist bekannt für seine heftigen Stürme und unruhige See. Und noch eins, das Schwarze Meer ist schwarz. Egal wie blau und wolkenlos der Himmel auch sein mag, das Wasser sieht immer fast schwarz aus. Wie die Römer und Griechen auf die Idee kamen dieses Meer gastlich und friedvoll zu nennen, ist mir ein Rätsel. Ich weiß jetzt auf jeden Fall, woher Schmittchen Schleicher seine elastischen Beine hatte.

Horror in Burgas

Burgas wird unser letzter Hafen in Bulgarien. Hier müssen wir ausklarieren.
Auch hier einchecken ist anfänglich kein Problem. Über Kanal 16 kontaktieren wir Port control Burgas, werden auf den Hafenkanal 11 umgeleitet und an einen friedlosen Platz am Kai zwischen großen Seeschiffen dirigiert.

In sämtlichen Kapitanerien in Bulgarien, wie auch schon in Rumänien, sind Zettel angeschlagen, dass es verboten ist, die Hafenkapitäne zu beschenken oder zu bestechen. Und erstaunlicherweise halten sich alle offiziellen Organe daran. Nicht einmal wurden wir auf Geschenke oder ähnliches angesprochen. Alle Personen mit denen wir Kontakt hatten sind ausgesprochen freundlich und hilfsbereit. Anscheinend sind die schlimmen Zeiten der alten Regimes tatsächlich überstanden.

Leider ist doch nichts so einfach, wie es anfänglich ausgesehen hat. Ein Verantwortlicher kommt sofort an Bord, nimmt unsere Papiere mit. Wir sollen sie um 17 Uhr wieder abholen. Den unruhigen Platz hinter dem Frachter müssen wir wieder räumen, weil dieser von einem Schlepper aus dem Hafen gezogen wird. Im Vorhafen ist ein kleiner Seglerhafen. Hier versuchen wir anzulegen. Die kleinen Segler liegen vor Bojen. Wir könnten an einer Mole festmachen, die allerdings unten mehrere Meter hohl ist. Die einströmende Dünung schießt darunter und kommt anschließend mit lautem Fauchen wie ein Geysir 4m hoch darunter vorgezischt. Wir legen wieder ab, versuchen unser Glück erneut im Handelshafen.

Auch hier wirft uns der Schwell 1 bis 2m am Kai auf und ab. Sogar ein Haltetau reißt uns und die Fender sind schwarz vor lauter Teer, der sich auch am Boot abrollt. Wir harren aus bis 17.00 Uhr. Doch unsere Papiere sind nicht fertig. Da explodiert Manfred. Beschwert sich lautstark und verlangt sofort abgefertigt zu werden. Er soll wieder an Bord gehen, die Beamten kämen zu uns. Es dauert auch wirklich nicht lang, bis ein völlig aufgelöster und schwitzender Hafenkapitän an Bord kommt und uns das Certificate of clearance ausstellt. Ein Polizist holt unsere Pässe zum Stempeln. Der Stempelwahnsinn hat Methode. Dann kommen zwei weitere Polizisten und eine Polizistin. Sie wollen nicht an Bord kommen, als sie sehen, wie das Boot an der Maurer auf und ab tobt. Mittlerweile ist es 19 Uhr. Wir sollen den Hafen sofort verlassen, wenn wir unsere gestempelten Pässe zurückhaben. Wir weigern uns strikt, in die Nacht aufs Meer hinaus zu fahren. Eine längere Diskussion beginnt. Wir müssen schriftlich bestätigen, dass wir das Boot nicht verlassen, können aber nicht im Handelshafen bleiben, sondern müssen in den Vorhafen zu den Seglern fahren und unsere Pässe gibt es erst bei der Abfahrt zurück. Die müssen wir aber trotz Ausgehverbot in der Administration 3km weiter abholen.
Wir legen wieder an dem Kai mit den Geysiren an. Das Wasser spritzt bis weit über unsere Persenning. Alle Fenster müssen geschlossen werden. Im Boot ist eine Luft zum schneiden. Außen hat es bis zum Morgen eine dicke Salzkruste angesetzt. Die Seite zur Mole ist rostrot. Auch hier sind wir dem Schwell ausgesetzt. Beluga fährt Aufzug an der Mauer und alle 2 Minuten donnert ein neuer Geysirausbruch über uns hinweg. Die Nacht ist lang obwohl Manfred

bereits um 5 Uhr aufsteht und unsere Pässe bei der Immigrations-Polizei holt und die Crew-Liste abstempeln lässt. Er lässt den Chef der Hafenpolizei wecken und beschwert sich nochmals über diese Behandlung. Nach einem schnellen Abspritzen des Bootes mit Süßwasser legen wir fluchtartig ab und verlassen dieses gastliche Land und diese überaus gastliche Stadt.

Vom Regen in die Traufe

Unsere Flucht aus Burgas führt uns direkt auf ein völlig aufgewühltes Schwarzes Meer mit 3m hoher Dünung. Es kann nicht schlimmer kommen. Doch es kommt schlimmer. Nach Umrundung von Kap Sveti Ivan nimmt die Dünung nochmals zu und der Wind frischt auf. Jetzt haben wir nicht nur 4m hohe seitliche Dünung von backbord, sondern auch Wellen von hinten und von Land zurücklaufende Wellen an steuerbord. Der herrliche Küstenstrich ist schon lange nicht mehr interessant. Weißer Sandstrand, sanfte Hügel, schroffe Steilküste, Wald bis zum Wasser, manchmal auch riesige Weizenfelder oder Weingärten. Flipperle gucken, vergiss es. Wir leben nur noch von einer Welle zur nächsten, von einer Minute, von einer Meile zur nächsten. Beluga und ihr Kapitän halten sich gut. Ich überlege, wie schrecklich sein verletzter Arm schmerzen muss und sein eh schon malträtierter Rücken. Mit verspannten Schultern und steifen Fingern klammere ich den Geräteträger. Abwechselnd hat man 4m über sich den Bug des Bootes, dann blickt man seitlich waagerecht in das feuchte, schwarz-glitzernde Auge einer Wasserwand, dann hebt sich das Heck und man surft in ein tiefes Wellental. Es ist schlimm. „Ich warte nur auf die Welle, die uns umwirft", sagt Manfred. „Mach mir keine Angst", antworte ich ihm. Doch dafür ist kein Wort mehr nötig. Ich grübele, wieso wir hier sitzen, ohne Schwimmweste. Sollte das Boot umkippen geht es wie ein Stein unter, dann können wir nicht mal mehr das Beiboot abbinden. Ohne Rettungsweste würden wir in diesen Wellen ersaufen wie die Raten. Eine Seefahrt die ist lustig? Welcher Idiot hat diesen Spruch erfunden? Er war jedenfalls noch nie am Schwarzen Meer. Wir umrunden Kap Maslen Nos, das nächste, Kap Michurin, wieder eins, Kap Akhtopol, die Landzungen wollen nicht enden, Kap Rezovo. Das Wasser knallt mit Wucht gegen die Felsen und wird 20m hoch geschleudert. Wenn die Motoren ausfallen knallen wir genauso gegen die Felsen. Immer wieder ziehen die Propeller Luft. Die Vibrationen lassen das Schiff erzittern. Die Geräusche dabei sind grauenerregend. Da endlich die letzte Felswand, Kap Koru Burnu. Wir biegen ab in die Bucht von Igneata. Achterlicher Wind jagt uns vor sich her in den Hafen. Ich winkte der Coastguard, doch sie drehen die Köpfe zur Seite. Türkische Fischer winken uns an ihrem Boot anzulegen. Mit tremolierenden Händen übergebe ich Belugas Festmacher. Wir sind willkommen. Allerdings dürfen wir

Beluga nicht verlassen, da wir hier nicht einklarieren können, doch wir können so lange im Hafen bleiben, bis die Dünung des Meeres sich beruhigt hat.
Das Chaos im Schiff hält sich in Grenzen. Einzig unseren Tisch hat es genudelt, doch den kann Manfred leicht wieder leimen. Hera ist über die Entlüftung Salzwasser in den Wassertank gelaufen. Könnte uns das auch passieren, will ich wissen? „Wenn bei uns Wasser über die Entlüftung in den Tank läuft, macht das nichts, dann brauchen wir nämlich keinen Wassertank mehr!" Wie moralisch aufbauend und optimistisch er doch sein kann, mein Kapitän.

Rakipressionen in Igneada

Es ist etwas gewöhnungsbedürftig, dass sich Horden von Fischern mit öligen Schuhen durch Beluga wälzen und in jede Ecke schauen, um ja alles richtig zu bewundern, doch die uns entgegengebrachte Freundschaft tut gut nach so einem Tag.
Nachdem Manfred den ganzen Vormittag erfolglos Schiffeversenken gespielt hat, übt er sich den Rest des Tages in Fischer-unter-den-Kiel-trinken, mit dem Effekt, dass die männliche Mannschaft von zwei Yachten und zwei Fischerbooten, einschließlich einer Meute hinzukommender Kampftrinker des Hafens so mutig wurde, dass uns der Patron eines Fischerbootes einen Glücksbringer schenkt, so eine Art türkischer Rosenaugenkranz, der uns helfen soll die letzten 60 Seemeilen Schwarzes Meer noch heil zu überstehen, und darin gipfelt, dass alle Vorschriften über den Haufen geworfen werden und wir gemeinsam abends in ein Restaurant auf den Berg stiefeln, Fisch und Käse essen und zwei Flaschen Raki trinken. Allerdings nicht mehr als unbedingt noch rein geht. Ehemalige Gastarbeiter gesellen sich zu uns, erzählen stolz von ihrer Arbeit in Deutschland und ihrer dicken Rente, die sie hier zu wohlhabenden Männern macht. Allah scheint hier nicht so groß zu sein als anderswo, vielleicht ist er aber auch nur weit genug entfernt, denn alle trinken Bier oder Raki und scheinen keinerlei Sorge zu haben, dass Zerberus sie nicht in die Unterwelt lässt. Mit dieser Rente können sie locker Hades bestechen und einen Stuhl neben ihm mieten. Vielleicht sind aber die griechischen Götter hier gar nicht so richtig zuständig oder haben sich nie durch den Bosporus ins Schwarze Meer gewagt, was man ihnen wahrlich nicht verdenken könnte.
Angeschlagen, mit leichtem Zwischenschritt, bedingt durch die Waga, o wogenden Weia und vollem Bauch, sinken wir in die Kojen. Was für ein Tag.

Rausch ausschlafen ist ein unschönes Wort, wir werden es vornehmer „eine geruhsame Nachtruhe genießen" nennen, denn mit Poseidon, dem Meer und der Welt wieder versöhnt, ist Schiffputzen angesagt. Erst am späten Nachmittag ist auch die Besatzung der umliegenden Fischerboote wieder so weit hergestellt, dass ein kleines Liedchen, allerdings nicht wegen zurückgebliebener Alkoholdünste, sondern der melodischen Ausführung wegen, meine Ohren quält, während mein Kapitän anscheinend mit den Fischern ein bisschen netzen übt.

Wenn ich länger verdammt wäre, solche Melodien zu hören, würde ich bald Materialismus und Vernichtung für das Konsequenteste halten, wenn ich es nicht schon täte.

In der Hafenkneipe gibt es nur eine Frage: „Bier or not to Bier." Und das ganze Dasein kreist um die Frage, auf die man immer noch keine Antwort gefunden hat: Warum! Ich könnt es ihnen ja sagen, warum. Weil bei so einer reinen Männerkneipenwirtschaft noch nie was gescheites rausgekommen ist. Und wie mir scheint, Männer weitaus die schlimmsten Tratschweiber sind.

Jedenfalls erscheint Manfred irgendwann mit einem Fisch edelster Abstammung wieder an Bord, um den Moschus von Meister Proper mit frischem Fischgestank zu vertreiben. Da Aiolos im Laufe des Tages alle seine Winde aus dem Sack entkommen lässt und ihm beileibe nichts besseres einfällt, als sämtlichen Sand des Hafens in unser Boot zu pusten, müssen wir jetzt auch noch erfahren, dass er wohl auch morgen dicke Backen macht und wir einen weiteren Tag hier verbringen dürfen.

Das liebliche Stimmchen eines Fischer, sicher eines Abkömmlings von Orpheus, krächzt katzenjammerisch zu einer Ukulele bis Mitternacht durch den Hafen.

Auf einen Tag voller unzufriedenem Nichtstun folgt eine genauso unbefriedigende Nacht. Als hätte einer die Sicherung reingedreht erklingen um Punkt 12 laute Stimmen. Keine Nachtschwärmer, die nach Hause gehen, Fischer die bereits jetzt zur Arbeit aufbrechen. Ein Motor erwacht polternd zum Leben und donnert unsichtbar durch den Hafen, lange ist er noch zu hören, dann beginnt das Spiel von vorne. Langsam weicht die Schwärze der Nacht dem Grau der Dämmerung und als das diffuse Licht des Morgens aufsteigt, bin ich gerade eingeschlafen und Manfred steht auf.

Wir müssen es gründlich mit allen Göttern verdorben haben. Trotz der beiden verordneten Zwangspausen, hat sich die Dünung nicht sehr verändert. Immer noch stehen Kreuzseen im Meer und die Wellen sind ca. 2m hoch.

Wie ein aus der Bahn geworfenes Jojo torkeln wir gen Bosporus. Das Herz dieses gastlichen Meeres ist genauso schwarz wie sein Wasser unruhig. Wir sind froh, ihm heil entkommen zu können.

Kapitel 9

Bosporus

Sollte einer glauben, im Bosporus wäre unser Elend beendet, alles Friede, Freude, Eierkuchen, der irrt. Der irrt sogar ganz gewaltig. Was sich auf diesem Stückchen Wasser abspielt ist unglaublich. Bereits im Schwarzen Meer liegen 10 große Seeschiffe auf Reede und warten auf die Passage durch die Meerenge. Ein Frachter schält sich gerade zwischen den Bergen heraus. In regelmäßigen Abständen folgen andere Kolosse. Dazwischen Fischer- und Lotsenboote, Segler und Motorboote, kleine und große Ausflugsdampfer, Schwimmer und badende Kinder am Ufer, die Marine mit Schnellbooten, Polizei natürlich mit Vollgas, Dutzende von Fähren und Bunkerboote und wir. Das Schwarze Meer schiebt seine hohen Wellen wie mit einem Trichter in die schmale Enge und sorgt zusätzlich für ordentlich Gewell und Strömung.

Bosporus nennt man die Verbindung von Schwarzem Meer und Marmarameer. Eigentlich war der Bosporus ein Flusstal, 32 Kilometer lang und bis zu 2,5km breit. Der Name Bosporus kommt aus dem griechischen und heißt Rinderfurt. Er hat seinen Ursprung in der Sage der Jungfrau Io, der Tochter des Flussgottes Inachos. Zeus immer auf der Suche endlich mal Nachkommen zu zeugen, die nicht von Inzucht gezeichnet sind, begann eine kleine Tändelei mit der schönen Io.

Seiner eifersüchtigen Frau Hera entging natürlich so leicht nichts und sie ließ sich auch nicht hinters Licht führen, als Zeus die schöne Jungfrau blitzschnell in eine weiße Kuh verwandelte. Sie ließ die Kuh so lange von einer Bremse traktieren, bis die das Weite suchte und durch den Bosporus schwamm und nach Ägypten entkam. Dort nahm sie Ihre menschliche Gestalt wieder an und gebar dem Zeus einen Sohn, Epaphos, der später König von Ägypten wurde. Vetter- und Basenwirtschaft wohin man schaut, bis ins göttlichste Glied.

Unserem Freund Jason ist es hier viel schlechter ergangen als uns. Unsere tapferen Helden retteten am Anfang des Bosporus den thrakischen König Phineus, den blinden Seher, vor den schrecklichen Harpyien, geflügelten weiblichen Wesen mit den Köpfen alter Frauen und gepanzerten Vogelleibern. Sie traktierten (vielleicht stammt ja von ihm das Wort) den armen König regelmäßig, stahlen sein Essen und beschmutzten es, koteten darauf. Das war ja nun selbst im alten Griechenland nicht die vornehme englische Art. Die Harpyien waren ihm von Zeus geschickt, weil er angeblich die Geheimnisse der Götter verraten hat. Wie das Schicksal so spielt, waren ja glücklicherweise Zetes und Kalais, die geflügelten Söhne des Windgottes mit von der illusteren Partie.

Sie stellten fest, dass der arme Phineus ihr leiblicher Schwager war, erhoben sich sofort in die Luft und bedrängten die Harpyien so arg, dass sie auf nimmer Wiedersehen verschwanden.

Phineus war ein mächtiger Seher und seine Gabe hatte ihm gefährliches für die jungen Wilden verkündet. Auf ihrem weiteren Weg mussten sie die Simplegarden durchqueren, die den Eingang zum Schwarzen Meer bewachten.

Die Simplegarden, die mahlenden Felsbacken, waren zwei gewaltige Felsen, die zusammenschlugen und sich wieder öffneten und alle Schiffe zermalmten, die hindurchfahren wollten.

Schon von weitem hörten die Argonauten das schreckliche Tosen und Krachen der Felsen. Es klang schaurig über das Meer. Wie ihnen Phineus empfohlen hatte, schickten sie erst mal eine Taube durch die Felsen um deren Geschwindigkeit festzustellen. Die Taube flog durch den engen Pass, die Felsen schlugen zusammen und rissen ihr die Schwanzfedern ab. Als die Steinwände wieder auseinanderfuhren, legten sich die Knaben mächtig in die Riemen.

Der griechische Dichter Apollonios von Rhodos berichtete die Durchfahrt der Argo etwa so: Eine turmhohe Achterwelle schleuderte die Argo, diese überholend, zwischen die Felsen. Nun wich Furcht der Panik, denn eine nicht minder gewaltige Welle kam ihnen aus dem Schwarzen Meer entgegen und nur die Geschicklichkeit des Steuermanns bewahrte die Argo vor dem Kentern. Die Riemen bogen sich unter der gewaltigen Kraftanstrengung der Männer, doch die Argo kam in dem herrschenden Gegenstrom kaum von der Stelle. Wieder ritten sie eine heranrollende Welle ab. (Ach wie kommt mir das bekannt vor) Dann befanden sie sich im Wellental. Die gewaltigen Felsbrocken schlossen sich und klappten zusammen wie ein steinerner Schraubstock. Doch wie durch ein Wunder wurde lediglich die Galionsfigur am Bug abrasiert. Der Sog der sich öffnenden Felsen schleuderte die Argo mit einer neuen reißenden Strömung ins offene Meer.

In Wirklichkeit war es natürlich Athene, die den Männern half, wahrscheinlich schon aus Rache, wer lässt sich schon gerne das Gesicht zermatschen und wenn es auch nur das Abbild als Galionsfigur ist.

Die Argo war das erste Schiff, das heil durch die Simplegarden kam und die waren daraufhin so beleidigt, dass sie künftig ihre Arbeit einstellten. Jetzt ist es allen Deppen möglich, blauäugig ins Schwarze Meer zu fahren und sich dann zu wundern, wenn es ihnen kräftig mit einem spitzen Schuh in „los cojones" tritt, siehe uns. Obwohl wir uns ja durch die Hintertür über das Isterdelta eingeschmuggelt haben.

Wir haben jedenfalls Istanbul schadensbegrenzt erreicht. Der Anblick dieser riesigen Stadt mit seinen exotischen Bauwerken ist umwerfend. Byzanz, Konstantinopel, eine Hauptstadt des Römischen Reiches, von den Kreuzfahrern geplündert und ab dem 15. Jahrhundert osmanisch, Treffpunkt zweier Welten, zweier Kontinente, Lärm, Gedränge, Verkehr, Pracht, Armut, Feilschen und Schachern, Gebäude aus tausend und einer Nacht. Und wenn man sich endlich die Peripherie von Istanbul so richtig reingezogen hat und der Finger steif vom Filmen ist, dann hat man den Bosporus schon hinter sich und ist im Marmarameer.

Marmarameer

Die Propontis der Antike ist 280km lang und bis zu 80km breit. Es trennt den europäischen Teil der Türkei vom asiatischen Teil.
Als wir schon nicht mehr glauben, dass wir noch richtig sind, taucht die Marina Ataköy vor uns auf. Zwischen den hier vertäuten Superyachten wirkt unsere Beluga wie ein kleines, armseliges Relikt aus früherer Zeit. Zwei marinemäßig Kostümierte in einem schicken Schlauchboot brausen sofort auf uns zu. Sie leiten uns an einen freien Platz, helfen anlegen, weg mit Ballon, weg mit Tau, alles ist da, wir müssen ein Formular ausfüllen, den Rest sollen wir morgen im Hafenbüro machen und weg sind sie.
„Mal gespannt ob wir das auch bezahlen können", knurrt mein Kapitän. Der Hafen ist unruhig, bis in die frühen Morgenstunden laufen Yachten - und wenn ich Yachten schreibe, dann meine ich Yachten und nicht Boote - ein und aus.
Morgens um kurz nach 9 stehen wir im Hafenbüro. Es ist so vornehm, dass man sich überlegt, ob laut reden hier gestattet ist. Alles edles Mahagoni im historisch-englischen Bootslook mit noch edleren Messingbeschlägen. Wir müssen in der Türkei einklarieren. Doch die anwesende junge Dame hinter ihrem edlen Schreibtisch ist nur schön edel. Schönheit und Intelligenz scheinen selten vereint. Sie telefoniert nach dem Hafenkapitän. In 10 Minuten kommt er, teilt sie uns herablassend mit, er kann uns alles erklären. Für manche Menschen ist Borniertheit eine Tugend. 10 Minuten Balkanzeit heißt Minimum eine halbe Stunde. Wir lümmeln wartend in den edlen Sesseln und fühlen uns ein bisschen wie die Harpyien, die heilige Hallen beschmutzen. Um 10 kommt ein junger Mann, sehr schiffig ganz in weiß mit Goldknöpfen und Schulterklappen. Den hauen wir sofort an, ob er uns wohl helfen kann, wir wollen den „check in" machen. Er ist ein „Liman Amiri" steht auf seiner Visitenkarte, die er uns Stunden später in die Hand drückt, so etwas wie ein Ministrant des Hafenkapitäns. Er faucht die Schöne an, warum sie uns noch kein Formular gegeben hat. Plötzlich kommt Leben in die Eisprinzessin. Sie legt uns ein Formular hin, deutet „ausfüllen". Ich lese Transitlog und schüttele den Kopf, so was brauchen wir nicht. Wir brauchen nur einen Stempel in den Pass. Doch jetzt ist sie dran mit Kopfschütteln. Jede ausländische Yacht muss ein Transitlog haben. Sie führt uns in den edlen Internetraum. Er steht den edlen Mitgliedern

kostenlos zur Verfügung. Hier sitzt der edle Messdiener. Wenigstens funktioniert hier die Klimaanlage wie überall und bläst mir eiskalt ins Genick, dass ich sicher sein kann, morgen einen steifen Hals zu haben. Der Ministrant sondiert unsere Papiere und beginnt auszufüllen. Welches Fabrikat unsere Motoren haben und unser Generator und das Radar will er wissen. Wozu, das weiß er nicht, steht da, basta. Zwischenzeitlich zahlen wir 30$ für was? Und 3.000.000 türkische Lira für das Transitlog, Gebühr? Wir brauchen insgesamt 4 Stempel. Vom Coast Health Control Center, von der Passport Police, vom Custom Enforcement und vom Harbour Master. Drei dieser Behörden sind nicht im Hafen. Wir nehmen ein Taxi. Fahren in den Seehafen für den ersten Stempel. Das Taxi wartet. Für den zweiten Stempel müssen wir Mitten in die Stadt, ans Goldene Horn, ca. 12km, da hat der Hafenmeister seinen Sitz. Den nächsten Stempel gibt es auch irgendwo in der Stadt. Das Taxi transportiert uns und wartet. Während der Fahrt fällt uns die wahnsinnige Polizei- und Militärpräsenz auf. Hundertschaften werden mit Bussen in die Stadt gekarrt. An jeder Ecke steht ein Panzerwagen, an jeder Kreuzung zwei Polizisten. Was denn los wäre, wollen wir wissen. Schulterzucken, dann fadenscheinig der Premierminister würde heiraten. Möglich wäre es schon. Später hören wir, dass wohl ein Nato-Treffen irgendwo stattfindet. Zurück im Hafen erfahren wir, dass der letzte Stempel erst am Montag nach 9 zu haben ist, da die Custom Police heute geschlossen hat. Mittlerweile ist es 12.30 Uhr, der Taxifahrer verlangt 25 Euro und uns hängt dieser elende Papierkrieg eigentlich richtig zum nicht so edlen Hals heraus. Letztlich hat sich auch in diesem Land in den letzten Jahrhunderten nicht viel geändert. Schon damals haben sie durchreisenden Schiffen Gebühren abgeknöpft nach Art der alten Raubritter. Nur heute heißt es Transitlog.

Sollte einer denken, dass ich jetzt ein bisschen gehässig war, der hat Recht. Diese Zurschaustellung von immensem Reichtum ist nicht unser Fall, schon gar nicht neben schrecklicher Armut und Hoffnungslosigkeit.

Zu allem Überfluss ist auch noch sonntags der große Basar geschlossen, den zu besuchen ich mich wirklich gefreut habe. So verbringen wir den Rest des Nachmittags in der Galeria, einem riesigen, supermodernen, wundervoll temperierten Einkaufszentrum mit Schauen und Geldausgeben, da wir alle Sehenswürdigkeiten in Istanbul bereits ausführlich bewundert haben.

Gegen Abend trudeln die Luxusyachten wieder ein. Jede begleitet von einem Heer von Hilfswilligen, die beim Anlegen unterstützen. Manchmal steht der Eigner nur mit strengem Überwachungsblick auf der Fly und lässt die Mannschaft arbeiten. Irgendwie scheint es schon unbestreitbare Vorteile zu haben, wenn man reich ist.

Leider stinkt dieser edle Hafen jede Nacht grauenhaft nach Scheiße. Entschuldigung, ich hätte auch vornehmer Gülle sagen können, wo doch jeder

weiß, dass die türkischen Pampers Güllehüllen sind, aber in türkisch heißt Gül Rose, riechen tun sie zwar auch, aber na gut, hinkt weiter oh ihr Vergleiche.
Morgens um 5 streicht der Singsang des Muezzin aus den Lautsprechern des Minaretts über den Hafen. Der Gesang kann Tote aufwecken, denn Allah ist groß, da führt kein Weg dran vorbei.

Die Frauen sind uns besonders aufgefallen. Normale, kesse junge Dinger, der neuesten Mode entsprechend nabelfrei, daneben Kopftuchträgerinnen mit schwarzen Kutten bis auf die Knöchel oder elegante junge Frauen in hellen Farben, aber auch betucht und bekleidet bis zu den Füßen und dann die ganz Extremen mit Gesichtsschleier bis zum Boden. Wobei man sagen muss, dass die westlich gekleideten Frauen weit überwiegen und Kopftuchträgerinnen hat man nicht mehr gesehen als bei uns.

Punkt neun stehen wir natürlich für unseren letzten Stempel an und um die Rechnung zu bezahlen. Die Eisprinzessin rechnet uns einen Tag. Ich habe meine Neugierde bezwungen und nicht gefragt warum. Vielleicht ist ja die erste Nacht in der Marina frei, was ich nicht glaube, oder die junge Dame ist wirklich nur schön. Es ist mir egal.

Nach dem gemeinsamen Marsch zum letzten Stempler müssen wir uns von Hera und ihrer Besatzung Renate und Helmut trennen, mit denen wir jetzt zwei ereignisreiche Monate verbracht haben. Sie können sich viel mehr Zeit lassen, denn sie müssen erst Ende Oktober in der Adria sein, da hoffen wir schon in der Nähe der Heimat zu sein und so setzen wir unsere Reise durchs Marmarameer alleine fort.

Ein etwas verhangener Himmel, kleine Quellwölkchen, keine Dünung, eine fast glatte See, der Autopilot zieht eine linealgerade, grüne Schaumspur durchs Wasser. So kann Boot fahren auch sein. Wir hatten es schon fast vergessen.
In Terkirdag, in einem alten Lexikon hieß es noch Rodosto, finden wir den Fischerhafen sofort. Leider ist er voll. An der einzigen Mole liegt ein Fischtrawler, davor ein Fischernachen. Sofort rennen ein paar Dickbäuchige und einige Halbwüchsige und verlegen den Fischernachen, winken uns an die Mole. Wir legen an, fallen umgehend in die Kneipe gegenüber ein, essen diverse Fische, Salat und Käse, trinken Bier und Raki und sind absolut sicher, dass sich das Leben heute güteklassemäßig nicht mehr steigern kann. Und Trinkwasser bekommen wir auch.
Wir schippern an der rechten Seite des Marmarameeres entlang, der Nordküste. Sie besteht von Istanbul bis in die Dardanellen aus hügeliger Landschaft. Wo irgend möglich ist sie bebaut. Allerdings ist sehr wenig alte Bausubstanz zu erkennen. Das meiste sind neue Siedlungen, Reihenhäuser, Hochhäuser,

wahrscheinlich überwiegend Hotels und Ferienwohnungen. Dazwischen schroffe kahle Klippen, dann Kornfelder und Äcker so weit das Auge reicht und überall wo ein klein wenig Platz ist, auch an den steilsten Hängen ganze Plantagen mit Olivenbäumen. Irgendwo muss ja das viele Olivenöl herkommen.

Das Marmarameer ist ein stark befahrenes Gewässer. Zwei mächtige Nadelöhre hemmen die Schifffahrt. Zum einem wäre da der Bosporus. Mindestens 30 Schiffe liegen vor Istanbul auf Reede und warten auf die Durchfahrt durch die Meerenge, oder auf Entladen an den Kais. Die Metropole will versorgt werden.

Das nächste Nadelöhr sind die Dardanellen. Ohne Unterlass eilen geschäftig die riesigen Seeschiffe ein und aus, ziehen an uns vorbei, schaukeln uns durch und verschwinden.

Dardanellen

Gegen Mittag, wir sind bereits im Trichter, der die Dardanellen einleitet, bläst uns der Westwind Zephir brutal ins Gesicht. Innerhalb von 10 Minuten krönen sich die Wellen mit Schaum, nach einer halben Stunde sind sie bereits einen Meter hoch, knallen gegen Belugas Rumpf und der Wind trägt die Gischt bis zu den Windschutzscheiben. Wären wir 30 Seemeilen zurück, wir hätten wieder 2 bis 3m hohe Wellen gegen uns. Noch mal Glück gehabt.

Weniger Glück hatten hier Leander und Hero. Hero hatte als Priesterin der Liebesgöttin Aphrodite ein Keuschheitsgelübde abgelegt und durfte deshalb ihren Geliebten Leander nicht heiraten. Hero lebte auf der europäischen Seite, Leander auf der asiatischen Seite der Dardanellen. So schwamm er jede Nacht von Asien nach Europa, um die Liebste zu treffen. Er wurde dabei von einer Lampe in Heros Turm geführt. In einer stürmischen Nacht erlosch die Lampe und Leander ertrank. In ihrem Schmerz stürzte sich auch Hero ins Meer.

Dieses Drama wurde übrigens von Franz Grillparzer in seinem Drama „Des Meeres und der Liebe Wellen" verarbeitet.

Noch viel weniger Glück hatte hier Helle, die Tochter von König Athamas und seiner Frau Nephele. Nephele wurde von ihrem Mann verstoßen und Helle und ihr Bruder Phrixos bekamen eine böse Stiefmutter, die irgendwann sogar Phrixos nach dem Leben trachtete. Da griff Gott Hermes ein, schenkte Nephele den riesigen goldenen Widder Chrysomallus, der über die Wolken laufen konnte und die Kinder nach Colchis tragen sollte. Als jedoch Helle tief unter sich das große Meer sah, erfasste sie ein Schwindel und sie stürzte ins Meer, das seither den Namen Hellespont trug.

Die Dardanellen, 65km lang, bis zu 6,4km breit, früher Hellespont, türkisch Canakkale Bogazi, verbinden das Ägäische Meer mit dem Marmarameer, sie bilden eine natürliche Grenze zwischen Europa und Asien.

Xerxes I. König von Persien hat 480 v.Chr. eine Brücke aus Schiffen über die Meerenge gebaut, um die Griechen anzugreifen. Lange Zeit haben dann die Türken die Meerenge für alle ausländischen Schiffe gesperrt, so dass die russische Schwarzmeerflotte keinen Zugang zum Mittelmeer hatte.

In Canakkale verlässt auch uns das Glück. Der Fluch der griechischen Götter scheint sich über uns auszubreiten wie ein dicht gewobenes Spinnennetz. Die Rache für unflätige Reden. Oder Okeanos ist sauer, weil wir immer alle Flüsse ohne Probleme meistern und hat jetzt Poseidon und seine Hilfstruppen auf uns angesetzt.

Als Manfred das C-Map-Modul der Ägäis einlegt, stürzt der Kartenplotter ab. Das Modul ist defekt und hat wahrscheinlich den Plotter beschädigt. Ohne Plotter haben wir keinen Kompass. Der Magellan, der uns als Hilfskompass dient, ist gleichzeitig ausgefallen und findet keinen Satteliten mehr. Jetzt sind wir wirklich ratlos.

Eine deutsche Segelcrew überlässt uns freundlicherweise eine Seekarte, doch ohne Plotter und Kompass hilft uns das wenig.

Manfred versucht den Plotter neu zu initialisieren aber der spricht nicht an. Er hat ein Problem des fehlerhaften Chips gespeichert. Wie ein tragischer antiker Held sitzt mein Kapitän grübelnd im Ruderhaus, aufs Meer hinausstarrend und um Ideen ringend. Mit dem Kühlschranktrick, mit dem wir jahrelang die Autocomputer ausgetrickst haben, hat er nach Stunden einen kleinen Erfolg. Der Plotter macht Selbsttest und nimmt den Chip des Tyrrhenischen Meeres an.

Am nächsten Morgen lädt er den italienischen Chip wieder problemlos. Doch der Magellan findet immer noch keinen Satteliten.

Hilfe kommt von Land. Der Hafenmeister, nach einer Elektronikfirma befragt, schickt uns einen sehr netten Mann, der einen Bootsservice betreibt. Einen neuen Magellan zu besorgen ist für ihn kein Problem, lediglich einen Tag Zeit müssen wir ihm lassen. Und um einen neuen Chip will er sich auch kümmern. Doch mit Kompass, dem Plotter, der die Weltkarte und somit die Hauptzielrichtung zeigt und der Karte der Segler kommen wir schon ein ganzes Stück weiter - kämen wir weiter, wenn nicht der Windgott alle seine Kräfte mobilisieren würde, uns hier festzuhalten.

Der freundliche Elektroniker Güman lädt uns zum Dinner ein. Er ist froh über jede Unterhaltung und Abwechslung. Seit seine Frau gestorben ist, trinkt er zuviel und ist sehr verzweifelt, erzählt er uns. Das Restaurant wäre das Beste in Canakkale. Wir gehen rauf bis zum Dachgarten. Da ist mir bereits klar, dass jetzt wir dran sind, uns zu revanchieren. Wir werden köstlich bewirtet, 9 Vorspeisen (drei verschiedene Meeresfrüchte- und Oktopus-Salate, Auberginen-Gemüse, gefüllte Zucchiniblüten, Tomaten mit Gurken gemischt, irgendeinen sehr leckeren Seegemüse-Salat, gefüllte Teigrollen mit Hackfleisch, ein wunderbar cremiger Quark mit Feldsalat) anschließend gegrillten Fisch und als Nachspeise Melone. Wir sind pappsatt als wir 52 Euro auf den Tisch blättern. Na gut, man lebt nur einmal und ohne Gümans Hilfe wären wir ganz schön aufgeschmissen. Einen Chip kann er uns leider nicht besorgen, da der Vertreter der Firma Simrad in Istanbul leider keinen hat. Wir werden die Reise also fortsetzen wie die Vorsintflutbuben in mythischer Verbundenheit mit dem Pulsschlag der See, immer in der Hoffnung, dass kein Vorschlaghammer draus wird. Jason und Odysseus hatten nur Instinkt, Zeit und die Gnade der Götter und Columbus hat Amerika auch nur mit einem Kompass bewaffnet gefunden. Uns bleibt immerhin noch die Bäcker-Navigation. Anlegen, im Ort Brot kaufen und auf der Tüte ablesen, ob wir richtig sind. Vielleicht sollte ich meinen Kapitän daran erinnern, dass Pfaffen in die Kirche, Frauen hinter den Kochtopf im Hafen und Männer auf See gehören! Und während mein Kapitän ein Nickerchen einschiebt und ich so über das Leid der Welt, der Rentner im allgemeinen und der Bootsfahrer im besonderen nachdenke, bläht auf dem Achterschiff der Starkwind meine frisch gewaschenen Spannbetttücher, dass mancher Spinnackersegler vor Neid erblassen würde. Was er natürlich nicht tut, da bei diesem Wind der Spi längst der Sturmfock gewichen wäre, wenn sich der Segler nicht bereits in einer Bucht verkrochen hätte wie wir, um dann den depperten Motorbootfahrern zu erzählen, was für Vorteile ein Segelboot gegenüber einem Motorboot doch hat. Nur eins weiß ich gewiss, wir zwei Irren wären auf unsere alten Tage mit einem Segelboot bereits unter Vollzeug und einer Krängung von 40° in Griechenland eingefallen, statt wie unsere holländischen Nachbarn nur das Pfeifen des Windes in den Wanten zu bestaunen.

Doch das ganze Lamentieren nützt nichts, wir haben nicht mal die Gnade der Götter, für eine volle Woche ist Sturm gemeldet und nagelt uns hier fest. Jetzt ist mir auch klar, warum Noah hier ganz in der Nähe auf dem Berg Ararat gestandet ist. Bei dem Wind!

Nach 5 Tagen trudelt auch Hera hier ein. So sieht man sich wieder.

Durch den Zirkus des Einklarierens gewarnt, bitte ich meinen Kapitän doch mal festzustellen, wie das hier mit dem Ausklarieren so abläuft. Angeblich kann der Marina-Hafenkapitän alle Stempel machen. Das kann ich mir nun wirklich nicht recht vorstellen. Natürlich stellt Manfred fest, dass wir diverse Stempel brauchen von Behörden der Stadt. Und natürlich wird uns sofort die Hilfe eines Agenten empfohlen für läppische 100$.

Die Prozedur des Ausklarierens läuft folgendermaßen ab:

Es werden drei Stempel auf dem Transitlog benötigt. Der offizielle Hafenmeister, mitten in der Stadt ansässig, muss geweckt werden. Er weiß von nichts, anscheinend waren noch nie ausländische Boote hier, schickt Manfred zum Zoll.

Der Zoll schickt ihn zurück zum Hafenmeister, erst ist dieser Stempel nötig. Der Hafenmeister stempelt. Zurück zum Zoll stellt dieser fest, dass der falsche Stempel an der falschen Stelle sitzt. Zurück zum Hafenmeister richtigen Stempel an der richtigen Stelle holen. Bis die Männer zurückkommen sind 2 Stunden um. Zoll und Ausländerpolizei stempeln erst, wenn man ablegen will, sonst dürfen wir nicht mehr von Bord. Also, noch abwarten. Polizei und Zoll sind angeblich rund um die Uhr erreichbar. Abends um 6 wird ein neuer Anlauf gewagt. Wir wollen zwar noch essen gehen, doch dann nehmen wir eben die Personalausweise mit, sollen sich mal ihren Stempel darauf suchen, die Herren.

Um noch mal richtig zu bunkern und die happigen Hafengebühren zu zahlen, ziehen wir zum letzten Mal türkische Lira aus dem Apparat. Mit spitzer Feder haben wir kalkuliert, damit nur ja kein Milliönchen übrigbleibt. 200.000.000 drückt Manfred, ich hab genau aufgepasst. Der Automat spuckt 500 Millionen aus, natürlich mit der entsprechenden Quittung. So können die Türken ihre Devisen natürlich leicht aufstocken. Helmut ist genau das gleiche passiert. Wir stehen jetzt wie die Blöden mit einem Bündel von Millionen vor der Maschine und können am Samstag nicht mal in der Bank reklamieren. Also verschleudern wir Milliönchen für Milliönchen in den umliegenden Geschäften, füllen Bier, Wein und Säfte auf, kaufen Milka, damit die Bordfrau nicht vom Fleisch fällt und fetten Schafskäse und merkwürdige Türkenwurst für den Kapitän, damit sein Cholesterin-Spiegel nur ja nicht erblindet. Nur das Millionen-Bündel will überhaupt nicht so recht kleiner werden. Abends schlagen wir noch mal in einem Restaurant richtig zu. Es ist unser Abschiedsessen von der Türkei und wieder richtig lecker.

„Early to bed and early to rise, makes a man healthy, wealthy and wise", sagen zumindest die Engländer, obwohl der Spruch von Benjamin Franklin sein soll. Egal. Wir leben danach, vielleicht haben wir ja Glück und die Weisheit findet doch noch zu uns.

Früh gehen wir schlafen, um halb 5 piept der Wecker. Es ist immer noch kräftig windig. Heute Nacht hat er sich nicht gelegt. Wir versuchen, so wenig wie möglich Lärm zu machen, wir wollen doch die Segler nicht wecken. Als wir um halb sechs aus dem Hafen tuckern, hilft Eos, die Rosenfingrige gerade der Sonne ihren Weg nach oben zu finden.

Kapitel 10

Ägäis

Das Ägäische Meer, früher Thrakisches Meer, ist ein Nebenmeer des Mittelmeeres zwischen der Türkei und Griechenland. Es ist 600km lang und bis

zu 300km breit. Dieses Meer müssen wir queren, um ans griechische Festland zu kommen. Die Küsten des Ägäischen Meeres sind zerklüftet, es gibt zahlreiche Buchten und viele Inseln. Bedeutende Männer wurden auf den Inseln geboren, Pythagoras, Hippokrates, Äsop, Euripides und viele andere, so alt bin ich ja auch nicht, um sie alle zu kennen. Die griechischen Götter waren hier zu Hause und fast sämtliche Heroen. Auch das viel beweinte Troja liegt am Ägäischen Meer, doch heute gehört es den Türken, sehr zum Missfallen der Griechen.
Der Name Ägäis soll zurückgehen auf Ägeus, den König von Athen und Vater des Theseus, oder auf Ägea, eine Amazonenkönigin, die im Meer ertrank oder auf eine alte griechische Stadt namens Ägä. So ganz einig sind sich die klugen Köpfe darüber nicht.

Unser erstes Ziel in der Ägäis ist die Insel Limnos. Sie ist ein winzig kleiner Vulkanhubbel 60 Seemeilen von den Dardanellen entfernt. Im 1. Weltkrieg diente sie als Marinestützpunkt gegen die Türkei, besonders in den Schlachten gegen Gallipoli und in den Dardanellen. Sie macht einen kahlen und unfreundlichen Eindruck, doch sie hat einige tief eingeschnittene Buchten, in denen wir uns verstecken können. Und das haben wir auch dringend nötig. Auch die Ägäis meint es nicht gut mit uns. 5 Windstärken brisen zu 6 auf und drei Meter hohe Wellen laufen seitlich von hinten auf und lassen uns taumeln wie einen aus der Bahn geworfenen Brummkreisel. Hera ist manchmal in den Wellentälern gar nicht mehr auszumachen.

Es ist völlig unnormal, heißt es, dass um diese Jahreszeit ein derartiger Dauersturm hier herrscht, doch der Wetterbericht macht uns keinerlei Hoffnung auf Besserung.

Es gibt Leute die haben Glück im Unglück und bei anderen ist es genau umgekehrt. Ich will jetzt bestimmt nicht im Chor der heulenden Engel mitmischen aber so macht Bootfahren wirklich keinen Spaß. Diese Gratwanderung zwischen Sein und nicht Sein zerrt an unseren Nerven und Beluga beginnt aus vielen kleinen Wunden zu bluten.

Die große Bucht ist umgeben von kahlen Bergen. Ein paar Häuser stehen einsam wie verlorene Bauklötze an den Hängen, ein bisschen Gestrüpp, spärliche Olivenbäume, einige windzerzauste Palmen hinter einer Mauer. Ein Schäfer treibt seine Herde zweimal täglich vorbei. Wohin nur? Was fressen die Viecher? Drei Kühe stehen wie Zinnsoldaten am Ufer, eine schwarze, eine gefleckte, eine bunte. Welche Namen wohl Kühe in Griechenland haben?
Und ständig dieser allgegenwärtige Wind, der die letzt Krume von den Bergen fegt und als gelber Belag auf die Boote wirft.

1

2

3

4

5

6

7

8

17

18

19

20

Bilderläuterungen

1   Casino von Constanza
2   Mangalia
3   Baltschik in Bulgarien
4   Tanken in Bulgarien
5   Baltschik in Bulgarien
6   Bosporus
7   Istanbul
8   Canakkale
9   Sonnenaufgang in den Dardanellen
10 Ägäis
11 Straße von Korinth
12 Nisis Trizonia
13 Brücke von Patras
14 Brücke von Othonoi
15 Gute Nacht Mondgöttin Selene
16 Kalabrien
17 Isla di Procida
18 Gaeta
19 Hafen von Livorno
20 Portovenere

Auch dieses Ausharren, Warten, die Zeit Totschlagen und so gar nicht Vorwärtskommen macht depressiv und unzufrieden. Wir haben ganz sicher kein in einen Regenbogen eingewickeltes Wunder erwartet aber diese vielen Unwägbarkeiten, Hindernisse, der seit Wochen anhaltende Sturm und die kleinen Missgeschicke machen uns vorübergehend mutlos. Wenn man wenigsten baden könnte, doch bei dem starken Wellengang selbst in der Bucht vor Anker, macht sogar das keinen Spaß.

In Limnos hat der Feuergott Hephaistos regiert. Er hat den Einwohnern die Kunst des Schmiedens beigebracht. Wahrscheinlich haben sie sich ein bisschen dumm angestellt und deshalb ist die Insel so kahl. Irgendwann haben sie es aber gelernt, denn sie haben die goldene Rüstung des Achill gefertigt, mit der er in den Trojanischen Krieg zog.
Auch die Argonauten hatte es nach Limnos verschlagen. Damals herrschte Königin Hypsipyle hier über ein ausschließlich weibliches Volk, da ein Jahr zuvor alle Männer wegen ihrer ständigen Untreue getötet wurden. Hypsipyle bot Jason Thron und Hand. Herakles verhinderte das und zwang die Freunde zur Weiterfahrt. Warum liegt bei ihm weniger auf der Hand als an einem anderen Körperteil.

Das hier wäre doch eher ein Land für die Hyperboeer, die sind Sturm und karge Landschaft gewöhnt, weniger für verzärtelte Flusspiraten deren Wind-Allergiequotient bei jedem weiteren Tag zu steigen beginnt.

Am dritten Abend verlegen wir in den Hafen von Myrina. Der Ort ist lebhaft, viele Touristen. Ich frage mich, was man hier treiben kann in diesen kahlen Buckeln. Wenigstens ist der Hafen gut geschützt, wenn auch der Hafenmeister uns mitteilt, dass morgen früh um 9 eine Fähre kommt und wir deswegen diesen Platz räumen müssen. Es wird sich schon was anderes finden. Für Helmut ist natürlich alles aan Woahnsinn, aan suuper Woahnsinn. Er liebt es wenn bis nachts um 3 das Volk vor seinem Schiff flaniert und man die Vorhänge ständig geschlossen halten muss, weil jeder seine Nase ans Fenster drückt, um zu sehen, wie es denn da drinnen aussieht und eigentlich kann man durchaus froh darüber sein, denn es gibt auch andere, die Beluga als Standkulisse für ihre Erinnerungsfotos dringend benötigen und dich ganz empört anschauen, wenn du sie freundlich bittest doch von deinem Achterschiff und aus dem Kapitänsstuhl zu verschwinden, nur weil du gerne selbst darin sitzen würdest.

Ein deutscher Segler lacht uns aus, als wir uns bei ihm ausweinen. Der Starkwind, der Meltemi, wäre hier um diese Jahreszeit völlig normal. Windstärken bis 8 Bft. nicht ungewöhnlich. Nur uns hat jeder erzählt, dass das Mittelmeer ja völlig windfrei wäre im Sommer. Und wir haben es geglaubt. Für die nächsten Tage sagt der Wetterbericht Beruhigung voraus. Vielleicht ist es uns vergönnt, uns bis in die Sporaden durchzuschlagen, da sollen wir dann von diesem Meltemi wirklich verschont werden.

Wieder einmal verabschieden wir uns von Hera. Diesmal ist es anders. In Istanbul ist Hera am Steg geblieben und wir sind abgefahren, jetzt verlassen wir gemeinsam den Hafen von Myrina. Es ist wie bei diesen Psycho-Beziehungskisten, zwei Schifflein begegnen sich auf dem großen weiten Ozean, fahren eine Weile gemeinsam und driften wieder auseinander. Ich fühle ein bisschen Wehmut. Monatelang ist es uns gelungen, die Eigenarten des anderen zu tolerieren und zu respektieren, keiner hat den Sicherheitskreis durchbrochen. Nach 10 Minuten hat sie der Dunst des aufsteigenden Morgens verschluckt. Jetzt sind wir endgültig allein unterwegs.
Das Meer liegt vor uns, so glatt wie wir es bis jetzt noch nicht erlebt haben. Eine graue Wasserwüste, darüber wie eine Käseglocke ein riesiger hellgrauer Himmel. Limnos verschwindet hinter uns im Dunst, nur die Sonne die über seinen Bergen aufsteigt zeugt noch von seiner Existenz. Dann ist gar nichts mehr. Trau ihr niemals und keinen Augenblick, auch wenn die ruhige See ihr falsches, verlockendes Lächeln zeigt, das haben wir gelernt.
Ich fühle mich ausgeliefert, diesem elektronischen Gerät, das uns schon einmal seine Grenzen gezeigt und uns im Stich gelassen hat, zwei Kursdreiecken, einer Karte groß wie eine Tischdecke und dem Können und Instinkt meines Kapitäns. Und nicht zuletzt dieser endlosen, dieser unbegrenzten Weite um uns herum.
Nach zweieinhalb Stunden meldet sich Hera nochmals über Funk. Sie haben in Gleitfahrt ihr Ziel schon erreicht. Die Verbindung ist schlecht, die Erdkrümmung liegt bereits zwischen uns. Lebt wohl ihr Zwei! Kämpft euch tapfer durch!

Nach vier Stunden tauchen im Dunst die Inseln Gioura und Piperi vor uns auf. Manfred macht eine kleine Kursänderung, die Strömung hat uns leicht versetzt. Der Wind ist völlig eingeschlafen, die See liegt vor uns wie ein glänzender Teppich. Wir passieren Alonissos, da frischt der Wind wieder auf. Zephir macht sich wichtig. Doch es gelingt ihm nicht, den Dunst von der Insel Skopelos zu vertreiben. Sie ist eingehüllt in dicken Nebel. Manfred muss das Radar starten, um zu erkennen wo die Insel aufhört, wo wir ihr Ende passieren können. Wir schleichen uns an Skiathos heran, die Sicht wird jetzt besser. Gott sei Dank, denn wir müssen eine Ankerbucht finden. Unser spärliches Kartenmaterial gibt da nicht viel her.

Morgen werden wir hinter der Insel Euböa verschwinden, da sind wir so geschützt, dass uns kein Wind was anhaben kann.
Die Bucht, die wir finden, ist eine Wucht. Ein übervölkerter Sandstrand zwischen Bergen. Dutzende von Booten vor Anker, glasklares, 20m tiefes

Wasser auf dem wir ankern dürfen, um von den anderen Ankerliegern frei zu bleiben. Wasserskiboote, die im Abstand von 2m an uns vorbei zischen, große weiße Motoryachten, die in Gleitfahrt in die Bucht ein- und ausfahren und jedes vor Anker liegende Boot lustig von einer auf die andere Seite werfen. Manchmal empfinde ich es als ungerecht, dass Menschen, die Stroh im Kopf auch noch Geld wie Heu haben. Außen vor der Bucht fahren in regelmäßigen, sehr kurzen Abständen Fähren und Tragflächenboote vorbei und schieben ihren Schwell in die Bucht. Jede dieser Wellen klatscht dir beim Baden ins Gesicht. Aber man muss zugeben, es ist ein wirklich idyllisches Plätzchen und in der Nacht könnte man höchsten die Schnecken im Salatbeet randalieren hören, wenn es denn eines gäbe.

Auch morgens ist es dunstig, fast neblig. Ufer und Inseln sind nur ganz schwach auszumachen, doch das Meer ist ruhig, kein Lüftchen bewegt sich. Stundenlang fahren wir in der Euripos, der Meerenge, Richtung Golf von Euböa. Alle Fenster und Türen sind auf, ein bisschen Fahrtwind vertreibt die stickig schwüle Luft aus Beluga.
Abwechselnd smsen unsere Buben und erzählen von einer Sintflut, die sie nächstens im Keller hatten. Weit von uns entfernt zieht eine riesige Fähre vorbei. Sie hat uns längst passiert, da kommen ihre Wellen. Manfred sieht Monster auf uns zukommen, dreht Belugas Nase gegen die Wellen. Schreit: „Halt dich fest - und die Kaffeekanne!" (Sein Glück in dieser Reihenfolge) Das erste Monster hebt uns hoch, verschwindet unter uns, lässt uns ins Wellental plumpsen, das zweite Monster steigt vorne über den Bug ein. Das Fenster ist auf.

Ich denke, dass es sich etwa so abgespielt hat: Das Wasser klatscht durchs Fenster gegen die Decke, wird zurückgeworfen bis in die vordere Spitze, knallt zurück und läuft sich in der Küche aus.

Es ist alles nass. In der Pantry versuchen Teppich und Mülleimer den Freischwimmer zu machen. Im Vorschiff freuen sich Gummistiefel und Regenjacken endlich mal wieder richtiges Wasser zu sehen. Waschmaschine und Trockner wundern sich wieso jetzt sie gewaschen und geschleudert werden. Die Kühlbox scheint Tränen zu lachen weil innen drin die Wasserflaschen ein lustiges Bad in der Menge nehmen. Die Klappstühle auf der Koje freuen sich über ihren neuen Platz am Swimmingpool. Und ich packe sämtliche Lappen und Schwämme aus, um der Sintflut Herr zu werden. Die dabei von meiner Stirn rollenden Tropfen versüßen das ganze und fallen nicht ins Gewicht. Freundlicherweise haben einige Läufer und Teppiche sich bereits als Rückhaltebecken erwiesen und das Luk zur Bilge hat gnädig einiges nach unten ablaufen lassen, was Manfred dann bäuchlings wieder raussaugen kann. Immerhin hat die Aktion den Vorteil, dass mal wieder ordentlich klar Schiff in

Vorschiff und Küche gemacht wird. Und sämtliche toten Mücken ihre bequemen Gräber in den Ecken zu verlassen haben.

Der Kommentar meines Kindes Nr. 2, Robin: „War wenigsten kein Knödel drin!"

Immerhin ist Salzwasser was gutes, zumindest für ein Solei. Solei zu sein hat eigentlich keinen Nachteil, jeder hat dich zum Fressen gern. Und Salzwasser konserviert, darüber sollten die Damen mal nachdenken. Ich habe noch nie gehört, dass einer einen Schinken in Collagen eingelegt hat.

Und weil es auch mittags noch dunstig ist, hat Manfred schon lange das Radar an. Ein merkwürdiges Land dieses Griechenland, die Sonne verbrennt dir die Haut und 1km vor dem Schiff siehst du ins Leere. Ich werde wohl mit den römischen Göttern gemäßigter umgehen müssen, wenn wir sie denn jemals erreichen, denn erst mal ist vor uns ein Nadelöhr genannt Brücke, welche die Insel Euböa und das Festland verbindet, die zu flach ist und gehoben werden muss.

Ach Gottchen ist so eine Seefahrt lustig. Zum totlachen.

Die Hügel und Felsen wachsen immer mehr zusammen, der Golf wird schmaler. So etwa ist die Aussicht, wenn man im Bodensee fährt, nur dass hier die Felsen kahl und die Hügel spärlich mit Olivenbäumen bewachsen sind. Die Hitze kocht dich gar und die Eintönigkeit der aus dem Dunst auftauchenden und wieder verschwindenden Felsen schläfert ein. Der Tag zieht sich genauso endlos wie die vielen Seemeilen die immer noch vor uns liegen.

Wenn man dieses aus dem Dunst aufsteigende Land einmal gesehen hat, dann ist einem völlig klar, woher die Sagen und Märchen kamen und wieso die Griechen ein Volk der Seefahrer wurden.

Man gehe mal 3.000 Jahre zurück. Da waren es diese jungen griechischen Stämme, die abenteuerlustig aufs Meer hinausblickten, denn in ihren unwegsamen Bergdörfern gab es nichts außer Schafe und Ziegen. Was sahen sie? Von fast jedem Punkt ihrer Küste sahen sie nur Inseln, mit unzugänglichen Gebirgen, von Buchten zerschnitten, mit harten, kantigen Konturen. Und dann diese beständigen Sommerwinde aus dem Norden, da musste man als Grieche doch zwangsläufig zum Kauffahrer werden. Um diesem kargen Land zu entkommen breiteten sie sich mit Kolonien immer weiter aus, sie schafften es ins Schwarze Meer (man nimmt übrigens an, dass die Fahrt Jasons eigentlich so eine Expedition war), bis Zypern, nach Sizilien, über Korsika und Frankreich bis nach Ostspanien. Plato meinte, die Griechen hielten die Küsten des Mittelmeeres besetz wie Frösche ihren Teich. Dieser Periode verdankten wir die Entwicklung der Navigation. Es gab Karten von Strabos und Ptolemäus, einen Küstenführer genannt Periplus und den Pharos, den Leuchtturm von Alexandria, eines der sieben Weltwunder.

Nadelöhr Brücke

Um 17 Uhr legen wir am Kai von Chalkis an. Auf der Uferpromenade herrscht reger Betrieb. Kneipe an Kneipe, Restaurant an Restaurant, Tische und Stühle stehen natürlich draußen, man will ja sehen und gesehen werden. Manfred marschiert zur Kapitanerie, um die Durchfahrt durch die Brücke anzumelden. Wir sollen spätestens um 21 Uhr an Bord sein, besser schon eine halbe Stunde vorher, sagt man ihm. Wann die Brücke geöffnet wird, ist allerdings noch nicht bekannt.

Wir sitzen auf dem Achterschiff, hoffen dass die Temperaturen erträglicher werden wenn die Sonne untergeht. Starkwind kommt auf, hatten wir ja schon so lange nicht mehr. Der Wind steht direkt auf Beluga, drückt sie an den Kai, das wird ein schwieriges Ablegemanöver werden. Doch es tut sich nichts. Die Promenade füllt sich immer mehr. Sämtliche Tische in allen Kneipen sind voll besetzt. Laute Musik spielt, die Meute der Flanierer lacht und unterhält sich, Lärm wie auf einem Jahrmarkt. Es ist ein Jahrmarkt, ein Jahrmarkt der Eitelkeiten. Alles flaniert, promeniert, stolziert. Ich habe Muße, die Spaziergänger zu betrachten. Gottes Tiergarten ist groß und bunt. Die Prädikate, die sie für sich in Anspruch nehmen, jung, laut, gutaussehend, intelligent, unterhaltsam - junge und alte Leute, laute und stille, kleine und große, hochelegante und konfektionsgekleidete, reiche und unbemittelte, schöne und hässliche, fette und dürre, intelligente und dumme, unterhaltsame und langweilige. Alle scheren sich keinen Deut um die Probleme der Welt. Heute ist Samstag, da wird die Nacht zum Tag. Wer was auf sich hält ist hier. Man muss sich sehen lassen, die neuste Mode selbst kreieren. Nabelfrei natürlich, das ist in. Hochsaison haben Brustbänder und Lendenschurz. Hosen, knackig eng oder groß, dass ich mir zu meiner Zeit locker hätte aus jedem Hosenbein einen Wickelrock machen können. Leider gelingt es vielen Frauen nicht so Recht, ihre Größe zu schätzen. Die richtig Dicken, die wickeln ihre üppig zerfließenden Konturen in ein ordentliches Zirkuszelt, doch die Molligen, die mit den Kurven an den falschen Stellen, die können nicht glauben, dass sie längst aus ihren Hüfthöschen und Wickeltops herausgewachsen sind, dafür schätzen sie ihren Busen immer eine Nummer größer und können der Erdanziehungskraft kaum gegenhalten.

Die Herren, die Krone der Schöpfung, mit erdkugelförmigen Bäuchen, die über den Hosen hängen, die am Knie abrupt zu Ende sind, weiße Socken bis Mitte der Waden und dazu die eleganten braunen Sandalen Marke „Watschel dich wohl". Wirkliche Männerschönheit kann nichts entstellen. Dazwischen die, die von ihrer Schönheit durchdrungen sind bis zur Unerträglichkeit. Je dünner das Haupthaar, desto aufdringlicher der Bart. Und den Jungen hängen die drei

Nummern zu großen Zwickel in der Kniekehle. Glücklicherweise kommt jede Mode aus der Mode.

Es wird gebalzt auf Teufel komm raus. Interessant ist, dass sich bei der menschlichen Spezies die weiblichen Wesen für die Männer herausputzen und sie betören und nicht umgekehrt wie in der Natur. Bei uns haben die Frauen das prunkvolle Gefieder und das Balzverhalten ist einwandfrei ihre Domäne.

Zwischenzeitlich sind etliche Folkloretruppen aufmarschiert. Sie tanzen in ihren dicken Trachten und die griechische Countrymusic hält tapfer gegen den Rock aus der Kneipe. Ein Stelzenmann verteilt Reklame, die Promenade wird eher noch voller. Auf der Brücke seit Stunden eine Autoschlange in jede Richtung. Es wird 11, es wird 12, Mitternacht ist längst vorbei. Um 1 ist die Brücke immer noch zu. Das wird eine lange Nacht. Hinter der Brücke müssen wir ja noch einen Liegeplatz suchen.

Dem Wind ist das alles zu langweilig. Er hat sich wieder schlafen gelegt, nachdem er übermütig pustend das Gewitter vertrieben hat.
Helmut bräuchten wir jetzt, mit seinem Getue, als habe er gerade wieder eine Goldmine entdeckt. „Aan suuper Woahnsinn", diesmal hätte er Recht.

Um 1.15 erscheint das Signal am Mast. Wir legen ab, dümpeln rum, warten. Der Brückenmeister ruft über Funk noch mal alle Boote mit Namen zum Standby. Fischtrawler, Segler und wir, viele kleine Fischerkähne dazwischen, die einfach nur angeln. Um 1.45 Uhr öffnet sich die Brücke, alle schlüpfen durch das schmale Nadelöhr. Hinter der Brücke liegen Dutzende von Boote, die auf die Weiterfahrt warten. In diesem Becken, ohne Promenade am Ufer, ist es sacknacht. Wir tasten uns in den Yachthafen und werfen neben einem deutschen Katamaran den Anker. Es ist 2 Uhr.

Am nächsten Tag unterscheiden sich die letzten Meilen in der Ägäis und dem Golf von Euböa nicht von den vorangegangenen. Es ist dunstig, die Ufer sind steil, manchmal stehen große Felsen im Wasser. Die Landschaft ist dramatisch aber unveränderlich. Der Autopilot hält schnurgerade den Kurs. Was macht man an so einem heißen Sonntag? Trinken, essen. Liebe, lesen und manchmal eine kleine Kurskontrolle, nicht unbedingt in dieser Reihenfolge. Am Nachmittag brist der Wind auf, Dünung rollt in die Bucht, schaukelt uns ein bisschen. Sie können ruhig ihr Schlechtestes geben, wir halten dagegen. Morgen fahren wir in den Golf von Athen.

Doch zuerst müssen wir mal einen Liegeplatz für die Nacht finden. In Livradon ist ein kleiner Hafen, das ist kurz vor dem Kap, das wir dann morgen in aller

Frühe und wenn wir Glück haben ohne Sturm umrunden können. Vor diesem Kap sind wir von allen gewarnt worden. Hier würde es uns noch mal ganz schön tunken.

Das Hafenhandbuch weist den Hafen in Livradon als netten Platz aus, mit Ankermöglichkeit, geschützt hinter einer Mole. Die nächst Übernachtungsmöglichkeit wäre eine große Marina, darauf können wir verzichten.

Der Hafen ist keinesfalls mehr das, was im Handbuch beschrieben steht. Kräne stehen am Ufer, Berufsschifffahrt belegt die Molen. Landseitig stehen Yachten. Ein Frachter legt gerade ab, als wir in den Hafen einlaufen, steht quer im Becken und wir müssen uns an ihm vorbei schlängeln. Der Ausflugsdampfer vor uns entpuppt sich beim Näherkommen als Ägyptische Mega-Yacht. Manfred sucht einen Platz am Ende eines Molenkopfes. Wir legen seitlich an. Vor Buganker ist ohne Hilfe von Land fast nicht möglich. Dann geht er zum Hafenamt, um unser Transitlog abstempeln zu lassen.

Auch hier ist die Mole der Flanierplatz für Einheimische und Urlauber. Angler düsen mit ihren Autos vorbei, parken, steigen aus, breiten sich aus. Mopeds, Motorroller, Jungens mit Fahrrädern, Eltern mit Kinderwagen, drei kläffende, verlauste Köter mit zwei Jungen. Dass das alles auf dieser Mole Platz hat?!

Der Schwell der außen vorbeifahrenden Frachter und Fähren lässt uns an der Mauer Aufzug fahren.

Ein kleiner, stämmiger Grieche mit einem Block in der Hand kommt wichtig auf uns zu. Er muss die Hafengebühren kassieren. Ich debattiere mit ihm, weil Manfred die Auskunft von der Hafenbehörde hat, es würde nichts kosten. Doch anscheinend bezog sich das „nichts kosten" nur auf die ihm erteilten Stempel im Tansitlog. Er rechnet uns über 16 Euro aus. Wir sind empört. 16 Euro für so einen miesen Platz, das kann ich kaum glauben und sage es ihm auch. „We are an Olympic Harbor", macht er sich wichtig. Ob ich schon mal was von Olympia gehört hätte, will er wissen, dieser sichelbeinige, kleine Schweinehirt. Und wenn wir Strom bräuchten, das ginge extra, läppische 20 Euro für einen Tag. Ich frage ihn, ob es sein könne, dass ihre Leitungen aus Gold sind oder dass statt Strom vielleicht olympisches Gold vorne raus käme? Für Wasser will er noch mal 5 Euro. Muss also Danziger Goldwasser sein. Wir lehnen alles dankend ab, außer dem Platz, den brauchen wir nun mal. Und dass wir es gleich wüssten, es ist dieses Jahr verboten in die Häfen im Golf von Athen einzufahren, nur so zum Gucken und dann wieder rauszufahren, wegen Olympia. Es würde mir gut gefallen, könnte ich ihn Obelix-mäßig ein bisschen über seinem doofen Olympia baumeln lassen. Doch nein, wir zahlen zähneknirschend unsere 16 Euro. Später kommt er noch mal, er hätte gerade den Wasserhahn aufgemacht, wenn wir wollten sollten wir einfüllen, ohne Bezahlung, wer weiß wann es wieder was gäbe.

Von 6 bis 8 plärrt der Pope seinen Gesang durch den Lautsprecher und zwischenzeitlich läuten metallisch ein paar Glocken. Der Muezzin war ein flottes Kerlchen gegen ihn.
Gegen 11 wird's ruhiger auf der Mole, die Angler packen ein, die Spaziergänger verziehen sich, wir gehen ins Bett, hatten erst letzte Nacht eine kurze Nacht. Um 1 stehen zwei Quarkfrösche neben Beluga und lallen und lallen und lallen. Nach einer halben Stunde schießt Manfred aus dem Bett und brüllt sie an: „Its better you go jetzt weiter, sonst you become a problem with me!" Nach einer Weile verziehen sie sich. Um halb 5 fangen die Hafenköter im Chor an zu kläffen und hören nicht mehr auf, bis wir um kurz vor sechs halt aufstehen. Alles dies war die kostenlose Zugabe für lumpige 16 Euro.
Manchmal habe ich Träume wie ein kleines Kind. Ich hatte mir ausgemalt, wie dieses Griechenland sein müsse. Dass es ein hügeliges karges Land ist, das war mir schon klar. Nur dass es so hügelig, eigentlich nur bergig, felsig und karg, sehr karg ist, damit hatte ich irgendwie nicht gerechnet. Ich habe geträumt von idyllischen kleinen Buchten umgeben von Zypressenhainen und wilden Orangenbäumen, von menschenleerem Sand hinter einer blauen Lagune, vielleicht ein kleines Fischerdörfchen mit einer Kneipe, in der man mit den Fischern Wein trinken könnte und am Hafen auf der Mole einen Fisch grillen würde. Hätte ich davon geträumt, die griechischen Götter würden mich im Olymp zu einem Becherchen Nektar einladen, vielleicht wäre das eher eingetroffen.
Jede dieser romantischen Buchten ist, wenn nur in etwa möglich, bebaut. Die Häuser und Hotels hängen wie Krähennester am Hang. Ist irgendwo ein Zipfelchen Sand, liegt er voll mit Sonnenanbetern und davor auf der wundervollen Lagune wiegen sich Dutzende von Yachten und Booten im blauen Wasser. Es gibt sie anscheinend nicht mehr, die unberührten Fischerdörfchen mit ihrer urigen Dorfidylle. Alles ist überschwemmt mit Touristen. Sie haben mittlerweile wohl auch den hintersten Winkel entdeckt.

In aller Frühe umrunden wir völlig windstill das Kap Sounion. Winken dem Tempel des Poseidon zu - er hatte von hier oben bestimmt einen herrlichen Ausblick über sein Reich - und peilen den Golf von Athen an.

Das nächste Nadelöhr

Der Golf von Athen oder Saronischer Golf ist eine stark befahrene Wasserstraße. Hier ist Griechenlands größter Hafen, der Hafen von Piräus. Er wurde 493 v. Chr. von Themistokles gegründet. Mittlerweile sind Athen und Piräus ein zusammenhängendes Stadtgebiet. Dutzende von großen Fähren und schnellen Tragflächenbooten eilen an uns vorbei und wir begegnen ihnen mit großem

Respekt, schon einmal haben wir Lehrgeld bezahlt, so nach dem Motto: „Ein Schiff wird kommen und bringt mich zum weinen", oder so ähnlich. Riesen-Frachter ziehen ein, wie auf einer Schnur aufgezogen. Ununterbrochen plärrt Piräus traffic control Anweisungen über Kanal 11. Und erschwerend kommt hinzu, dass der Golf durchsetzt ist mit Inseln und Felsen. Es müssen Hunderte sein. Unter anderem auch die Insel Salamis, hinter der die Griechen dem Heer von Xerxes das Fürchten lehrten. Hydra, die Wohlbewässerte, Poros mit Zitrushainen, Aegina mit einem Tempel der Göttin Artemis, Spetses und Angistri mit ausgedehnten Kiefernwäldern. Ob hier Ganymed, der göttliche Mundschenk des Olymp, immer die Reste der Ambrosia-Becher ausgeleert hat? Oder vielleicht haben ja Pegasus oder gar die Rosse von Pallas-Athene beim Einmarsch ins göttliche Heim jede Menge Pferdeäpfel verloren? Vielleicht hat aber Poseidon einfach ein paar gemütliche Plätzchen gebraucht, damit sich seine Nereiden in der Sonne trocknen konnten? Oder war es Prometheus, der die übriggebliebenen Lehmhäufchen einfach aus dem Olymp warf, als er der Bastelei der Menschen überdrüssig wurde? Oder war es gar Zeus selbst, der seine Donnerkeile wie Handgranaten auf die Erde schleuderte, weil Hera ihm gerade mal wieder eine Eifersuchtsszene machte und die Sauerei dann gnädig mit Wasser zudeckte? So ganz richtig wird sich das heute wohl nicht mehr feststellen lassen.

Für Manfred gibt's da gar nichts zu überlegen: „Korinthenkacker!"

Wir jedenfalls ziehen stramm durch und schlängeln uns wie die Slalomfahrer zwischen Inseln, Felsen, Schiffen und Fähren hindurch, bis die Welt vor uns mit einer Schranke verschlossen ist.

Wir sind vor der Straße von Korinth.

Der 78 m hohe Isthmus von Korinth fesselte als einzige Landverbindung den Peloponnes ans griechische Festland. Früher hat man die Schiffe über die Enge gezogen. Das war sehr mühsam, deshalb hat man von 1881 - 1893 den 6.343m breiten Isthmus durchstochen und einen Kanal gebuddelt. Vorne und hinten ist er mit einer Brücke geschlossen. Natürlich kostet die Durchfahrt Geld, wie könnte es auch anders sein.

Ein neuer Anleger wurde gebaut und ein sehr futuristisches Überwachungsgebäude. Hier muss man zahlen. „190 Euro", sagt der uniformierte Typ hinter seinem Schreibtisch und hätte ich nicht auf einem Stuhl gesessen, ich wäre glatt aus den Latschen gekippt. Ob er mich für Rockefeller hält, will ich wissen. Doch das lässt ihn natürlich kalt. Der Kanal sei jetzt privat und im übrigen wären auch noch 18% Mehrwertsteuer drin. Ein schöner Trost. Der Meter Kanal 3 Cent, ist doch wirklich preiswert.

Auf der anderen Seite des Kanals liegt die Stadt Korinth auf dem Peloponnes. Im Vertrauen, die Korinthen, die kommen wirklich aus dieser Gegend. Korinth existiert schon seit 4.000 Jahren und war so 650 v. Chr. das wichtigste Handelszentrum des antiken Griechenland. 146 v. Chr. wurde die Stadt von den Römer zerstört, doch 44 v. Chr. Ließ Caesar sie wieder aufbauen. In den Jahren 54 u. 55 hat der Apostel Paulus mit der Stadt Korinth korrespondiert, seine beiden Briefe kann man im Neuen Testament nachlesen. 395 sind die Goten einmarschiert und Alarich ließ die Stadt verwüsten und 521 zerstörte ein Erdbeben die Stadt vollends. 1858 wurde die wieder aufgebaute Stadt erneut von einem Erdbeben zerstört und ein Stück weiter weg, am Korinthischen Golf, an der heutigen Stelle wieder aufgebaut. Doch 1928 hat sich auch hier die Erde geschüttelt und verheerende Verwüstungen angerichtet. Außer den Ausgrabungsstätten im alten Korinth, das übrigens von dem bekannten Sisyphos - das ist der mit der ständig wiederkehrenden nutzlosen Beschäftigung - gegründet worden sein soll, gibt es in der Stadt keine richtigen Altertümer mehr. Aber es gibt einen netten Hafen, der bezahlbar ist, und einen prima Supermarkt mit lecker gegrillten Hähnchen. Dafür lässt mein Kapitän jede noch so reich verzierte Korinthische Säule links liegen.

In Korinth endete die Geschichte von Jason und Medea. Sie haben geheiratet, bekamen zwei Kinder und lebten lange Jahre hier glücklich und zufrieden. Zumindest solange, bis Jason in den zweiten Frühling kam. Da stellte er fest, dass nicht nur er, sondern auch seine Angetraute älter wurde. Heute angeln sich die Herren der Schöpfung in so einem Fall eine rappeldürre, blonde, kaum den Kinderschuhen entwachsene Barbie-Puppe, Jason angelte sich Glauke, die Tochter des Korintherkönigs Kreon. Da damals den verlassenen Ehefrauen ein guter Scheidungsanwalt verwehrt war, schritt Medea selbst zur Tat. Zimperlich war sie ja nie. Sie vergiftete die Nebenbuhlerin und tötete ihre Kinder, damit dem treulosen Gatten gar nichts mehr blieb. Jetzt geht die Sache je nach Blickwinkel unterschiedlich aus.
Version 1: Medea suchte in einem drachenbespannten Wagen das Weite und entschwebte durch die Lüfte. Jason stürzte sich aus Gram in sein eigenes Schwert.
Version 2: Medea irrte nach dem Mord an ihren Kindern für den Rest ihres Lebens einsam durch die Königreiche des damaligen Griechenlands. Jason aber hatte die Gunst der Götter verwirkt, als der Medea verstieß. Er irrte jahrelang genauso einsam durch die Welt, bis er als gebrochener, alternder Mann in seine Heimat zurückkehrte. Unter der vermodernden Argo sitzend gab er sich seinen

wehmütigen Erinnerungen hin, bis ihn eines Tages der herabstürzende Schiffsbug der Argo unter sich begrub. Ende Jason!

Ionisches Meer

Der Golf von Korinth ist ein Meeresarm des Ionischen Meeres zwischen dem Festland und dem Peloponnes. Er ist so ca. 140km lang und im Schnitt 24km breit. Jetzt haben wir zwar die Ägäis endgültig hinter uns, aber der Golf von Korinth lässt sich nicht lumpen und empfängt uns gleich mit satten 5 Bft. Sollte es eine Windgrippe geben, dann nehm ich sie jetzt.

In der Nacht legt sich der Wind, so dass wir an eine Weiterfahrt denken können. Vielleicht könnte Hermes mal ordentliche Arbeit leisten und seiner Aufgabe als Beschützer der Wanderer, Seefahrer, Diebe und Kaufleute (trifft doch alles auf uns zu) gerecht werden.

Es könnte sein, dass er meine Forderung vernommen hat, denn er vertreibt das aufkommende Gewitter und handelt mit Aiolos wohl eine kurze Gnadenfrist für uns aus. Doch Zephir scheint außer Rand und Band zu sein und schießt wie ein Irrer völlig ungebremst aus dem Ionischen Meer in den Golf. Mittags streichen wir endgültig die Segel und verschwinden zwischen ein paar Inseln vor dem Festland.

Der Peloponnes ist auf dieser Seite mehr als unergiebig, was Fluchthäfen anbelangt. Doch allein die Orte Olympia und Sparta verleihen ihm eine enorme Wichtigkeit. Tantalos, das ist der mit den Qualen, verdankt der Peloponnes eigentlich indirekt seinen Namen. Der Tantalos war ein unehelicher Sohn von Zeus. Und wie das oft so ist, bei Sprösslingen mit dem goldenen Löffel im Mund, brachte er es zum König von Phrygien und wurde sehr reich. Die Götter luden ihn sogar manchmal ein, ein Becherchen Nektar im Olymp mit ihnen zu nehmen und ihren Gesprächen zu lauschen. Und mit der Zeit wurde er auch ein bisschen größenwahnsinnig deswegen. Er klaute den Göttern Nektar und Ambrosia und tratschte ihre Geheimnisse rum. In seinem Geltungsbedürfnis wollte er sogar die Allwissenheit der Götter testen, lud sie zu einer Grillparty und servierte ihnen seinen Sohn Pelops in appetitlichen Häppchen als Chicken Wings. Darüber war Zeus so stinkig, dass er den Tantalos in den Hades verbannte zu seinen ewig währenden Qualen und den Pelops wieder lebendig machte und ihn als König im Süden Griechenlands einsetzte, auf dem Peloponnes.

Als wir endlich in dem kleinen Hafen Nisis Trizonia an die Mole gehen, klatschen uns 8 Bft. um die Ohren, dass es nur so rauscht.

Der Hafen liegt voller Segelboote. Viele Engländer, da kann man sicher sein, dass es preiswert ist und tatsächlich, liegen ist sogar kostenlos.

Ein deutscher Segler erzählt uns, dass er seit 2 Monaten in der Adria unterwegs ist und kein bisschen Wind hatte. Wir empfehlen ihm, sich uns anzuschließen, wir saugen den Wind anscheinend gerade zu an.

Nachts flaut der Wind wieder etwas ab, Ionian Sea meldet 1 – 2 Bft. also machen wir uns wieder auf. Im Golf von Patras steht eine kräftige See und ca. 4 Windstärken gegen uns, doch Wind und Wellen von vorne lassen uns kalt. An der schmalsten Stelle zwischen dem Festland und dem Peloponnes sind sie dabei eine Brücke zu bauen. Patras trafic controll funkt jeden an. Leider ist er sehr schwer zu verstehen. Wir sollen nach links fahren, befiehlt er über Funk, was Manfred gar nicht einsehen kann, denn da stehen zwei Bojen und ein Arbeitsschiff und das ist die einzige Durchfahrt, die wirklich eingeschränkt ist. Kaum haben wir die Nase nach links gedreht, brüllt er wieder, wir sollen nach rechts fahren, also unseren alten Kurs. Zwei ganz normale Verkehrszeichen auf der Brücke und sie könnten sich ihren Durcheinander sparen. Der Yachtverkehr Richtung Athen ist enorm. Wir unterscheiden nur noch zwischen Mega-Yachten und Super-Yachten, die Segler nehmen sich da aus wie Beiboote. Die Betreiber des Korinthkanals werden sich in nächster Zeit die Hände reiben.

Im Ionischen Meer hat es tatsächlich wenig Wind und endlich können wir unsere italienische C-Map starten und müssen uns nicht mehr wie die blinden Hühner zwischen den Inseln durchtasten.
Nachmittags kommt die Insel Kefallina in Sicht. Ihr gegenüber mündet mit einem sumpfigen Delta Griechenlands zweitlängster Fluss, der Acheloos in das Ionische Meer. Sein Delta ist eines der größten Biotope im Mittelmeerraum.
Akheloos war übrigens der älteste der 3.000 Söhne des anscheinend sehr potenten Wassergottes Okeanos und seiner Frau Tethis. Er war der Gott des Süßwassers und der Vater der Nymphen.

Leider hält das Wetter nicht das, was der Bericht versprochen hat, an der Inselspitze von Kefallina haben wir bereits wieder 5 Windstärken. Bis 15 Uhr haben sich die Wellen zu einer Höhe von 1,5m aufgebaut. Wir werden eingesalzen wie ein wachsweiches Frühstücksei. Ithaka, im Dunst fast nicht zu erkennen, deckt uns ein wenig ab und die Wellen lassen nach. Ithaka war die Heimat von Odysseus. Als er am Ende seiner Irrfahrten hier erwachte, erkannte er die Insel kaum wieder, da sie im Nebel lag. Wir haben bis jetzt keine griechische Insel ohne Nebel gesehen.

Es ist mir eigentlich schon klar, dass meine Leser es mittlerweile satt haben: Der Wind brist auf, der Wind flaut ab, das muss einen Menschen ja weich machen. Und wenn ich ehrlich bin, ich hab es auch satt!
Wind oder kein Wind, Wellen oder keine, ich hab es satt, dass alles salzig ist!
Ich hab es satt, dass die Haarwurzeln weh tun, weil ständiger Wind daran zerrt.
Ich hab es satt, dass dieser Wind ständig Sand aus den Bergen auf uns wirft.
Ich hab es satt, dass das Schiff innen und außen wie ein Müllhaufen aussieht.
Ich hab es satt, dass man sich ständig irgendwo festklammern muss.
Und ich hab es satt, dass ich alles satt habe. Das ist gar nicht meine Natur!

Da ich immer ehrlich zu mir selber bin, weiß ich auch, dass dieses momentane Tief einzig und allein aus unserer Einstellung zu der Sache kommt.

Wir haben nie einen Badeurlaub am Meer gemacht, weil wir Salzwasser, Sand und sehr viel Sonne nicht mögen. Der südländische Touristenrummel war uns schon immer ein Gräuel.

Unsere Beluga hat sich treu bewährt und tapfer gehalten. Durch den schmalen, schlanken Bug setzt sie sehr weich in die Wellen, doch durch die zwei Kiele rollt sie bei seitlichem Wellengang sehr unangenehm. Sie ist einfach kein Seeschiff. Dass sie plötzlich an allen Ecken und Winkeln zu rosten beginnt, trifft uns hart, obwohl wir auf Rostaufbrüche gefasst waren.
Wir haben mit allem gerechnet, nur nicht mit diesem ständig anhaltenden starken Wind. Natürlich weiß man, dass es am Meer immer eine leichte Brise hat, aber ständiger Starkwind?
Ganz unverständlich ist, dass der Wind den ständigen Dunst nicht vertreiben kann und man am hellen Tag im Sonnenschein mit Radar fahren muss, weil man die Inseln nicht sieht.

Jetzt könnte einer sagen: Selber schuld, ihr habt es ja nicht anders gewollt. Ja, wir haben es so gewollt. Wären wir die Donau wieder zurückgefahren hätten wir uns den Rest unseres Lebens darüber geärgert und geglaubt, wir hätten eine einmalige Gelegenheit verpasst.

Keiner kommt von einer Reise so zurück wie er weggefahren ist. Wer Weisheit erwirbt, hat mehr als Perlen, hat Hiob gesagt und der muss es wissen, er war ein geübter Dulder.

Wir haben auf dieser Reise gewonnen, an Weisheit und Erkenntnis. Wir wissen jetzt, dass wir dem in unserer Jugend eingestürzten Luftschloss einer Weltumseglung nicht mehr nachtrauern brauchen, es hätte uns keinen Spaß gemacht, nur blaues Wasser, blauer Himmel, todlangweilige Flaute oder furchterregende Stürme. Wir wissen jetzt, dass auch ein Boot oder ein Haus unter ständiger Sonne nicht unseren Geschmack treffen würde. Wir wissen jetzt, dass unsere Fahrten auf den Flüssen und Kanälen genau das ist, was uns Freude macht, uns ausfüllt und bei weitem genug Nervenkitzel für uns ist. Wir haben Erfahrungen gemacht, die uns keiner mehr nehmen kann.

So ist das Leben. Eine Mischung aus Dunkel und Licht. Man muss nur lernen abzuwarten bis die Sonne wieder scheint. Und wenn man Geduld hat, tut sie das immer, egal was geschehen mag.

Nach einer ruhigen Nacht in einer Marina machen wir uns abermals auf. Heute wollen wir unsere letzte Etappe in Griechenland angehen. Noch 70 Seemeilen, dann sind wir auf Korfu und können Wetter für die Überfahrt nach Italien abwarten.
Zum ersten Mal liegt eine klare Inselwelt vor uns, nicht verhangen, ohne Dunst. Die Bucht zwischen der Insel Levkas und dem Festland ist wunderschön, romantisch, idyllisch, wild dramatisch. Wo die Insel fast ans Festland stößt sind Lagunen und Seichtgebiete, Fischzucht und Salinen. Ein betonnter schmaler Kanal windet sich dazwischen hindurch. Ruinenreste stehen im Wasser, ein Wrack gammelt vor sich hin. Es ist völlig windstill in diesem schmalen Einschnitt.

Vor uns ist plötzlich wieder die Welt zu Ende. Eine Brücke verschließt die Ausfahrt ins Meer. Eine Stunde Wartezeit, dann wird sie zur Seite gefahren, die Schiffe können passieren. Wir treffen ein Meer mit mehr als 1m hohen Wellen und pfeifendem Wind an. Der Wind steht gegen uns, das Wasser fliegt. Keine Insel kann die tobende See ablenken. Wir peilen ein Kap an, es würde nichts bringen, durch die Bucht unter Land zu fahren. Die Wellen werden immer schlimmer. Es gibt nichts, was den Wind Meilen für Meilen hindern kann, heulend über das Kap ins Meer zu fegen. Er ist wie die Hand eines Riesen, der uns von unserem Ziel zurückhält. Wir geben auf, drehen ab, laufen in den Ambrakischen Golf und gehen in Preveza an die Kaimauer. Diesmal haben wir es nicht geschafft, doch unsere Zeit kommt noch. Bootfahren ist und bleibt die teuerste Form unbequem zu reisen.

Der ist der Beste, der in den schwersten Disziplinen geübt ist.
(König Archidamus II. von Sparta)

Wir machen einen Tag Pause, vielleicht hat sich ja der Wind etwas beruhigt, bis wir weiterfahren, und unsere Beluga braucht dringend ein bisschen Pflege. Der Sand, der sich außen ablagert, setzt sich auch innen ab. Man sollte nicht glauben, wie dreckig die Luft auf See ist. Manfred schleppt eimerweise Süßwasser und versucht wenigstens einen Teil der Salzkruste loszuwerden. Es ist völlig windstill, kein Schwell kommt von außen in die Bucht. Abends kommt ein leichter Wind auf und plötzlich schaukelt auch das Boot wieder ohne Unterlass. Das heißt Wind und Wellen vor dem Hafen. Manfred stellt den Wecker auf halb fünf. Wenn es morgen früh noch so ruhig ist, starten wir. Doch als der Wecker piept, sagt Manfred: „Bleib noch liegen, es schaukelt wie gehabt."
Doch nach langen Überlegungen werden wir uns einig, dass wir einen Versuch wagen. Sollte das Meer draußen zu sehr toben, drehen wir um und fahren zurück. Wenn nicht? Wir probieren es. Es hat kaum Wind. Die Dünung, die im Meer steht, läuft gegen uns und lässt uns Schiffschaukel fahren. Doch es ist zu ertragen, wir fahren weiter. Hinter der Abdeckung von Antipaxi und Paxi nehmen die Wellen sogar ab, der Wind schläft völlig ein. Eine glatte, nur leicht bewegte See ermöglicht uns eine traumhafte Fahrt, so wie eine Seefahrt sein sollte.
Zwischen Korfu und dem Festland ist der Teufel los. Frachter, Sportboote, Segler, die meisten unter Motor, einige unter Segel und eine Fähre nach der anderen. Diese Kisten sind unheimlich schnell und Manfred versucht, ihnen in weitem Bogen auszuweichen.
In die Bucht von Kerkira laufen zu gleicher Zeit 4 Fährschiffe ein und aus. Sie hupen sich gegenseitig. Keiner macht auch nur einen Deut langsamer, zwischen sie und ihre Wellen zu geraten wäre tödlich. Während sie mit 20 Knoten in die Bucht rasen, legen Glasboden-Boote im Hafen ab, kreuzen Ausflugsboote, schießen große und kleine Motoryachten dazwischen. Segler hüpfen über die Wellen. Wir versuchen dem Chaos in etwa auszuweichen und kommen uns vor wie der Hase auf der Treibjagd. Dazwischen faucht plötzlich eine steife Brise und setzt bissige kleine Wellen ab.
Mit reinem Pfadfinderglück finden wir bei diesem Chaos den Hafen. Landseitig ist er voll besetzt mit Fischern. An der Mole sind Plätze frei, aber man sieht dass normalerweise auch hier Boote liegen, denn überall liegen Taue und Fischernetze. Wir nehmen einen freien Platz nahe der Einfahrt. Natürlich hat sofort ein Ausflugsboot was zu meckern, er hätte zu wenig Platz. Zwischen uns und seinem Anleger könnte ein Köln-Düsseldorfer passieren. Wir legen uns auf einen Platz von dem gerade ein Segler ablegt. Ein Fischer verjagt uns. In einer Stunde käme einer für diesen Platz. Wir gehen weiter nach hinten auf einen Platz von dem er behauptet, er wäre frei. Nach einer halben Stunde kommt ein Ausflugsboot und will auf seinen Platz. Wir fragen ihn, ob wir auf ihn drauf liegen könnten. Natürlich sagt er, aber später kommt der Glasboddem, der wird auf ihn drauf liegen, dann müssten wir wieder weg. Wir verzichten für heute auf

einen Landgang, legen ab und suchen uns einen Ankerplatz in der Bucht. Außer dass in den nahen Yachthafen ständig Motorboote reinrasen und ein Wasserskiboot noch zwei Stunden seine Kreise um uns zieht und die Kapelle des Hotels gegenüber wunderschöne Weisen spielt und eine Sängerin begleitet und mehrere Hunde öfters kläffen, haben wir eine herrliche ruhige, windfreie Nacht.
Morgens lasse ich unser Transitlog beim Hafenmeister abstempeln, dann machen wir einen erneuten Versuch im Stadthafen. Wir wollen doch wenigsten die Stadt Korfu gesehen haben. Der Glasboddem gibt uns die Erlaubnis für einige Stunden seinen Platz zu nehmen und wir marschieren zur Stadtbesichtigung.

Die Stadt gilt unter Kennern als eine der schönsten im Mittelmeerraum. Leider gehöre ich nicht zu den Kennern. Schon Jason und Odysseus sollen hier gewesen sein und genauso lange sind die Straßen nicht mehr gekehrt. Die Altstadt ist wirklich alt, unrenoviert, baufällig. Das Spagettigewirr der Stromkabel entlockt einem ein leichtes Gruseln. Klar gibt es venezianische Treppen und Brunnen und Denkmäler.

Es gibt Cafes, Restaurants, Bars, Imbisse, Kneipen und alles spielt sich auf der Straße ab. Logisch bei der Hitze. Es wundert mich nur, dass keinen der bestialische Gestank aus den Gullis stört. Ich könnte nicht mit Genuss essen, wenn die Welt um mich nach Kloake stinken würde. Die Abwässer laufen völlig ungeklärt ins Meer. In jeder Stadt, in der wir in Griechenland angelegt haben, hat es gleich grauenhaft nach Scheiße gestunken und an den Kais ist alle paar Meter eine braune Brühe entronnen. Einwandfrei dominieren in den Gassen der Altstadt die Souvenirläden. Ramsch, Kitsch, Plunder, Krempel, Krimskrams, Klimbim und sonstiger Firlefanz, auch Klamotten und Schmuck, irgendwie muss man den Touristen doch das Geld aus der Tasche ziehen.

Und weil es immer noch windstill ist, entschließen wir uns heute noch ein Stück Richtung Italien zu schaffen. Es hat noch leichte Dünung in der See, runde Walzen, kein Problem.

Nach einer Stunde kommt eine leichte Brise auf. Nach zwei Stunden stehen schon wieder Wellen von 1,5m im Meer, der Wind nimmt zu. Wir überlegen, was sollen wir tun? Umdrehen? Der Weg zurück ist genauso weit wie auf die Insel. Vier Windstärken wurden für die Adria gemeldet, wir sind noch ein Stück weg, wird wohl nicht schlimmer kommen.
Doch es kommt schlimmer. Nach drei Stunden plärrt Olympic Radio eine Securite-Warnung durch den Äther, 7 – 8 Windstärken, in Böen bis 9. Großartig. Einige Minuten später schreit einer hilfesuchend mayday-mayday für die Coastguard Brindisi. Lecker. Beluga lässt kein Schlagloch aus. Die Wellen sind mittlerweile 4m hoch. Beluga steht zeitweise senkrecht im Wasser. Nicht mehr

jede siebte Welle ist ein Monster, jede Welle ist ein Monster. Eine hebt Beluga 4m hoch, lässt sie ins Wellental schießen, die nächste rollt lässig oben drüber. Manfred steht 3m hoch auf seinem Steuerstand und wird geduscht. Ich bin cleverer, ducke mich hinter Persenninge und Fahrstand und lasse die Flut über mich hinwegrauschen. Trotz allem ist es noch nicht so schlimm wie im Schwarzen Meer, weil die Wellen mehr von vorne als seitlich kommen. Wir kämpfen uns in die Abdeckung der Insel Othonoi. Jetzt habe ich wirklich Angst. Der Insel vorgelagert sind Untiefen und Riffe. Manfred kann zur Zeit unmöglich eine Kursbestimmung machen.

Er gibt sich cool. Immer nach dem Motto: Wir Schauspieler treten erst ab, wenn wir den Kopf unter dem Arm tragen. Doch der ist dann vorsichtshalber schon mal geschminkt.
Unter der Abdeckung der Insel wird der Seegang besser, jetzt kann er seinen Kurs bestimmen. Wir tasten uns in die Bucht, zwischen Klippen und Untiefen hindurch.

Der Albtraum vom August im Mittelmeer, heute hat er begonnen, allerdings nicht so wie der Spruch allgemein gemeint ist, nämlich gleißende Hitze von 40 Grad und keinem Hauch Wind.

Wir wollten einen Nervenkitzel. Wir sind reichlich belohnt worden, in mehrfacher Auflage, schwarz-weiß gedruckt.

Wir sind nicht die einzigen, die hier Zuflucht suchen. Die Bucht liegt voll, voll Segler natürlich, es hat ja Wind. Ein Motorboot kurvt dazwischen, auf der Suche nach einem Ankerplatz. Wenn er nur in die Nähe des Ankers kommt, hupt die Fähre. Wir schleichen uns zwischen allen durch, gehen dicht aufs Ufer, lassen den Anker fallen auf 1,5m. Das ist wenig aber er hält gut und wir sind von den anderen Ankerliegern frei. Alle Boote liegen viel zu dicht aufeinander.
Es kommt ständig zu Fast-Kollisionen, die jedes Mal in Geschrei münden. Und der Wind schläft nicht ein. Ständig treffen neue Hilfesuchende ein, doch die Bucht ist voll belegt, sie müssen draußen ankern, nahe der Untiefen.

Einem Segler haut vor lauter Debattieren das Schlauchboot ab. Als es schon fast außerhalb der Bucht ist, holt es ein anderer mit seinem Beiboot ein. Fallwinde von der Klippe lassen uns vorm Anker tanzen wie einen Flummy. 25 Boote haben hier mittlerweile eine Zuflucht gefunden. Das wird eine unruhige Nacht.

Ich koche Spaghetti. Nach einer Aufregung habe ich immer Hunger und muss was Gescheites essen. Die Packung fühlt sich feucht an, ja an einer Ecke ist sie nass. Das kann nicht sein, im Vorratsschrank ist nur die Filteranlage fürs Trinkwasser und die ist absolut dicht. Ich räume den Schrank aus. Andere Packungen sind auch nass. Manfred zwängt seinen Revuekörper in den Schrank. Außen am Rumpf von Beluga ist ein winziges Entlüftungsloch für den Kühlschrank. Dadurch ist bei diesem Seegang Salzwasser eingedrungen. Sachen gibt's, die gibt's gar nicht.

Und weil Nephele, die Wolkengöttin heute zu Hause geblieben ist, vielleicht um sich die Vorschau auf die Olympischen Spiele anzuschauen, kann Selene die Mondgöttin völlig nackt und unverschleiert traurig lächelnd auf das Chaos niederschauen, mit dem der Windgott Aiolos die Gäste seines Landes so leidenschaftlich gerne erfreut.

Wir sind mittlerweile an einem Punkt angelangt, wo es eigentlich Zeit wird, dass wir uns von den griechischen Göttern verabschieden. Wenn sie jetzt noch einmal auf den Plan treten, dann waren das lediglich Grenzscharmützel, weil sich oft die Zuständigkeiten nicht so recht abgrenzen ließen.

Eigentlich sind sie mir sehr sympathisch, diese griechischen Götter, weil wie so entsetzlich menschlich sind.

Der Zeus zum Beispiel, ein Kerl im besten Mannesalter, voll integriert in die Firma seines Vaters Kronos. Dieser will jedoch ums Verrecken nicht aufs Altenteil. Der wurschtelt vor sich hin, hat die ganze senile Verwandtschaft um sich geschaart, aber was Rechtes kommt bei ihrer Arbeit nicht mehr raus. Das Bruttosozialprodukt wird nicht gesteigert, Fortschritt ist auch keiner zu sehen, von Gewinnausschüttung kann keine Rede sein. Also rotten sich die Jungen zusammen und setzten nach enormen Anstrengungen den kompletten Aufsichtrat der Altherren-Liga ab.
Die Brüder sind sich ziemlich einig. Zeus ist der älteste und klügste, den machte man zum Oberboss, Poseidon als passionierter Wassersportler wird der Chef der Meere und der ewig mürrische Hades, der bekommt das Totenreich und wird Herrscher der Unterwelt.

Dann war da noch die ständig keifende, eingebildete Schwester Hera, die machte man mundtot, indem Zeus sie heiratete, und der anderen Schwester Demeter, der machte der Zeus ein Kind, damit sie erst mal beschäftigt war. Hestia hat sich nicht gewehrt und landete am Herd.
Als einziger aus der alten Firma wird Prometheus übernommen. Er war clever und listig, hat später sogar den Zeus ausgetrickst, was ihm bitter aufgestoßen ist und schwer auf der Leber lag. Ihm wurde die Aufgabe übertragen, Menschen zu basteln, nachdem Zeus seine eigene Nachkommenschaft mal so richtig unter die Lupe genommen hatte. Da war zum Beispiel Ares, der war so deppert, den

konnte man nur zum Kriegsminister machen. Oder Hephaistos, Hera hat ihn direkt nach der Geburt aus dem olympischen Fenster geworfen, der wollte ja nicht mal ein richtiger Gott sein. Er hatte einen Hinkefuß, wurde Schmied und war ständig dreckig und umgab sich mit so unheimlichen Gesellen wie den Kyklopen. Und damit keiner sehen konnte, was er so trieb, wanderte er nach Sizilien aus und richtete seine Esse im Ätna ein.

Eris geriet stark nach ihrer Mutter und verbreitete nur Zwietracht und Phersephone, die Tochter, die Zeus mit Demeter hatte, die war anscheinend so unansehnlich, dass man sie nur zu Hades in die Unterwelt schicken konnte. Dann war da noch die ewig jugendliche Hebe, die war so schusselig, die war nicht mal für die Essensausgabe in der Kantine geeignet. Und Eileithya, die wollte lieber Hebamme werden.

Da versuchte es Zeus noch mal im Alleingang und brütete Pallas Athene in seinem Kopf selbst aus. Die kam gleich gespornt und gestiefelt in voller Rüstung zur Welt und die Geburtswehen müssen schrecklich gewesen sein, weshalb er das bei dieser einmaligen Sache beließ.

Dann gab es noch ein paar ferne Verwandte, die bemüht wurden, wie Hermes oder Helios oder Aiolos oder Selene oder ganz wichtig Dionysos und wie sie alle hießen, sie bekamen alle untergeordnete Aufgaben in der neuen Firma und wenn sie nicht spurten, konnte Zeus ganz schön wütend werden und im Verbannen war er ein Ass.

Als Zeus aber sah, was Onkel Prometheus da für ansehnliche Menschen zusammenbastelte, da dachte er wohl, ein bisschen frisches Blut in der Firma könne nicht schaden und sorgte gleich für eine ordentliche Schar Kinder zur linken Hand, die seine Firma aufrechterhalten sollten. Es würde ihn schmerzen, würde einer denken, dass er vielleicht lüstern oder gar ein alter, geiler Bock gewesen sei.

Die Firma ist in dieser Besetzung auch einige Jahrhunderte gut gelaufen, bis dann wohl spätere Nachfahren den Olymp als Feriensiedlung verkümmert haben, um sich ein schönes sorgenfreies Leben zu machen.

Zu behaupten, wir würden Griechenland mit einem weinenden und einem lachenden Auge verlassen, wäre untertrieben. Die Menschen sind genau wie ihre Landschaft, karg, schroff, abweisend und ungastlich.

Eos sieht lächelnd auf unser Hinterteil, als die Insel und das Land im Dunst verschwindet, sich Selene zur Ruhe begibt und Helios seinen Sonnenwagen anschirrt.

> Wohin ich aber wandern mag,
> durch Meer und Wüsten, auf und nieder,
> zur Heimat führt ein ferner Tag,
> dich grüßt mein Auge niemals wieder.
> (Lord Byron)

Kapitel 11

Auf zu neuen Ufern

Die Strecke von Griechenland nach Italien durch die Straße von Otranto führt uns über die freie See. Steuerbord haben wir die Adria, backbord das Ionische Meer. Welcher Wetterbericht fühlt sich für uns zuständig? Es ist leicht windig, Dünung steht immer noch im Meer, leicht taumelig stolpern wir die 50 Seemeilen nach Santa Maria di Leuca.

Obwohl immer noch im Ionischen Meer, sind wir jetzt in Italien. Ab sofort ist nicht mehr Poseidon sondern der Römer Neptun für uns zuständig.

Wie das bei Verwandtschaft oft so ist, es gibt eine vornehme und ein weniger vornehme. Die römischen Götter waren einwandfrei die distinguiertere Sippschaft.

Saturn der Göttervater war ein freundlicher, gerechter Herrscher, der sich, nachdem sein Sohn Jupiter ihn entthront hatte, sang- und klanglos aufs Altenteil zurückzog, nach Latinum, das war die Gegend um Rom. Hier erlebten die Menschen unter seiner weisen Führung ein goldenes Zeitalter vollendeten Friedens und Glücks.

Seine Kinder Jupiter, Minerva und Juno bildeten die Trias und herrschten gemeinsam im römischen Götterhimmel.
Nie hat man von irgendwelchen Entgleisungen oder Fehltritten gehört. Manchmal waren sie über ihre Untertanen „not amused", dann straften sie auch, doch im Großen und Ganzen ließen sie sich anbeten und verehren und hielten sich vornehm zurück.

Noch einmal steht uns eine Strecke über freies Wasser bevor. Wir wollen die Bucht des Golfo di Taranto nicht ausfahren, sondern abschneiden.

Der Wetterbericht verspricht uns für das Ionische Meer und den Golf von Taranto 1 – 2 Windstärken. Auch der Wetterbericht des Hafenmeisters macht uns Hoffnung, maximal 3 Bft. sind angesagt. „Haut ab", sagt er.
Ein angenehmes Lüftchen säuselt durch den Hafen, die See ist noch leicht nervös, nach einer Stunde ist das Festland nicht mehr zu sehen, im Dunst versackt.
Um uns ist nur die leicht kabbelige See. Das Telefon ist tot. Der Funk gibt manchmal nur ein Rauschen von sich. Der Horizont ist scharf abgegrenzt, als hätte ein Riese mit einem Zirkel einen Kreis geschlagen. Wir sind immer der Mittelpunkt. Das ist auch so eine Sache, die ich nie so recht verstehen werde. Wenn nichts als Wasser zu sehen ist, bist du immer der Mittelpunkt, egal wie lange oder weit du fährst. Schlaue Leute können das natürlich erklären. Der Standpunkt bestimmt die Perspektive, sagte Karl Marx.

Über uns wölbt sich ein riesiger, milchiger Himmel. Diese unendliche Weite ist unheimlich bedrückend. Wir sind schon Tunnel mit dem Boot gefahren, die kaum höher und breiter als das Boot und stockdunkel waren. Das empfand ich genauso als bedrückend wie diese blau-weiße Weite im Sonnenschein. „Dimensionen", lacht Manfred.

Es ist nichts zu sehen, kein anderes Schiff, nur die harte Kante des Horizonts. Eine kleine Herde Delfine kreuzt unseren Weg. Sie sind nicht zum Spielen aufgelegt, ignorieren uns, ziehen weiter.

Nach 8 Stunden ist im Dunst die erste Bohrinsel zu erahnen. Wir entschließen uns, die Gunst der Stunde zu nutzen, die Bohrinseln zu umgehen, nicht nach Crotone, sondern direkt um das nächste Kap Capo Rizzuto zu fahren und in La Castello zu rasten.
Wir haben ein schwieriges Stück problemlos gemeistert, das uns kräftig hätte plagen können. Danke Neptun.
Auch unsere Weiterfahrt gestaltet sich ruhig und angenehm. Kurz vor der Stiefelspitze, in Roccella Ionica, müssen wir nochmals rasten, für eine Etappe wäre der Weg in die Straße von Messina zu weit. Hier tappen wir, obwohl durchaus informiert, in die Falle eines Festmachers, wie die blutigen Anfänger.
Festmacher, Ormeggiatori, sind Leute, die helfen das Boot am Kai festzumachen. Es gibt zwei Sorten: Die amtlichen Festmacher haben einen Teil des Hafens gemietet, helfen Boote festzumachen, Wasser und Sprit zu tanken, waschen auf Wunsch auch das Schiff von außen ab und verlangen dafür Gebühren. Dann gibt es noch die selbsternannten Ormeggiatori, auch sie helfen das Boot festzumachen, organisieren Treibstoff und Wasser und kassieren nach Gefühl. Vor ihnen sollte man sich hüten.

Wir fahren also in den Yachthafen von Roccella Ionica, gucken uns nach einem Platz um, da kommt, wie es in Marinas üblich ist, ein junger Mann gerannt, weist uns einen Platz zu, hilft beim Anlegen und fragt sehr freundlich, ob wir etwas bräuchten, z.B. Diesel, oder ob er etwas im entfernten Städtchen besorgen kann.
Wir sind angenehm berührt von soviel Hilfsbereitschaft. Diesel könnten wir schon brauchen und Pfeifentabak könnte er mitbringen aus der Stadt. Das wird er alles organisieren, bis 17 Uhr ist er zurück. Manfred geht derweil anmelden. Der Liegeplatz ist kostenlos. Was für eine angenehme Überraschung, wo wir doch auf horrende Liegegebühren in Italien gefasst waren. Und dann auch noch Service, sehr beeindruckend. Um 16 Uhr kommt unser Helfer mit zwei Päckchen Pfeifentabak zurück. Wir sollen in den Fischerhafen an den Tankkai fahren, der Diesel kommt gleich. Wir legen das Schiff um. Ein Tankwagen rollt an, doch er hat keinen Diesel für uns. Unser Helfer erscheint mit seinem kleinen Auto, innen drin alles voll mit Kanistern. Er füllt den Diesel bei uns ein und dann zahlen wir für einen Liter lockere 20 Cent mehr als an der Tankstelle. Aber er war sehr freundlich unser kleiner Ormeggiatori. Er ist um satte 40 Euro reicher und wir um die interessante Erfahrung, wie schnell man doch aufs Kreuz gelegt wird, ohne dass man's eigentlich mitkriegt.
Oh maledette, disperate!

Die Küste Kalabriens ist ähnlich wie die Griechenlands. Die Berge sind nicht ganz so abweisend da teilweise bewachsen. Die Ortschaften sind alle recht neu und jung, da immer wieder durch Erdbeben völlig zerstört. Das meiste sind Hotelanlagen oder Urlaubersiedlungen, die sich die langen Sandstrände entlang ziehen.
Obwohl uns der Wetterbericht 1 – 2 Bft. verspricht, jagen uns hinter Capo Spartivento satte 5 Windstärken ins Gesicht und salzen uns mal wieder ein. Nach Umrundung von Capo dell Armi fegt der Wind durch die Straße von Messina wie eine wilde Bestie.

Die Straße von Messina

Sie ist die Meerenge zwischen Sizilien und dem italienischen Festland und sie trennt das Tyrrhenische vom Ionischen Meer. Die beiden Meere haben eine unterschiedliche Dichte. Das Tyrrhenische Meer ist wärmer und weniger salzhaltig als das Ionische. Bei der Vermischung der Beiden kommt es zu Strömungen, Wirbeln und Strudeln. Zusammen mit den oft vorhandenen Fallwinden kann das eine Yacht in erhebliche Bedrängnis bringen.
Bis 1783 gab es in der Straße von Messina, vor der Ortschaft Scylla ungeheuerliche Strudel, die sogar große Kriegsschiffe herumwirbeln konnten.

Ein Erdbeben, das den Meeresboden verändert hat, hat diesem Schrecken wohl ein Ende gesetzt und somit ist auch die Geschichte von Skylla und Charybdis untergegangen, von denen schon Homer in seiner Odyssee und den Argonauten berichtet hat.

In der Straße von Messina haben zwei Ungeheuer gehaust. Skylla, die Zurückgebende, hauste in einer Höhle in den steilen Felsen am italienischen Ufer. Sie war ein entsetzliches Geschöpf mit zwölf Füßen und sechs langen Hälsen. Jeder der sechs Köpfe hatte eine dreifache Reihe von Zähnen. Sie verschlang jede Beute, die in ihre Reichweite kam. Ursprünglich war Skylla eine schöne Jungfrau und wurde von einem Meergott geliebt. Sie wurde von ihrer eifersüchtigen Rivalin, der Zauberin Circe, in ein Ungeheuer verwandelt.

Ihr gegenüber auf der sizilianischen Seite hauste Charybdis, der Einsaugende, der Strudel, unter einem großen Feigenbaum. Dreimal am Tag zog er das Meerwasser ein und spie es wieder aus und verschlang alles was sich ihm näherte.

Seufzend fuhren wir so hinein in die Enge des Meeres, hier die Skylla und drüben schlürfte die hehre Charybdis fürchterlich gurgelnd ein das salzige Wasser des Meeres.
Spie sie es wieder heraus, wie ein Kessel auf heftigem Feuer, brauste es dann empor in brodelndem Strudeln und hochauf spritzte der Schaum und bedeckte auf beiden Felsen die Spitzen. (die Odyssee)

Auf Sizilien der Ätna, er erhebt sich in einer weiten, verzaubert geschwungenen Linie aus den Schründen bis zu seinem stumpfen Kegelkopf. Schrecken und Zauber. Die Maler wollen ihn malen, die Fotografen wollen in fotografieren, doch vergeblich, er versteckt sich immer im Dunst. Das hat natürlich seinen Grund. Zeus hat unter dem Ätna die von ihm überwältigten Titanen begraben. Unter ihnen auch das 100-köpfige Ungeheuer Typhon, den Vater der Chimäre und der Hydra. Der Typhon spuckt seither Feuer.

Hat man das Glück, dass der Ätna nicht gerade ausbricht, wenn man vorbei fährt, was gar nicht so sicher ist, denn der letzte Ausbruch war erst 2002, und ist es einem auch gelungen nicht auf irgendeine Art mit der Mafia, die heute das gesamte öffentliche Leben in Sizilien kontrolliert, zu kollidieren und ist man den Ungeheuern, den immer noch existierenden Wirbeln und den Fallwinden mit heiler Haut entkommen, landet man direkt im Bermuda-Dreieck des Mittelmeers, dem Äolischen Dreieck. Hier erlebt auch der heutige Seefahrer ungewöhnlich oft örtlich begrenzte Starkwinde, die aus dem Nichts aufzutauchen scheinen. Sturmböen bis 60 Knoten Windgeschwindigkeit können entstehen und es gibt zahllose Berichte über Schiffe, die hier gesunken sind.

In Reggio di Calabria gelingt es uns nicht, einen Liegeplatz zu bekommen. Im Handelshafen verweist uns die Polizei in den Yachthafen und im Yachthafen scheucht uns einer weg, wie einen räudigen Hund. Es wäre alles voll. An einem Fähranleger könnten wir übernachten, doch morgen früh um otto - otto - dreimal zeigt uns der zahnlose alte Italiener seine 8 Finger, dann käme die Fähre, dann müssen wir weg. Doch der Platz ist schrecklich, die ein- und ausrasenden Fähren verursachen Schwell, der uns 2m an der Mauer hüpfen lässt, das kann's wirklich nicht sein. Wir versuchen unser Glück auf der sizilianischen Seite in Messina. Auch hier ist der Hafen voll, doch wir bekommen einen Platz. Ein junger Mann hilft uns vorne an Moorings und hinten am Steiger anzulegen.

Ich weiß jetzt auch warum man diese Art des Festbindens römisch-katholisch nennt, weil nämlich jeder, er so nicht anlegen muss sofort einen Kniefall macht und dem für ihn zuständigen Gott händeringend dankt.

Mit einem Helfer an Land und Moorings im Wasser, ist es allerdings kein Problem.

Der Yachthafen von Messina, Marina del Nettuno, (Neptun bekäme eine Rogenkolik in seinem nassen Grab) ist vom Fährhafen nur durch einen schwimmenden Wellenbrecher-Ponton abgetrennt. Die Wellen der in voller Marschfahrt einfahrenden Fähren schlagen teilweise über den Ponton. Eigentlich müsste man was bekommen, um hier zu liegen, statt 40 Euro für eine Nacht zu bezahlen. Obelix hat es schon gewusst: Die spinnen die Römer!

Leider hat man keine Alternative, denn ein paar Seemeilen weiter lauert das „Bermudadreieck" mit zur Zeit gemeldeten 5 Bft. und 3m Wellen und die müssen wir aussitzen.

Das ist überhaupt seit einigen Wochen unser neuestes Trainingsprogramm; aussitzen und abreiten. Falsch, festklammern gehört auch noch dazu.

Beluga unter den Räubern!

Nach einem heißen Tag und einer gruseligen Nacht brechen wir früh auf und passieren das „Bermudadreieck" bei mäßigem Wind und mäßigem Seegang ohne Probleme.

Obwohl das Hafenhandbuch warnt, dass der Hafen von Cetraro noch nicht ausgebaut sein könnte, ist das Hafenbecken groß und komfortabel mit einigen Molen, an denen man längsseits anlegen kann. Wir haben uns kaum in eine Ecke manövriert, kommt ein dicker Feister ganz in weiß, wohl um sich einen offiziellen, maritimen Anstrich zu geben, und fordert uns auf, in seine Kneipe zu kommen. Eigentlich macht er so, als wäre er der Hafenmeister. Auf dem Weg in seine Kneipe kommen wir bei der Coastguard-Station vorbei und fragen, ob wir einchecken müssen und ob der Platz was kostet. Alles negativ. Keine Formulare, kein Geld. Sehr schön. Der Dicke kurvt mit seinem Roller herum und als er uns sieht, schlägt er einen Haken und verschwindet in der Kneipe, um uns in Empfang zu nehmen. Pizza hätte ich gern, doch die gibt es abends nicht, nur bis sechs, behauptet er. Na gut, wir suchen uns frittierte Calamaris aus. Die Portion 10 Euro kommt mir ziemlich happig vor. Und für die Kinderportion, die dann kommt, ist es mehr als happig. Aber sie sind sehr gut. Wir trinken eine Karaffe Rotwein, was ihm auch nicht gefällt, hätte er uns doch gerne eine Flasche von seinem Teuersten aufgedrückt. Wir wollen gerade bezahlen, als ein deutsches Ehepaar eintrifft. Wir kommen ins Gespräch, sie setzten sich zu uns. Wir sind alle froh, mal wieder jemandem zum Schwätzen zu haben. Im Laufe der Unterhaltung stellt sich raus, dass sie an den Wirt 20 Euro bezahlt haben, weil er ihnen einen Liegeplatz angewiesen und ihnen beim Festmachen geholfen hat. Auch sie bestellen Calamaris und weil die Portion so klein ist gleich noch mal. Erstaunlicherweise gibt es für die anderen ankommenden Gäste jetzt jede Menge Pizzen. Nach einem angeregten Abend verlangen wir die Rechung und siehe da, wir haben doch tatsächlich 20 Euro zusätzlich auf unserer Rechnung für Service. Wir reklamieren postwendend und das Schlitzohr gibt auch sofort kleinbei, als wir ihm sagen, dass die Coastguard gesagt hat, der Platz sei kostenlos und er auch keinen Service bei uns geleistet habe. Dafür kosten die Calamaris jetzt 13 Euro und für die drei kleinen Karaffen Wein zahlen wir nochmals 14 Euro. In so einer Situation wünsche ich mir nichts mehr, als die Landessprache perfekt zu beherrschen, um diesen Spitzbuben die Meinung geigen zu können. Wenn sie vorher auch jedes Wort verstehen konnten, wenn es brenzlig wird verfallen sie sofort in die Schwerhörigen-Gymnastik: Ich Robinson, du grüner Donnerstag!

Wir sind ganz eindeutig unter die Seeräuber gefallen. In Agropoli zahlen wir für eine Nacht 60 Euro. Sonderpreis, weil der Stegwart jahrelang in Deutschland Gastarbeiter war und unsere Gegend so gut kennt. Gestern haben die deutschen Segler noch gesagt: „Da oben runter, da haben sie Preise, da hebt es einem die Schädeldecke ab." Ich glaube selbst Odysseus, der König aller Rumtrödeler, hätte bei diesen Liegegebühren Fersengeld gegeben und wäre schnurstracks seinem Penelopechen in die geöffneten Arme gerudert.

Wäre es nicht so diesig, wäre die Fahrt durch den Golf von Neapel, an Capri und Ischia vorbei ein Genuss. So ist halt leider alles etwas verschleiert, der Vesuv ist überhaupt nicht zu sehen. Warum nur, wird jetzt vielleicht einer fragen, habt ihr nicht wenigsten auf diesen Inseln Rast gemacht. „Ganz einfach", werde ich ihm dann antworten, „erstens gibt es in der Urlaubszeit keine freien Plätze in den Häfen und zweitens schreibt der Autor unseres Hafenhandbuches, für den 40 Euro für ein 12m Boot ein mittlerer Preis ist, die Liegegebühren auf den Inseln wären erschreckend." Für diesen „erschreckenden" Preis könnten wir außerhalb der Saison einen Kurztrip auf die Inseln machen, mit Halbpension und müssen nicht bei Affenhitze mit Tausenden anderen Touristen durch die Straßen hecheln.

Links von uns liegen die Pontinischen Inseln. Schon in prähistorischer Zeit waren sie besiedelt. Kaiser Augustus ließ sich auf Ponza eine Villa bauen. Später wurden die Inseln zu einem beliebten Exil für unbequeme Dissidenten der jeweiligen Machthaber Roms. Caligula verbannte seine wahnsinnigen Brüder hierher und seine Schwester Agrippina, die Mutter Neros. Kaiser Augustus verbannte seine Tochter Julia nach Ventotene, damals noch Pandataria, wegen ihres lockeren Lebenswandels. Und Poppea Sabina, die Geliebte Neros, ließ dessen Gattin Octavia hierher verbannen. In neuester Zeit waren einige der Inseln Strafkolonien. In der Ära Mussolini wurden Gegner des Faschismus hier festgesetzt und in jüngster Zeit zahlreiche Mitglieder der Cosa Nostra.

Formia wäre unser Ziel für die Übernachtung. Cicero hatte hier eine Villa, in der er von Soldaten des Marcus Antonius getötet wurde. Leider ist die geplante Marina noch nicht mal in Angriff genommen und so wie es aussieht wird wohl auch nichts draus, denn der Hafen ist voll in militärischer und gewerblicher Hand und die wenigen Plätze für Sportboote sind voll von Einheimischen belegt.

Unterhalb der zauberhaften Stadt Gaeta gibt es ein paar Ankermöglichkeiten und hier liegen wir gut und preiswert.

Kräftig bläst uns der Wind am Capo Cicero ins Gesicht. Hier war die Zauberin Circe zuhause, die Odysseus' Kameraden in Schweine verwandelt hatte und ihn ein Jahr lang becircte, die Folge davon soll Telegonos gewesen sein. Aber was sollte der arme Odysseus auch machen, wenn sogar Hermes ihm geraten hat: „Sie aber wird sich fürchten und zum Lager dich bitten. Dann verweigere nicht länger das Lager der Göttin."
Da hätten wohl nicht viele Männer widerstehen können.

Ab Capo Anzio ist die Küste durchgehend bebaut. Die Berge treten zurück, ihre Kuppen bedeckt dicker Wald. An den Hängen sind die Kornfelder schon abgeerntet. Die Landschaft wird freundlicher. Sandstrand, dicht belegt mit Sonnenanbetern, zieht sich neben uns her. Wir nähern uns Rom. In die Mündung des Tibers, Fiumicino und Fiumicino Grande, kann man einlaufen. Der Flughafen Leonardo da Vinci ist ganz in der Nähe, ständig steigen Flugzeuge auf. Hier findet man auch die Ruinen von Ostia Antica, dem alten Hafen von Rom. Kaiser Trajan ließ in Civitavecchia noch eine große Hafenanlage bauen und machte diese zum Hafen von Rom. Ein Großteil der Befestigungsanlagen um den Hafen wurde von Michelangelo entworfen.

Hinter Civitavecchia beginnt die Toskana mit ihren vielen vorgelagerten Inseln. Die größten sind Giglio, Capraia und natürlich Elba. Napoleon I. hat man nach seiner Abdankung auf Elba verbannt. Da hat die Insel noch den Franzosen gehört. Napoleon durfte seinen Kaisertitel behalten und die Insel wurde sein souveräner Besitz. Er machte sich sofort daran, den Wohlstand der Bevölkerung zu verbessern, baute Straßen und modernisierte die Hauptstadt Portoferraio. In seiner Villa hinterließ er auf einem Bild die Inschrift: Napoleon ist überall glücklich. Doch so war es leider nicht. Napoleon floh von seiner Insel und holte sich in Waterloo kalte Füße und eine blutige Nase. Er strandete auf St. Helena im Südatlantik, wo er an Magenkrebs starb.
Und irgendwo bei Civitavecchio vermischt sich das Tyrrhenische Meer mit dem Ligurischen Meer.

Zu unserer Rechten Promontorio Monte Argentario, eine Halbinsel. Eigentlich nur ein schroffer Felsklotz, ein wahrer Fels in der Brandung. Dann kommt Talamon. Benannt nach dem griechischen Helden Telamon, der Jason und die Argonauten auf ihrer Suche nach dem Goldenen Vlies begleitete.

Vor dem Kap Punta Ala liegt die Untiefe Isolotti Porcellini. Die aus dem Wasser aufragenden Felsen sehen wirklich aus, als hätte hier ein Riese sein Porzellan zerdeppert und jede Menge Scherben verstreut. Man muss schon hellwach sein, wenn man seinen Weg durch die Untiefen sucht.

Die Marina Salivolli versucht uns abzuwimmeln. Sie hätten keinen Platz mehr für uns. Doch es gibt weit und breit keine andere Möglichkeit und in die Nacht hinein fahren bei dem starken Wind, das werden wir keinesfalls. Es wird der bislang teuerste Nachtplatz unserer Reise. Doch was soll man machen.

Beluga hat's vertrieben auf die Schnelle,
es gibt auf dieser Welt kein Platz für eine feste Stelle.

Die Sonnenaufgänge werden wohl meine angenehmsten Erinnerungen an die Fahrt entlang der italienischen Westküste bleiben. Unser Wetterdienst hat für Freitag den dreizehnten See 0,3m und Wind 4 gemeldet. Doch es ist völlig windstill in der Nacht und auch am Morgen. Eine erneute Abfrage morgens bringt eine Korrektur. See 0,7m, Wind 1. Für das Ligurische Meer haben sie Wind durchgängig 4 – 5 Bft. und See 8,4m gemeldet. Die Wellenhöhe kann nur ein Tippfehler sein, 16m hohe Wellen in den Tälern, das können wir uns kaum vorstellen und ich glaube es passierte schon öfter, dass das Komma nicht richtig gesetzt war. Wir brechen auf, runden Promontorio di Piombina und treffen auf die erwartete 1m hohe Dünung. Aus der Abdeckung von Elba und der Isola

Capraia baut sich die Dünung immer mehr auf. Der Wetterdienst bringt eine Berichtigung für die Ligurische See, Wellen 2,5m. Und diesmal haben sie recht. Obwohl immer noch windstill, stehen 5m hohe Wellen neben uns. Wir haben dieses Mittelmeer noch nicht einmal wirklich ruhig erlebt. Unser Halt auf Erden ist dürftig.

In Erwartung des angekündigten Windes versuchen wir in den Hafen von Livorno zu flüchten. Es ist schlimm, wenn du das Ziel, die Rettung, vor Augen hast, ihm aber fast nicht näher kommst. Die Euphorie des Wollens wird ertränkt im Meer der Unmöglichkeiten.
Wir sind keine halbe Stunden im Hafen, beginnt es in den Wanten und Masten der Segler zu pfeifen. Diesmal sind wir wirklich mit einem blauen Auge davon gekommen. Eine 25m lange, dreistöckige Luxusyacht legt eine Stunde später neben uns an. Das Wasser läuft ihnen von der Fly in die Blicht. Selbst diese gestandenen Seemänner sind etwas blass um die Nase auf ihren 2.000 PS. Freitag der 13. war schon immer ein Glückstag für uns.

Nach 2 Stunden hat der Wind Sturmstärke erreich. Man kann sich nur noch gebückt bewegen. Die Luft prallt gegen die Menschen wie ein harter Gegenstand. Der Sturm nimmt mir den Atem und bringt mich aus dem Gleichgewicht. Er zerrt mir die Brille vom Kopf, er nimmt die wirbelnde Gischt des Meeres mit und du kannst das Salz noch in der Stadt von den Lippen lecken.

Der Wellenbrecher vor dem Hafen ist mindestens 10m hoch. Hohe Gischtsäulen türmen sich dahinter auf.
Die graue, aufgewühlte See drückt tosend wie ein Wasserfall bis in den hintersten Winkel des Hafens und lässt die Schiffe tanzen.

Trotz einem Tag Windstille in Livorno hat sich die See noch nicht beruhigt. Immer noch steht enorme Dünung im Meer und wir pendeln hin und her wie der Perpendikel an einer alten Kuckucksuhr. Wieder brechen wir unsre Fahrt ab und ankern in der Bucht von La Spezia. Die Bucht schneidet tief ins Land ein. Ein Wellenbrecher bietet zusätzlichen Schutz. Man kann die Bucht, die Ankerplätze und Yachthäfen hier nur überlaufen nennen. Auch der Verkehr ist enorm. Und dazwischen kurvt am heiligen Sonntag noch die Guardia di Finanzia und sucht sich ihre Opfer. Einige Teile der Bucht sind Militärisches Sperrgebiet und Fotografieren der militärischen Anlagen ist streng verboten, als gäbe es heute im Zeitalter der Satelliten noch irgendetwas geheim zu halten. Im Marinehafen gibt es ein Marinemuseum in dem man eine barbusige (wie könnte es auch anders sein?) Galionsfigur namens Atlanta besichtigen kann, die 1864 im Atlantik treibend aufgefischt wurde. Angeblich kann sie Matrosen, die sie anstarren, verhexen. Sie soll sogar 4 Selbstmörder auf dem Gewissen haben. Bei weiblichen Matrosen funktioniert das allerdings nicht.

Zwischen der Isola Palmaria und dem Festland ist eine Passage vom Golf von La Spezia in den Golf von Genua, in welcher der malerische Ort Portovenere liegt. Lord Byron ist einmal von Portovenere nach Lerici geschwommen. Er war nicht nur ein Dichter, er war anscheinend auch ein großer Schwimmer, denn die Dardanellen hat er auch durchschwommen, um zu beweisen, dass Leander tatsächlich jede Nacht zu seiner Liebsten schwimmen konnte. Was er hier allerdings beweisen wollte, ist nicht ganz ersichtlich. Angeblich soll es in Lerici ein gewisses Etablissement gegeben haben, in dem er Beziehungen zu mehreren Damen unterhielt. Ob die allerdings nach dieser Strecke noch richtig Spaß an ihm hatten, ist zu bezweifeln.

Unser Weg führt uns an Cinque Terre vorbei. Die Küste steigt hier steil und gebirgig aus dem Meer auf und die 5 kleinen Dörfer konnten bis vor kurzem nur zu Fuß oder mit dem Boot erreicht werden. Heute steht das ganze Gebiet unter Naturschutz.

Genua betrieb bereits 500 vor unserer Zeitrechnung Handel mit den Griechen und Etruskern. Die Römer bauten in Genua einen stark befestigten Hafen und verbanden Rom und Frankreich mit der Via Aurelia. Im Mittelalter war Genua eine der größten und reichsten Städte Europas. Die Genueser waren große Seefahrer. Sie fertigten Seekarten der damaligen Welt, die Portulan-Karten mit exakten Darstellungen der Meere und Küsten. Sie waren die ersten die Versicherungen für Schiffe einführten und große Bankhäuser gründeten. Christoph Kolumbus und Andrea Doria waren aus Genua.

Windstärke 2 und nur eine leicht kabbelige See, erlauben es uns, die Bucht von Genua etwas abzuschneiden und direkt von Cinque Terre nach Alassio zu fahren. Wir sind früh, so dass es uns gelingt einen Platz zu bekommen obwohl der Hafen proppevoll ist. Wir legen mit dem Bug an, was gar nicht gerne gesehen wird, da wir sonst nicht aussteigen können. Die Umgebung und der Ort sind wunderschön. Ein Gebäude a la Hundertwasser zieht alle Blicke auf sich und stiehlt selbst der Villa auf der Isolotto Gallinara die Show.
Wir sind jetzt im Gebiet der Riviera Ponente, der Blumenriviera. Immer noch dominieren Hügel und Berge, aber Wälder überziehen ihre Kuppen und Palmen wiegen ihre Wedel am Strand in der Sonne.

Es wird lange dauern, bis ich das Image eines Wegelagerers nicht mehr mit Italien in Verbindung bringe.

Ich möchte weder in Griechenland noch in Italien begraben sein. Lord Byron hat es sogar geschafft in beiden Ländern gleichzeitig zu ruhen. Sein Herz wurde in Griechenland bestattet, der Rest in Italien. Das hätte ihm gefallen und sicher wäre ihm ein brillanter Spotvers darauf eingefallen.

„Ade! Denn die Erinnrung liebt zurückzuschaun zu dir."
(Lord Byron)

Kein neues Ufer, ein neues Land, die Cote d'Azur in Frankreich

Unser Wetterdienst sagt 4 Bft ab 2 Uhr nachts voraus, doch es ist völlig windstill, auch noch morgens, als wir einen Versuch wagen. An der Riviera Ponente und der Cote d'Azur ist jede Seemeile ein Yachthafen, in den man eventuell flüchten kann. Je näher wir Frankreich kommen, desto steifer wird der Wind und höher die Wellen. Dass wir die Cote d'Azur erreicht haben, merken wir erst, als wir an Monaco fast vorbei sind.

Erschwerend hinzu kommt der irre Sportbootverkehr vor Monaco, Nizza und Cannes. Mega-Yachten rauschen in voller Marschfahrt an uns vorbei oder überholen uns oder kreuzen unseren Weg. Große Motoryachten machen sich ein Vergnügen daraus, zwischen den Massen von Seglern ihren Weg zu suchen. Der Verkehr ist schlimmer als in Frankfurt auf der Zeil. Die von allen Seiten heranrauschenden Wellen machen unsere Fahrt zu einem Zickzackparcours. Wir versuchen erst gar nicht, im Yachthafen von Saint-Tropez einen Platz zu bekommen, das ist einfach aussichtslos. Also suchen wir eine einigermaßen geschützte Bucht. Die Bucht liegt wie alle Buchten im Mittelmeer voller Boote. Die in den Golf von Saint-Tropez rasenden Yachten bringen zur Dünung zusätzlichen Schwell. Alle Boote werfen sich ohne Unterbrechung von einer auf die andere Seite.
Mittlerweile kann ich den Seglern die Abneigung gegen Motorboote nachfühlen. Es würde den Kapitänen in den großen Yachten wirklich nichts ausmachen, langsam fahrenden Booten in großem Bogen auszuweichen, anstatt sie mit ihren riesigen Wellen in echte Schwierigkeiten zu bringen.

Wir ankern in der großen Bucht mit bestimmt hundert anderen Booten und erhoffen uns eine ruhige Nacht. Doch mit grellweißen Lichtblitzen und fernem Donnergrollen kündigt sich ein herannahendes Gewitter an.

Morgens um 4 feuern faustgroße Hagelkörner wie Handgranaten auf uns herab. Wir haben echte Bedenken, dass es uns die Scheiben einschlägt. Wir können

nichts dagegen tun. Viel zu gefährlich, sich bombardieren zu lassen. Es hört sich an, als würden wir mit Wackersteinen beworfen.
Sämtliche Boote in der Bucht sind plötzlich in Bewegung. Von links treibt ein weißes Monster auf uns zu. Von rechts schießt ein großer Segler heran. Manfred stürzt an den Fahrstand, hupt wie wild und wirft die Motoren an. Unser Anker hält bombig. Mit Gewalt muss er ihn nach hinten ziehen, um einen Zusammenstoß mit einem der anderen Boote zu verhindern. Eine riesenhafte gelbe Begrenzungsboje wird vom Wind auf uns zu katapultiert wie eine Kanonenkugel. Der Segler ist endlich wach und zerrt seinen Anker von uns weg nach vorne. Auch er versucht sich von der gelben Boje freizuhalten. Das weiße Monster steht jetzt neben Belugas Vorschiff. Die gelbe Boje verschwindet vorne unter unserem Bug. Manfred zieht rückwärts. Die Boje wird nach rechts gedrückt, hüpft an uns vorbei zum Heck. Manfred zieht nach vorne damit wir das Ankertau der Boje nicht in den Propeller bekommen. Scheinwerfer hetzen durch die Nacht.
Es schüttet wie aus Kübeln. Der Sturm fegt in die Masten der Segler und legt sie quer.
Blaulicht erscheint am Ufer. Die Feuerwehr. Es muss eingeschlagen haben. Plötzlich bestialischer Gestank. Die Kanalisation wird überlaufen sein.
Die Geräusche sind ohrenbetäubend. Männer schreien, der Sturm heult, Sirenen jaulen, Hupen kreischen, Hagel schmettert aufs heilig Blechle und hochglanzpolierten Luxus, Regen trommelt, die Wanten der Segler scheppern an die Masten, Motoren dröhnen. Inferno totale.
Das Wasser in der Bucht ist aufgewühlt, als würde Neptun seinen Dreizack zum Rühren nutzen. Meerwasser spritzt bis zu den Scheiben. Wasser fliegt vom Himmel und von der See. Der Himmel wettert, als würde man eine Neonröhre ständig ein- und ausschalten, dann kommen richtige Blitze. Dem Krachen nach muss es immer wieder in der Umgebung einschlagen. Nach 2 Stunden ist der Spuck vorbei.
Wer nicht sofort flüchtet, sucht sich wieder einen Ankerplatz. Ruhe kehrt ein. Jeder leckt seine Wunden. Auch wir versuchen noch eine Runde Schlaf.

Als wir aufwachen, bläst nur noch ein leichter ablandiger Wind und wir entschließen uns, diesen unruhigen Platz zu verlassen und den nächsten Hafen anzusteuern. Hinter dem Kap Saint-Tropez stehen mal wieder 3m hohe Wellen im Meer. So kann man einfach nicht bootfahren. Wir steuern Port de Cavalaire an, doch sie weisen uns ab, sie wären voll. Wir versuchen es 5sm weiter in einer Ankerbucht. Hier wäre Liegen ganz annehmbar, würden nicht auch da ständig irgendwelche Idioten aus- und einrasen. Im Laufe des Tages füllt sich die Bucht. Die Schiffe liegen in so kleinen Abständen, dass man meinen könnte, man wäre im Hafen. Das Boot bewegt sich unentwegt. Zum ersten Mal auf unserer Reise liegen mir die Nerven blank. Trotz allem müssen wir die Dünung gegenwärtig aussitzen. Für den Golfe du Lion ist immer noch 3 – 7 Bft gemeldet und entsprechender Seegang.

Am nächsten Morgen ist die See ziemlich ruhig und es hat fast keinen Wind. Der Wetterdienst revidiert die Wellenhöhe im Golf von Lion von 1,5m auf 0,8m und die Windgeschwindigkeit auf 3 – 4 Bft. Wir entschließen uns, die Bucht zu verlassen und einen neuen Versuch zu wagen. Immer noch hängen dicke schwarze Gewitterwolken beängstigend über den Bergen. Wenn der Wind dreht oder erneut ein Gewitter kommt, liegen wir auch in dieser Bucht nicht sicher. Wir brauchen einen geschützten Hafen.

Ich blättere im Hafenhandbuch, suche einige Häfen aus, doch die Fahrt ist nicht unangenehm. Selbst um das furchterregende Kap de l'Esterel und in der Passage der Insel Porquerolles geht die See gnädig mit uns um. Erst am Kap Siclič frischt der Wind wieder auf und der Seegang nimmt zu. Die Umrundung von Kap d'Aigle wird wieder zum Horrortrip. Manfred entschließt sich, in die Bucht von Cassis einzulaufen. Die Schaumkronen auf den Wellen nehmen beängstigend zu, das Wasser beginnt zu fliegen. In der Bucht kentert ein Segelboot. Wir laufen sie an, versuchen zu helfen, doch die beiden jungen Männer kommen alleine zurecht, können das Boot wieder aufrichten. Die Gischt spritzt schon wieder bis zu den Windschutzscheiben, als wir in den Hafen einlaufen. Die Spannung fällt von uns ab, als wir sofort einen Liegeplatz bekommen.
Wir sind nur noch ca. 35 Seemeilen von der Rhone entfernt. Es sollte nicht sein.

Auch die letzten Seemeilen ist die See gegen uns. Als wir in den Golfe de Fos einbiegen, sehen wir aus wie eine Makrele im Salzteig.

Wir passieren die Schleuse von Port St. Louis du Rhone und die Rhone empfängt uns mit Hochwasser.

Unser Abenteuer Blaue Wasser ist zu Ende.

> So fragt sich, wer von uns erlas
> Das bessre Theil? Was nimmt man lieber,
> Verlorne Müh', verlornen Spaß,
> Ertrinken oder kaltes Fieber?
> (Lord Byron)

Informationen Blaue Wasser

Kartenmaterial

Deutsche und Französische Seekarten

C-Map-Module für Kartenplotter Schwarzes Meer west, Südeuropa, Tyrrhenisches & Ionisches Meer, Ägäis.

Hafenhandbuch Mittelmeer 2a und 4 vom Nautik-Verlag, Cote d' Azur vom DSV-Verlag, Küstenhandbuch Italien von Rod Heikell.

SMS Segelwetter, 100 SMS abrufbar für 39,-- Euro, Griechenland, Süd & West-Italien, Cote d'Azur und Lioner Bucht, unter Tel. 0431-8008643 anmelden.

Seewetter per Radio Deutsche Welle Vorhersagegebiet M1 – M 9 möglich, wir konnte es nicht immer empfangen.

Navigation Schwarzes Meer und Marmarameer

Das Schwarze Meer ist nicht ohne. An der Westküste und im Bereich des Donaudeltas ist es relativ flach. Bei den oft auftretenden starken Winden führt das zu hoher und steiler See. Nordwind wechselt sich ab mit Südwind. Dünung bleibt nach einem Sturm noch etwa 3 Tage stehen. Wer ehrfürchtig von der Biskaya spricht, hat die Wucht des Schwarzen Meeres noch nicht erlebt.
Wettermeldungen kommen regelmäßig über Funk auch in Englisch, sind aber für Ungeübte sehr schwer zu verstehen.
Die Windstärken werden im Schwarzen Meer nicht mit Bft. sondern in m/sek. angegeben, was auch zu Irritation führen kann.
An der bulgarischen Küste bringt Varna-Radio Wettermeldung um 9:30 Uhr und 15:00 Uhr Ortszeit. Nach einem Aufruf auf Kanal 16 wird die Meldung auf Kanal 24 verlesen.
Ein Navtex ist von Vorteil. Man kann die Stationen Istanbul, Varna, Odessa oder Sevastopol empfangen.
Das C-Map-Modul ist nicht sehr ausführlich und lässt viele kleine Fischerhäfen unbeachtet, so dass man nicht weiß, wohin man eventuell flüchten kann.

Auch im Marmarameer werden die Wettemeldungen auf Kanal 16 aufgerufen, dann wird ein Nachrichtenkanal durchgegeben, in unserem Fall 72. Die Aufnahme in Fischerhäfen ist sehr freundlich und hilfsbereit.

Durch die Dardanellen pfeift der Wind immer wie Hechtsuppe, sie können nicht als Maßstab für die Weiterreise herangezogen werden. Das Stück Ägäis vor dem Eingang der Dardanellen ist in verschiedene Zonen eingeteilt und wird wegen seines starken Verkehrs ständig von Radar überwacht, um Zusammenstöße zu verhindern. Die Schiffe laufen aus allen Seiten in den schmalen Trichter ein und dazwischen kurven kreuz und quer Fischtrawler und Fischernachen. Ein relativ langsames Sportboot wie wir kann ganz schön in Kalamitäten kommen, wenn man nicht alle ständig im Auge hat.

Behörden Schwarzes Meer und Marmarameer

Ausklarieren aus Rumänien in Mangalia. Einklarieren in Bulgarien erstmals in Baltschick möglich. Hier bekommt man eine Bewilligung für 20$, sämtliche Häfen in Bulgarien anzulaufen ohne zusätzliche Gebühren. Hat man diese Genehmigung nicht, sind angeblich in jedem Hafen 50$ fällig. Der Zollbeamte spricht perfekt Deutsch, alle anderen Beamten gut Englisch.

Ausklarieren in Burgas war ein Horror-Erlebnis, da uns die Capitania keinen Platz in ihrem Hafen anbieten konnte. Der Hafen ist zur See hin offen und einem unheimlichen Schwell ausgesetzt. Rechtswidrig wurden unsere Pässe einbehalten und uns der Landgang verwehrt. Trotz Bewilligung wollte man hier nochmal kassieren. Zum Schluss mit dem Argument, das wäre die Gebühr, um in die Türkei fahren zu können. Wir haben keinen Cent mehr bezahlt.

Erster Schutzhafen in der Türkei ist Igneada. Ein reiner Fischerhafen mit einer Militärstation. Das Militär hat die einzige freie Mole, doch man darf dort unter keinen Umständen anlegen, handelt sich sofort Ärger ein. Die Soldaten haben nicht mal zurückgewunken. Der Hafen ist geschützt, man kann ankern oder an einem Fischerboot anlegen. Landgang ist untersagt, da man hier nicht einklarieren kann. Wir waren trotzdem am Hafen Fischessen.
Erster Port of entry vom Schwarzen Meer kommend ist Istanbul. Hier muss man ein Transitlog erwerben. Dieses Tansitlog benötigt 4 Stempel, vom Coast Health Control Center, von der Passport Police, vom Custom Enforcement und vom Harbour-Master. Drei dieser Behörden sind nicht im Hafen, sondern mitten in Istanbul. Für das Taxi wurden 25 Euro fällig. Den vierten Stempel konnten wir erst am nächsten Tag bekommen, da sonntags die Custom-Police nicht arbeitet, aber die sitzen wenigstens im Hafen.
Zollkontrollen wurden in keinem der anliegenden Länder durchgeführt.
Beim Ausklarieren in Canakkale wusste der Hafenmeister noch nicht mal wohin der Stempel auf unserem Transitlog gehört. Die Ausländerpolizei war allerdings sehr kompetent und freundlich.

Versorgung

Versorgung ob mit Diesel oder Wasser ist hier kein größeres Problem mehr. In Istanbul sind mehrere Wassertankstellen in den Marinas, sonst erfolgt die Befüllung mit Tankwagen. Wasser war nur in Istanbul in der vornehmen Ataköy Marina kein Trinkwasser, sonst ist die Wasserqualität gut. Einkaufen in der Türkei überhaupt kein Problem, im Gegenteil.

Navigation Ägäis und Ionisches Meer

Es stellte sich heraus, dass wir viel zu uninformiert und blauäugig unsere Reise in die Ägäis begonnen haben. In diesem Gebiet weht ab Mitte Juli (in diesem Jahr schon früher) bis in den September der Meltemi. Ein Starkwind aus Nord-Nordost mit bis zu 8 - 9Bft., der auch nachts nicht einschläft, im Gegenteil, wenn die Sonne untergeht und sich die Luft abkühlt wird er eher schlimmer. Die beste Zeit wäre der Nachmittag, sagen die Einheimischen, da flaut er wenigsten etwas ab. Unser nächster Fehler war, uns auf die Allgegenwärtigkeit des Kartenplotters zu verlassen. Obwohl wir sämtliche C-Map-Module vor der Abreise geladen hatten, war das Modul der Ägäis fehlerhaft und wir hatten viel zu wenig Kartenmaterial dabei.

Es gibt für gesamt Griechenland griechisches Kartenmaterial von Elias, das ganz hervorragend ist. Wir haben es bei einem deutschen Segler angeschaut und waren begeistert. Es ist ausführlich, gebunden wie ein Buch, hat alle Informationen auch bildlich dargestellt, z.B. Windräder am Ufer, Detailansicht und Fotografien von Häfen, sowie die Seekarten. Auch die Windrichtungen und Strömungsrichtungen sind angegeben.

In Chalkis verbindet eine flache Brücke Festland und Insel Eiböa. Die Brücke wird zu Seite gefahren. Kosten für uns 18 Euro. Der Brückenmeister spricht nur Griechisch. Für Sportschifffahrt wird angeblich nur nachts geöffnet. Wir mussten uns ab 20:30 Uhr bereit halten. Geöffnet wurde um 1:30 Uhr. Großer Andrang von beiden Seiten, dazwischen viele kleine Angelkähne, die einfach nur fischen.

Im Golf von Euböa herrscht starke Strömung.

Die Straße von Korinth ist kostenpflichtig, wir zahlen 190 Euro. Eine rote Flagge und eine Ampel an einer flachen Brücke sperren die Zufahrt auf beiden Seiten. Wird die Durchfahrt freigegeben, wird eine blaue Flagge gesetzt und die jeweilige Brücke abgesenkt.

Saronischer Golf und Golf von Patras werden ständig von der traffic control überwacht.

Auch zwischen der Insel Levkas und dem Festland gibt es eine Brücke, die jede volle Stunde öffnet. Der Brückenwärter wartet keine Minute länger. Sind alle Boote durchgefahren, wird die Brücke geschlossen, selbst wenn er sieht, dass noch ein Boot im Anmarsch ist.

Unsere Wetternachrichten über SMS Sail 24 waren sehr gut und jederzeit abrufbar. Allerdings deckt es immer ein großes Gebiet ab, so dass örtliche Differenzen entstehen können.
Jedem sollte klar sein, dass außer dem Meltemi in der Ägais, auch im Ionischen Meer ein ständiger NNW-NW-Wind weht. 4 - 5Bft. sind an der Tagesordnung. Alles andere ist nicht wahr oder die Ausnahme.
An der Küste Kalabriens soll meist nur ein leichter Wind aus S bis SW herrschen. Wir können das so bestätigen. Nach einem Gewitter im Golfo die Taranta kann kräftiger Seegang aus der Bucht kommen.

Behörden Ägäis und Ionisches Meer, Griechenland

Es ist jetzt möglich, in jedem Hafen in Griechenland formlos einzuklarieren. Allerdings ist der Schreibkram immer noch erheblich, wenn auch keine Stempel mehr in die Pässe gemacht werden. Es soll Unterschiede in der Handhabung geben für EU-Yachten, die aus der Türkei kommen und solchen, die aus Italien einreisen. Für Yachten aus nicht EU-Staaten sind die Bestimmungen noch komplizierter.

Ein Yacht über 10m zahlt für ein Transitlog (heute heißt es Private Pleasure Maritime Traffic Document), das in jedem Hafen angeblich abgestempelt werden muss, 29 Euro. Die Fahrerlaubnis kostet für jedes Boot 15 Euro.

Zollkontrollen wurden keine durchgeführt.

Die Behörden in Griechenland sind äußerst unfreundlich. In jedem Hafen haben wir lange Diskussionen, weil wir nicht jeden Tag einen Hafen aufsuchen und somit auch nicht täglich einen Stempel in unserem Transitlog haben. Die Bürokratie ist lästiger als in allen anderen Staaten, die wir bis jetzt angelaufen haben. Auch die Bevölkerung scheint keinesfalls glücklich über ihre Ernährer, die Touristen zu sein.

Wo in der Türkei ein Dutzend helfende Hände beim Anlegen waren, gibt es hier keinerlei Hilfe von Land. Mit zwei Personen ist es fast nicht möglich, vor Buganker an die Mole zu gehen, ohne dass Hilfe von Land kommt.

Crew-Wechsel wird hier nicht geduldet. Kommen Freunde an Bord, wird es sofort als Schwarz-Vercharterung ausgelegt. Charterboote unter fremder Flagge werden an der Grenze ausgewiesen. Wir haben mit Bootsfahrern gesprochen, die die größten Probleme hatten, ihr Boot, das im Winterlager im Hafen war, im Frühjahr wieder einzusetzen. Wir waren selbst dabei, als man einem Engländer, der nach Hause musste und den Behörden mitgeteilt hat, dass ein Freund sein Boot nach Italien fährt, den Crew-Wechsel untersagt hat. Er solle sein Boot selbst nach Italien segeln, dann könne er machen was er will.

Versorgung

Ist in Griechenland kein Problem. Allerdings ist auf den meisten Inseln das Wasser nicht zum trinken geeignet. Treibstoff ist wider erwarten nicht im jedem Hafen erhältlich. Wassertankstellen sind selten, außer in den großen Marinas. Oft wird Treibstoff mit Tankwagen angeboten.

Auf Limnos gibt es einen dreimal selbst gebrannten Uso, der weithin berühmt ist, der Liter für 9 Euro.

Behörden Italien

Unser erster Kontakt mit Italien verläuft völlig unproblematisch. Lediglich eine Crewliste wird einbehalten. Kontrollen keine. Schreibkram ist nicht erforderlich. Und genauso verlasen wir Italien wieder. Keiner hat irgendetwas von uns gewollt.

Navigation Tyrrhenisches Meer

An der Westküste Italiens soll angeblich Wind aus SE und SW vorherrschen. Wir hatten durchgehend auflandigen Wind aus westlichen Richtungen, der uns mehr als unangenehme Wellen und Dünung seitlich auf das Boot bescherte. Windstärken bis 5Bft. sind an der Tagesordnung, windstille Tage hatten wir keine. Drohende Gewitterwolken entstehen ohne dass der Barometer fällt und verziehen sich genauso schnell wieder wie sie entstanden sind. Dafür kann aus strahlendem Himmel plötzlich ein Starkwind entstehen, der innerhalb einer halben Stunde zum Sturm wird. Von der Stiefelspitze bis zum Capo Palinuro bietet dieser gebirgige Küstenabschnitt eine grandiose Kulisse aber wenig Möglichkeiten, schnell in einem Hafen zu verschwinden.

Der Verkehr um Neapel und Rom ist enorm. Die Preise in den Marinas steigen in schwindelnde Höhen, je näher man der Riviera kommt. Die Häfen sind alle proppevoll, einen Liegplatz zu bekommen ist reine Glücksache. Am besten man reserviert bereits vormittags seinen Platz, was allerdings die Entscheidungsfreiheit weiterzufahren oder nicht schon sehr einschränkt.

In der Toskana treten die Berge zurück und lange Sandstrände ziehen sich am Ufer entlang. Ankerplätze gibt es auch an diesem Küstenabschnitt nur wenige.

Navigation Ligurisches Meer

Die Küste am Ligurischen Meer teilt sich in die Riviera di Ponente und die Riviera di Levante. Genua ist der geographische Mittelpunkt Liguriens. Die vorherrschenden Winde kommen aus westlichen Richtungen, NW, SW. Auch der Mistral erreicht die Ligurische See, allerdings in abgeschwächter Form. Doch die Dünung aus dem Golf von Lion ist dann enorm. Das ganze Gebiet ist stark touristisch geprägt mit vielen eleganten Yacht- aber wenigen natürlichen Häfen.

Versorgung

Einkaufen ist natürlich in Italien kein Problem. Allerdings sind die Häfen oft ein ganzes Stück von der Stadt entfernt und die Wege unter Umständen weit. In manchen Häfen sind aber Minimarkets, die den nötigsten Bedarf decken. Trinkwasser zu bunkern war kein Problem. Tankstellen gibt es in jeder größeren Marina.

Warnung

In Italien gibt es Helfer, sogenannte Ormeggiatori, Festmacher, die sich sehr professionell geben, dem Schiffsmann einen Platz zuweisen und beim Anlegen behilflich sind. Man nimmt an, dass es sich hier um Hafenpersonal handelt. Das ist nicht der Fall. In den freien Stadthäfen kassieren diese Herren unverschämte Summen und man hat keine Möglichkeit, sich ihrer zu erwehren, hat man ihnen erst mal sein Tau übergeben oder ein Mooringtau übernommen.

Wir haben selbst erlebt, dass ein Kneipenwirt versucht hat, sich als Hafenmeister auszugeben und uns in seine Kneipe bestellt hat. Dort hat er versucht, uns auf die Rechnung 20 Euro zu knallen, als Service, obwohl er gar nicht zur Stelle war, als wir anlegten und der Hafen laut Auskunft der Hafenverwaltung frei war. Man muss sehr wach und hellhörig sein.

Behörden Frankreich

Wir haben nach der Einreise in Frankreich zweimal geankert und waren einmal in einem Hafen. Keiner hat uns irgendwelche Fragen von woher oder wohin gestellt. Auch bei der Einreise über Port St. Louis du Rhone gab es keine Fragen, allerdings auch keine Vignette für die Kanäle.

Navigation Cote d'Azur

Häfen und Ankerbuchten sind total überfüllt. Die Motorbootfahrer kurven wie die Irren zwischen den Seglern herum. Mega-Yachten werfen Wellen, dagegen ist ein KD ein Paddelboot. In den Ankerbuchten rasen Wasserski-Boote zwischen Schwimmern und Ankerliegern hindurch und ihr Schwell bringt einem zum Wahnsinn.

Kapitel 12

**In den Ozean schifft mit tausend Masten der Jüngling,
still, auf gerettetem Boot, treibt in den Hafen der Greis.**

Viele werden uns fragen: „Und, war's schön?"

„Schön", werden wir ihnen antworten, „schön ist die Venus von Milo oder ein Märchen der Gebrüder Grimm. Unsere Reise war spannend, atemberaubend, fesselnd, amüsant, aufregend, interessant, beschwerlich und mühevoll, sie war vergnüglich und lustig, sie war unterhaltsam und unterhaltend, sie war furchterregend und nervtötend, sie war abwechslungsreich und erheiternd, sie war immer anstrengend und hat uns manchmal extrem sportlich gefordert."
Und schon höre ich die Steg-Kapitäne frotzeln, was wohl anstrengend und sportlich am Motorbootfahren sein könne. Und ich werde sie einladen, 10 Stunden ohne Anschnallgurte auf einer Achterbahn zu verbringen und die restlichen 14 Stunden des Tages auf der Schiffschaukel. Dann werden wir uns wieder unterhalten.

Und die Hämischen werden wieder sagen: „Geschieht euch ganz Recht, ihr wolltet es ja so."
Ja, wir wollten es. Jeder Mensch hat Träume wie Seifenblasen. Es gibt große und kleine Seifenblasen. Die größte Seifenblase von allen schwebt schimmernd in deinem Luftschloss. Ihre stofflose, regenbogenbunte Wölbung reflektiert immer wieder die gleichen Ideen und Gedanken. Unser Leben ist keine Generalprobe, wir können es nicht noch einmal versuchen. Jetzt ist die Zeit, die Seifenblasen fliegen zu lassen, eine nach der anderen. Es gibt Träume, die kann sich keiner erfüllen, die bleiben für immer als kleine durchsichtige Seifenbläschen in deinem Luftschloss. Aber viele Träume kann man sich erfüllen, wenn man nur wirklich will.
Es genügt nicht zum Fluss zu kommen mit dem Wunsch Fische zu fangen, man muss auch ein Netz mitbringen.
Das größte Hindernis ist, seinen inneren Schweinehund und seine eigene Hasenfüßigkeit zu erkennen und zu überwinden.

Wir haben uns einen Traum erfüllt, auch wenn er manchmal hart am Alptraum vorbeigeschrammt ist. Gegen uns war Hiob der reinste Glückspilz, ein alttestamentarischer Gustav Gans.

Trotzdem werden wir uns immer wieder auf die Suche nach einem goldenen Vlies machen. Wir werden so lange pusten, bis sich die nächste große Seifenblase löst. Und dafür wird Beluga noch durch so manches Nadelöhr gehen. Das Glück ist launisch wie eine verkaterte Kokotte. Wir werden versuchen, es zu überlisten, noch bevor wir eierköpfig und gichtknotig sind. Doch Vorsicht, wer zu viele Eisen im Feuer hat, dem werden einige kalt.

Nach all den hinter uns liegenden Mühnissen habe ich erwartet, dass mich eine Welle des Glücks anspringt, dass sie mich von hinten packt und sich mir unters Zwerchfell wühlt, wenn wir die Rhone vor uns sehen. Doch es ist völlig anders. Eher so als wenn man einen lieben Freund, den man herbeigesehnt hat endlich nach einem langen anstrengenden Besuch wieder verabschieden kann. Ein bisschen Wehmut, aber auch viel Erleichterung.

Wir werden jetzt morgens aufstehen und uns nicht mehr nach einem Eingeborenen sehnen, der nie die Grenzen seiner Heimat überschritten hat, der nie den Wunsch verspürt hat, auch nur das Nachbardorf zu betreten, aber imstande ist bei strahlendem Sonnenschein und knatschblauem Himmel den nächsten Sturm auf die Minute genau vorauszusagen. So einen Kerl von alter Kieme und Flosse, naturverbunden, wortkarg und ein Leben lang schlecht gelaunt, also einen echten Fischer. Wir werden keinen witterungsgünstigen Tag mehr abwarten müssen, keinen klimatischen Weitblick entwickeln müssen oder dumpfes Vertrauen in die Prognosen des meist unverständlichen lokalen Funks setzen müssen. Unser erster Gang als Fahrschein zum Tageslicht wird nicht mehr der zum Handy sein, um die Wetternachrichten abzurufen. Das Leben wird nicht mehr nur aus Bewegung bestehen, egal was Aristoteles auch gesagt haben mag. Der Unterhaltungswert des eigenen Elends ist allerdings beträchtlich. Ich glaube es wird uns künftig ganz schön eintönig werden.

Was wir wirklich vermisst haben während unserer Zeit auf See waren diese anregenden lustigen Abende mit Gleichgesinnten anderer Mundart. Skurril - also britisch, allwissend - also amerikanisch, traf im blauen Wasser nicht ins Schwarze. Hier war jeder Segler allwissend und jeder Andersdenkende skurril. Das hämische Grinsen des sozial entwurzelten Einhandseglers, die gusseiserne Rüstigkeit der alten Engländer, die uralte Tradition der Wahrheitsbeugung genannt Seglerlatein, das Management bei Chaos der Segler-Crews gipfelt hier nicht in einem vergnügten, stechmückenverseuchten Grillabend mit Sangria, Pfirsichbowle und verbrannten Würstchen. Im blauen Wasser trägt jeder schwer an der Tradition der Seemannschaft. Der fliegende Holländer ist ein armer verirrter Tropf und wenn denn eine kurze, meist unergiebige Kommunikation stattfindet, so wird doch lediglich festgestellt, dass ein Huhn nur die Art eines Eies ist, ein weiteres Ei zu machen.

Die Rhone

Sie empfängt uns mit Hochwasser. Eine trübe braune Brühe wälzt sich Richtung Meer. In Arles ist der Steiger voll belegt. Wir haben nichts anderes erwartet. Hier ist Liegen kostenlos und Wasser und Strom gibt es auch. Ein kleiner, roter Segler mit holländischer Flagge hat sich sehr großzügig auf einen Platz drapiert, auf den locker ein 15m Boot passen würde. Ich rufe ihn mehrmals und als endlich ein älterer Mann den Kopf rausstreckt bitte ich ihn, uns an den Steg zu lassen und außen auf uns drauf zu liegen. Das sieht er nun allerdings überhaupt nicht ein. Ein Engländer winkt uns, wir sollen bei ihm draufliegen. Wir kennen uns von früheren Frankreichfahrten. Einige Zeit später kommt ein kleiner Spitzgatt-Kutter. Mit vereinten Kräften helfen wir ihm, sich hinter den alten Holländer zu quetschen. Der bräuchte nur zwei Meter nach vorne zu ziehen, doch nein, er weicht keinen Meter. Das Bugsprit des kleinen Kutter reicht bis in die Blicht des Seglers, doch das stört ihn alles nicht. Hauptsache er kann stur seinen Platz behaupten. Es treffen noch einige Boote ein. Alle gehen ins Päckchen, nur der alte Holländer wird ausgespart. Er ist alleine mit seinem Boot unterwegs. Bei seinem Verhalten kein Wunder.

Eine Nacht ohne pfeifenden Wind in den Masten der Segler, ohne das Orchester der Wanten, ohne Wellen und Geschaukel, ohne kläffende Köter und Orgien in der Nachbarschaft, es ist merkwürdig.
Doch ein großes Zikadenorchester stimmt seinen schnellen Sägelärm an und steigert sich zum Crescendo. Fast vergessene Geräusche eines Flusses, die dich mit dem leisen Plätschern der Wellen in den Schlaf begleiten.

In Arles ergreifen wir die Gelegenheit und entwickeln uns zu wahren Putzteufeln. Ich fülle Plastiksack um Plastiksack mit Seekarten, Hafenhandbüchern, Reiseführern, Reiseberichten und Donau-Informationen. Endlich sieht es auch in den Ecken wieder ordentlich aus, wenn man auch keinen Schritt mehr ins Vorschiff machen kann. Manfred nimmt sich heroisch des Rostes an. Wieder einmal siegt der Mannesmut gegenüber den Thronen der Beharrungskräfte. Nach zwei harten Tagen sieht alles schon wieder ganz passabel aus, selbst Reling und Mast sind frisch geölt. So können wir uns wieder sehen lassen.

Arles, das kleine Rom Galliens. Man muss die monumentalen Hinterlassenschaften der Römer immer wieder anschauen, auch wenn man schon einige Male hier war.
Vincent van Gogh hat einige Jahre hier gelebt. Kurze Zeit verbrachte er mit Paul Gaugin in einer Lebensgemeinschaft. Bei einem Streit mit Gaugin schnitt er sich einen Teil seines linken Ohres ab. Ab diesem Zeitpunkt war er stark psychisch gestört, kam in eine Nervenheilanstalt und später in die Obhut eines Arztes bei

Paris, bis er sich eine Schussverletzung beibrachte und daran starb. In dieser Zeit war er trotz allem sehr kreativ und malte 200 Bilder. Unter anderem das berühmte Selbstbildnis mit verbundenem Ohr und die Brücke von Arles.
Ein dunkler, regnerischer Tag begleitet uns nach Avignon.
Schon von weitem erkennt man den romanischen weißen Klotz des Papstpalastes. Papst Klemens V. ging wegen unsicherer Zeiten in Italien ins Avignonische Exil. 7 Päpste residierten in der Folgezeit in Avignon, alle waren Franzosen. Auch von den 134 Kardinälen waren 111 Franzosen. Das wurde natürlich von den Italienern keinesfalls gerne gesehen. Da die Päpste unter der politischen Vorherrschaft von Frankreich standen, nannte man dieses Exil auch die „Babylonische Gefangenschaft der Kirche".
Immerhin hat diese Ära der Stadt kolossale Bauwerke hinterlassen, die heute Weltkulturerbe sind.

Hemmungslos zeigt uns die Rhone wo es langgeht. Gerade mal mit 8km die Stunde kommen wir vorwärts, so stark ist der Strom. Ein kurzsichtiger Ochse mit einem Holzbein ist schneller als wir.
Wolkenberge hängen wie dreidimensionale Flugsaurier zwischen dem azurblauen Himmel und der Welt. „Hoffentlich bekommen wir nicht auch noch Mistral", unke zur Abwechslung mal ich. Und kaum spricht man vom Teufel, schon hüpft er aus dem Schächtelchen. Der Mistral hetzt durch das Tal wie ein Rudel brunftiger Wölfe. In der Donzierschlucht scheint er sich regelrecht festzubeißen. Ich komme mir schon vor wie die Windsbraut persönlich.

In Ardois treffen wir auf Klaus den Segler. Auch er hat viele Seifenblasen produziert. Seit zwanzig Jahren baut er an seinem Segelboot. Jetzt ist er in Rente, das Boot aber immer noch nicht fertig. Er will ins Mittelmeer, dort den Mast stellen und das Boot aufriggen. Und dann darauf leben. Doch erst mal sitzt er hier fest. Mit vereinten Kräften gelingt es uns festzustellen, dass sein Verstellpropeller nicht richtig arbeitet. Nach hinten verstellt er die Flügel, nach vorne geht er in Neutralstellung. Deshalb fährt das Boot nicht vorwärts. Er muss jetzt eine Möglichkeit finden, das Boot an Land zu bringen oder den Propeller unter Wasser abzuziehen, was fast unmöglich ist. Lebensträume schwanken zwischen Qual und Vergnügen. Es macht Spaß, wenn alles gut läuft und es ist qualvoll wenn nicht. Es macht innerlich stark, wenn man es wenigstens versucht hat.

Während ich hier sitze und schreibe, wirft der Mistral Wellen bis zu meinem Küchenfenster und jagt das Wasser der Rhone zu Tal wie einen Wildbach.

Der Blaue aus dem Norden hockt sich auf seine Hinterbeine und heult wie tausend Wölfe auf einmal. Für die Lioner Bucht meldet der Wetterdienst bis 9 Windstärken und 3m Wellen.

1

2

3

4

5

6

Bilderläuterungen

1   Golfe de Fos
2   Avignon
3   Mistral in der Rhone
4   Arles
5   Donzierschlucht
6   Lyon

Würde mir ein anderer die Geschichte dieses Sommers erzählen, ich würde ihn sofort als Märchenerzähler abstempeln.

Worte eines Offiziers:
Leutnant in Valence, durchstreifte ich die Region zu Fuß. So kann ich an die Zukunft denken! Mein Lieblingsort ist ein gigantisches Becken, das man Roche Colombe nennt. Ein berühmter Historiker behauptet sogar, ich hätte von diesem Throne aus gesprochen: „Von hier beherrsche ich die Welt."
Ich hatte schon immer eine Schwäche für Aussprüche, die durchschlagen wie Kanonenkugeln.
(Napoleon Bonaparte)

Diesen Worten Napoleons über Valence ist nur noch hinzuzufügen, dass wir im Jachthafen 20 Euro losgeworden sind.

Nach drei stürmischen Tagen hat sich der Mistral zur Ruhe gelegt. Doch der Strom wird immer schlimmer. Die schlecht motorisierten Boote der Holländer schleppen sich mühsam zu Berg. Ein Schokopudding kriecht schneller voran. Auch Manfred erhöht die Drehzahl. Es schwimmen Berge von Seegras und Wasserpflanzen zwischen Ästen und ganzen Bäumen. Für 70km und 3 Schleusen fahren wir einen ganzen Tag. Eine mühsame Art der Fortbewegung.

310km und 12 Schleusen, ein Höhenunterschied von 164m und die Rhone ist geschafft. Wir sind in Lyon.

Die Saône

Die Altstadt von Lyon liegt auf dem Zipfel der entstand, als Rhone und Saône zusammenfanden. Auf der Seite der Rhone ist keine Anlegemöglichkeit für Sportboote, auf der Seite der Saône ist ein großer Teil der Kaianlagen zugepflastert mit Penischen und Dauerliegern. Ein winziger sogenannter Yachthafen mag für Boote bis 8m geeignet sein, wir müssen jedenfalls mal wieder an die Mauer, an der uns vor 3 Jahren die Spitzbuben unsere Fahrräder geklaut haben, was dieses Mal sicher nicht passieren wird, denn unsere rostigen alten Gefährte würde höchsten ein Blinder klauen. Es ist eigentlich traurig für die drittgrößte Stadt Frankreichs, ein regelrechtes Armutszeugnis. Irgendwie macht auch dieses Mal die Altstadt einen toten Eindruck auf uns. „Die könnten ihre Fußgängerzone am Sonntag ruhig für den Verkehr freigeben", sagt Manfred, „so wenig wie hier los ist." Doch am Montag ist es auch nicht besser. Wenigstens sind dieses Jahr die Geschäfte geöffnet. Beim letzten Mal konnten wir in erreichbarer Nähe nicht mal ein Baguette kaufen.

Wir absolvieren unser Pflichtprogramm, das wir die letzten Monate so stark vernachlässigt haben: Marsch durch die Altstadt. Besichtigen geöffnete Kirchen und rütteln an verschlossenen Portalen. Marsch am anderen Ufer durch die alten Gassen von Fourvière, in der Hoffnung, dass sich nicht irgendwo ein Stein löst und uns erschlägt und schleppen uns sogar auf dem letzten Loch pfeifend auf den Hügel, um einen tollen Blick über die Stadt zu haben und die Überreste der Römer zu bewundern.

Lyon ist die selbsternannte Hauptstadt der Gourmais und Paul Bocuse, der Altvater der nouvelle cousine, hat ganz in der Nähe seinen Tempel mit immer noch unerschwinglichen Preisen und langen Wartezeiten. Alle Engländer warnen uns, nur ja nicht auf Gerüchte hereinzufallen und in Lyon essen zu gehen, es wäre nicht besonders und wenn das schon die Engländer sagen, die für ihre Küche wahrlich nicht berühmt sind, lässt das tief blicken. Doch einen Bäcker haben wir entdeckt, da backen zwei junge Männer wirklich erstaunlich leckere Dinge. Diverse Variationen von Baguette und Brot, ein dunkles Rosinenbrot mit Pistazien, verschiedene Törtchen, alles ein Gedicht.

Wir sitzen in geselliger Runde mit Engländern, die auf dem Weg nach Beaucaire sind, um zu überwintern, und Holländern auf dem Heimweg. Wir genießen jede Nacht den Streit der Penner und Besoffenen und an unserem Abfahrtsmorgen steht der Kai voller Polizei- und Feuerwehrautos, wohl auf der Suche nach einem Verschollenen. Wir wollten nicht so genau wissen, warum sie die Ufer so intensiv absuchen, was sie suchen und zu finden hoffen.

Hinter Lyon ist die Saône ein wunderschönes kleines Flüsschen. Die Île Barbe kommt in Sicht mit den zerbröselnden Überresten einer durch Sittenlosigkeit und Laster geprägten Ära kirchlicher Vergangenheit.
An unserer ersten, also der letzten Saône-Schleuse wurde eine alte Penische aufgebockt, die „Parfait Amour", sie dient heute als Informationszentrum über Binnengewässer.

Man könnte die Uferlandschaft lieblich nennen. Auf jeden Fall einladend, gemütlich, freundlich. Irgendwie fühlt man sich hier heimelig, zu Hause.

Und genauso bleibt unsere Fahrt. Es gibt viele Anlegemöglichkeiten in der Saône. Kleine Steiger mit Strom und Wasser, die meisten kostenlos, laden zum ausruhen ein. Wir genießen die Ruhe nach unserer stürmischen Reise umso mehr.

Bereits in Arles wandern die ersten Kubis Vin Rouge in die Bilge und das erste Cote de Bœuf in die Pfanne. Und wenn man heute die Kühlschranktür öffnet, bekommt man trotz Tupperverpackung einen grünen Schnabel vom Odeur des Käses. Da können sich die Türken und Griechen ihren faden Schafskäse im wahrsten Sinne des Wortes einsalzen lassen. Wenn auch die Franzosen für die Engländer nur alberne Froschfresser sind, so ist es doch erstaunlich, in welcher Vielzahl sie gallische Sitten und Traditionen unterwandern und Geschmack am französischen savoir vivre, Baguette und taste-vin finden. Und wie bereitwillig sie doch das Royal British Establishment gegen die ungenaue Präzision der Franzosen und den wundervoll nassen englischen Winter mit der bedrückenden Enge eines französischen Hafens tauschen und mit Dutzenden anderen teilen.

Wir werden uns im Doubs mit Freunden treffen und ich sehe aus wie die einzige Überlebende einer Polarexpedition. In Tournus erkenne ich blitzartig die Alternative: Friseur.

Im April musste mir mein Friseur unter Androhung von drastischen Sanktionen, dass er mindestens 6 Monate halten muss, einen Stoppelkopf verpassen. Wie das Leben die lästige Angewohnheit hat immer weiterzugehen, haben Haare die unangenehme Eigenschaft zu wachsen. Sie sind in diesem Tun genauso unzuverlässig wie Friseure. Sie wachsen genauso unmöglich wie die Friseure schneiden. Auf jeden Fall nie so wie man es gerne hätte. Meine eigenen dilettantischen, aber preiswerten Schnitte mit der Schnittlauchküchenschere enden meist mit dem Erfolg, dass ich mich künftig von hinten an jeden Spiegel heranschleichen muss, was eventuell bedingt durch eine gewisse kleinbürgerliche Enge bei meinen Dimensionen mit einigen Unannehmlichkeiten verbunden sein kann.

Ich hasse Friseure jeden Geschlechts. Man muss Haare lassen und ich hasse es, Haare zu lassen. Ist man unterwegs und es tritt der Notfall eines Haarschnitts ein, hat man nicht einmal die Chance, durch gründliches Umhören eine kleine Vorauswahl zu treffen. Man stolpert in einen Laden in der Hoffnung, dass man diesen ohne größere Verstümmelung auch wieder verlassen kann. Vielleicht war ja van Gogh gar nicht irre, sondern nur beim Friseur. Die Optik der anwesenden Friseurinnen rangiert meist zwischen Geisterbahn und Fasching. Grüne und blaue Streifen ziehen sich durch rote oder gelbe, manchmal auch pechschwarze Haare, die in stracken, harten Balken vom Kopf abstehen, sich wie die Schlangen der Medusa in erschreckend grotesken Windungen um Ohren und Nacken ringeln oder wie ein Wischmob direkt Richtung Struwwelpeter zielen.

Tiefschwarz umrandete Augen und die Benutzung eines dunklen Lippenstifts, verleihen seiner Trägerin eine gewisse Strenge und die Glaubwürdigkeit eines Zombies. Mit lustvoll gefletschten Zähnen und vibrierendem Piercing im

Nasenloch wirst du genötigt, deine Kehle jedem Angriff völlig nackt darzubieten.

Zur körperlichen Abhärtung und Ertüchtigung wirst du erst kochend heiß, dann eiskalt geduscht. Dann erfolgt der Totalangriff mit der Schaumkanone. Der Schaum kriecht dir in den Nacken und lässt den Hammer im hintersten Winkel deines Gehörganges dröhnend auf den Amboss donnern. Im Zehn-Schwarzkrallen-System versucht dir der Zombie die Kopfhaut abzuziehen. Wenn dir der Schaum in die Augen gekrochen ist und du leise wimmernd auf dein Ende wartest, wirst du mit einstudierter Dramatik gefragt, ob's auch gut tut. Und weil du die Lippen fest zusammenpressen musst, um zu verhindern, dass der Schaum dir nicht nur außen sondern auch innen an der Kehle runter läuft und du auch nicht die Chance hast, den Kopf zu bewegen, da dein Genick immer noch von den Schwarzkrallen-Angreifern auf das Lavoir wie auf das Unterteil eines Schafotts gepresst wird, beginnt die Prozedur von vorne. Verbrühen, verkühlen, einschäumen, skalpieren, verbrühen, verkühlen.

Bevor du so richtig zu dir kommst, wickelt man dir ein Brett um den Kopf, gibt deinem Stuhl einen Stoß und katapultiert dich direkt vor einen Spiegel. Die Jammergestalt, die dir entgegensieht, wird mit einem Scheinwerfer angestrahlt, damit du diesen Anblick auch ja richtig genießen kannst. Irgendwie gelingt es einem immer, die Ströme von Wasser aus den Ohren zu bohren, während die Feuchtigkeit vom Nacken bereits Richtung Steiß gekrochen ist.

„Ich habe am Oberkopf einen Wirbel, lassen sie die Haare da ein Stückchen länger!" oder „Schneiden sie bitte hier am Wirbel gar nichts ab!" oder in perfektem französisch „Ne coupez pas ici!" wird gnädig ignoriert. Erst einmal darauf aufmerksam gemacht, ist das die Stelle, die als erstes sämtliche Haare verliert. Mit dem Ergebnis, dass man morgens aufsteht und einen Hinterkopf wie ein Neandertaler hat.

Mit einer Ladung Schmieröl wird schonungsvoll das Drama kaschiert und der folgende Giftgasangriff, den sie Haarspray nennen, raubt dir den Atem und lässt die Augen tränen, damit du die Tragödie kurzzeitig leicht verschwommen ignorieren kannst.

Dafür bist du dann günstigenfalls 30 Euro los und fragst dich ernsthaft, warum du den Schnittlauch nicht einfach wachsen lässt und irgendwann zu einem preisgünstigen Dutt oder Zopf drehst!

Da ich, wie die meisten weiblichen Wesen von typisch femininer Gefallsucht gefoltert werde, bleibt zu hoffen, dass unsere Freunde trotz oder wegen aller durchlittenen Qualen noch eine gewisse Ähnlichkeit mit mir erkennen können.

Charterer ist ein Thema, um das man in Frankreich nicht herum kommt. Es ist nicht so, dass sie nicht auch Menschen wären, wirklich nicht. Sie sind schon aus Fleisch und Blut aber sie gehören halt zu der Spezies Charterer. Das ist eine ganz besondere Rasse.

Sie brauchen keinen Führerschein. Das Fahren eines Bootes wurde ihnen bereits in die Wiege gelegt, ebenso alle damit verbundenen Tätigkeiten. Bei dieser Allwissenheit müssten sie eigentlich Amerikaner sein, allerdings kann sich die Rasse Charterer auf der Bootfahrerebene durchaus mit diesem Genre messen. Eine gewisse Hemmungslosigkeit, kolossale Trinkfestigkeit und die Kunst, jede Nacht zum Tag zu machen prägt sie zu ganzen Kerlen.

Wegen der Freudenhauspreise werden Charterboote immer mit vielen Personen belegt. Ist es dem Charterkapitän gelungen trotz der Behinderung durch die überdimensionale weiße Kapitänsmütze, sein Boot an einen Steg zu manövrieren, hat er dabei weder ein anderes Boot gerammt noch den Ponton zum Sinken gebracht, schwärmen mindestens ein halbes Dutzend Mitfahrer aus, um die Sachlage zu sondieren und die nähere Umgebung zu erkunden. Der zum ersten Offizier ernannte Mitcharterer zieht einen dicken Arm voller Kabel aus einer Kiste, das er in mühsamster Arbeit entwirrt, nur um dann festzustellen, dass mittlerweile sämtliche Steckdosen von Engländern belegt sind. Das bringt die Chartercrew in enorme Schwierigkeiten, denn alle Handys fordern inzwischen hartnäckig eine Batterieladung. Mein Kapitän lässt sich dann meist herab, bei uns eine Mehrfach-Verlängerungs-Steckdose einzustöpseln, an der in regelmäßiger Gleichmäßigkeit 3 fremde Handys stecken. Hat man den endlich entwirrten Haufen Kabel wieder zu einem Knäuel verdreht in der Kiste verschwinden lassen, wird der Wasserschlauch ausgepackt. Wasser ist auf einem Charterboot ein Reizwort. Sechs oder mehr Leute wollen duschen. Sechs oder mehr Leute wollen sich gleichzeitig landfein machen. Spätestens wenn der selbsternannte Kapitän an der Reihe ist, ist der Wassertank leer. Mittlerweile haben zwei Mann der Crew den Steg erkundet, zwei sind bereits vorangeeilt, um ein Restaurant ausfindig zu machen, einer sortiert die leeren Flaschen und einer transportiert den Müll weg. Nach geschäftigem hin und her, nochmals kurz auf alle gelungenen Manöver anstoßend, begibt sich die Horde an Land. Kurzfristig kehrt Ruhe ein. Sie kommen zurück, keiner ist richtig satt, zufrieden sowieso nicht, es gab keine abtrittdeckelgroßen Schnitzel mit Bratkartoffeln, beginnt das Gerenne von vorne. In feucht fröhlichen Diskussionen wird dann wohl festgestellt, wer als erster Bad und Toilette benutzen darf, um sich danach zusammengefaltet zur Ruhe zu begeben. Die Geräusche der Mitschläfer scheinen oftmals erschreckend zu sein, so dass die ersten Kurzschläfer bereits wieder

morgens um 5 auf dem Ponton patrouillieren um ihre verkrümmten Glieder zu strecken.
Beim Frühstück beginnen sich bereits die ersten Aggressionen aufzubauen. Der Smutje lässt die Eier verbrutzeln, die Damen kommen nicht zu Potte, aus der hinteren Toilette vermischt sich ein gräulicher Gestank mit dem schwülen Moschus von Ramonas Parfüm und der arme Tropf, der seit Stunden am Steg auf und ab joggt verzieht sich morgenmuffelig in seine Koje, um vielleicht jetzt von dem Schnarcher verschont zu sein. Auf reine Männer-Charter-Crews, wie Kegelclubs, Stammtischbrüder und Fußballvereine, trifft das allerdings nur bedingt zu. Sie nehmen es mit der Körperpflege in diesen Tagen nicht so genau, zechen die Nacht durch und liegen bis mittags ohnmächtig in ihrer Koje. Favorisieren Essiggurken und Bismarckhering und beginnen mit dem Getränk mit dem sie am Vorabend aufgehört haben.
Beim fröhlichen „Leinen los" bricht Panik aus an Bord. Während vorne einer am Tau zieht, drückt hinten einer das Boot ab und in der Mitte hält der andere eisern fest, als gälte es die Goldvorräte von Fort Knox zu verteidigen, während der Kapitän abwechselnd von Vollgas vorwärts auf Vollgas rückwärts schaltet. Kommen sie tatsächlich weg, ohne den Steiger hinter sich herzuziehen, stehen sie kurze Zeit später vor einer Schleuse. Erschrocken vor der schmalen Einfahrt, nimmt der Kapitän das Gas weg und sucht die Bremse. Doch nix Bremse, das Boot bricht seitlich aus, steht quer vorm Schleusentor, schrammt ein bisschen an der Mauer entlang, bis die Mannschaft auf diese Seite gehechtet ist und abdrückt. Ist das Boot erneut ausgerichtet, werden rechts und links je zwei Abdrücker stationiert, so dass lediglich das Heck ein wenig an der Schleusenwand scheuert. Tau ausbringen ist nicht so einfach, da dieses sich zu einem Gordischen Knoten verschlungen hat und nicht geworfen werden kann. Der freundliche, zahnlose Schleusenwärter kommt angerannt, um seine Schleuse zu retten und einen kurzen Teil des Knotens um einen Poller zu schlingen. Derweil versucht ein besonders besorgter Mitfahrer sich mit Hilfe des Bootshakens auf dem Schleusenrand einzuhaken. Das gelingt leider nicht, weil da nichts zum einhaken ist, außer dem Schleusenwärter. Um dem suchenden Bootshaken zu entrinnen, der sich an seinen Knöcheln zu schaffen macht, zelebriert der Schleusenwärter kleine elegante Hüpferpirouetten wie eine Primaballerina im Schwanensee und verliert dabei, o Schreck, seinen erkalteten Zigarettenstummel, weil ihm der Raffzahn fehlt, um ihn in dieser Lage festzuhalten.

Wir warten derweil geduldig im Hintergrund bis mehrere Umdrehungen Tau um die Poller gewickelt werden und das ganze mit einem ordentlichen Hausfrauenknoten fixiert ist. Wenn dann das Wasser entweicht, hängt Boot samt Mannschaft schräg an der Wand und kann sich nur noch mit Hilfe eines Messers befreien. Wird hochgeschleust hat sich der Hausfrauenknoten derart festgezurrt,

dass auch hier die Hilfe des Messers von Nöten ist. Wie der Schlegel einer Glocke pendelt der Charterer aus der Schleuse, rammt sich erst in die Seerosen, dann ins Gras des Ufers zu einer Lagebesprechung, wie nun weitere Schleusen zu handhaben sind, um nicht auch noch die Reste der Taue kürzen zu müssen.
Wir nehmen regelmäßig diese Gelegenheit wahr, uns an ihnen vorbeizudrücken und Fersengeld zu geben.
Ihr seht, es gibt sie noch, die harten Seebären von Kiel und Schwert.
Während ich meine heile Haut zu Markte getragen habe, hat sich der Anlegeponton mit etlichen Engländern und Charter- sprich Bumsbooten, gefüllt.
Mein Kapitän knurrt. Ihn graut die Vorstellung morgens im Chaos-Konvoi Destination nächste Schleuse zu schippern.
Morgens um 7 wirft der Engländer vor uns die Leinen los. Mein Kapitän erstarrt mit dampfendem Wasserkessel in der Rechten. Einer jener Flüche entkommt ihm, die immer vom Vater auf den Sohn vererbt werden.
„Wenn wir mit dem fahren werden wir bestimmt gemeinsam geschleust." Sofort verfällt er in hektische Aktivität.

Es gibt nicht einen einzigen Grund, morgens um sieben, noch vor dem Frühstück die Leinen los zu werfen und hinter irgendeinem Verrückten her zu hecheln.
Es ist völlig egal, ob wir vor der Schleuse warten müssen oder heute oder morgen oder erst übermorgen zum Doubs kommen.

Und er weiß ganz genau, dass Aktivitäten jeglicher Art (außer Sex) vor dem Frühstück zu meinem erstgeliebten Hass gehören. Direkt nachfolgend mein zweitliebster Hass sind Nacht- und Nebelfahrten. Dicht gefolgt von Radfahren, Jogging, impertinenten Dummschwätzern und Typen, bei denen sich im Nachhinein nicht mehr feststellen lässt ob sie geborene Idioten sind oder ob sie ihre Mutter hat auf den Kopf fallen lassen!

Würden meine Gedanken wie ein Tornado um ein ausladendes Frühstück kreisen, ich könnte es verstehen. Doch ich will lediglich ein kleines Tässchen Tee und einen Happen Brot, egal um wie viel Uhr, dann kann kommen was will. Ist das etwa zu viel verlangt?

Ich bekomme keines von beiden.

Wir fahren ab - und direkt in eine Nebelbank. Der Nebel ist so dick, dass der Herr Kapitän das Radar einschaltet, weil der kaum noch seinen Bug erkennen kann. Beim Engländer stehen zwei Mann auf dem Vorschiff und machen den Ausguck.

Bevor unser Dialog undelikat zu werden beginnt, fährt mein Herr Kapitän auf eine Sandbank außerhalb des Fahrwassers und wartet während des Frühstücks den Durchbruch der Sonne ab. Sie begleitet uns den Rest des Tages und vergoldet uns den Abschied von der Saône.

Der Doubs

Wie alljährlich empfängt uns der Doubs mit dem würzigen Nussgeruch des Frühherbstes. Die Stimmung über dem Wasser ist einmalig. Bäume, die sich im Kanal spiegeln und dazwischen Nebelschwaden, die den Erlkönig und seine Töchter in sanften Armen wiegen. Dieses Bild mit der Kamera einzufangen, gelingt mir nicht. Die sündhaft teuere, mit einer Schneider-Optik versehene Digitalkamera von Kodak hat den Geist aufgegeben.
Könnte ich nicht auf Erfahrungsschätze und Konserven zurückgreifen, ich würde mich krank ärgern. Noch weigert sich der September glücklicherweise den Sommer tagsüber loszulassen, denn ab sofort müssen wir unseren Geräteträger legen und unser Verdeck abbauen. Jetzt sind wir den Unbilden der Witterung voll ausgesetzt.

114 kleine, hinterliste Schleusen müssen wir bewältigen. Schleusen, die ein erstaunliches Eigenleben entwickeln können. Es ist ein Glücksspiel. Und es ist äußerst abwechslungsreich. In jeder Schleuse ist der Bedienhebel auf der Seite an der die Fender nicht hängen. Sie gehen nur auf wann sie wollen und sie schließen auch nur wann sie wollen. Die modernen elektronischen Drücker sind neu programmiert worden. Sie teilen jetzt mit, dass die Schleuse eine Panne hat, dass es bereits bekannt ist und behoben wird. „Bitte Geduld." Die kleinen Zwangsaufenthalte haben den Vorteil, dass mir immer mal ein delikates Wort einfällt, das ich in dieser Zeit stresslos in meine Erzählung einfügen kann. Meterhohe Wasserfontänen stürzen herein wenn sich die Schütze öffnen, als wollten sie uns Eindringling gleich wieder rausspülen oder, was ein hervorragender Beitrag zur allgemeinen Erheiterung wäre, Boot samt Mannschaft wie einen Pfannekuchen ans hintere Schleusentor klatschen. Die Schleusen, die vor zwei Jahren nach der Automatisierung so langsam eingestellt waren, dass sich Warteschlangen davor gebildet haben, lassen jetzt erneut das Wasser rein wie einen Sturzbach. Da wird so mancher Hosentrompeter lieber wieder den Umweg über den Vogesenkanal wählen, wenn er nach Hause fährt. Legst du rechts an, giert das Boot nach links. Legst du links an, versucht es an der rechten Schleusenmauer zu scheuern. Es wird uns keine Minute langweilig.

Dole, eine Stadt wo Geschichte dem Leben Profil verleiht, ist unser Treffpunkt mit Luciano und Margreth.

Profil haben auch die Teilnehmer einer Oldtimer-Rallye, die sich morgens um halb sieben gegenüber dem Hafen treffen. Eigentlich ist Oldtimer falsch. Mit 40 beginnt das Jungsein der Alten und das Altsein der Jungen. Genauso ist es bei Automobilen. Ein Neuwagen ist nach 40 Jahren alt, aber ein Oldtimer ist mit 40 Jahren jung. Also ist dies keine Oldtimer- sondern höchsten eine Middletimer-Rallye. Vielleicht so eine Art Grufti-Verschleppung. Die männlichen Teilnehmer der Rallye sind etwa so alt wie sie sich wünschen, dass ihre Vehikel wären. Mit nervösem Fuß lassen sie ihre Motoren aufheulen und Auspuffe knattern. Zwei Flics regeln die Einfahrt auf die Hauptstraße, jeder eine Hälfte, damit die Sonntagsmorgenarbeit nicht gar so anstrengend ist. Beim fünften kkrrrmmm-kkkkrrrrmmmm, kkrrmmm-kkkrrrmmmm-kkkkrrrrmmmm eines aufheulenden Motors um 6.35 Uhr entfährt meinem Kapitän ein Fluch, von dem ich hoffe, dass er von der Erbfolge ausgeschlossen ist.
Um 8 verlässt das letzte heilig Blechle ratternd den Parkplatz, die Flics wischen sich den Schweiß von der Stirn, die Was-wär-ich-doch-so-gerne-ein-kleiner-Schumi-Zuschauer schwingen sich in ihre modernen Lenkradbeißer und der Spuk ist vorbei.
Hätte Luciano nicht ein Baguette besorgt, unser Sonntagsfrühstück wäre einer ausgewachsenen Midlifecrisis zum Opfer gefallen.
Unser Leben an Bord ist immer frei von Eintönigkeit.

Seit Jahren befahren wir den Doubs. Seit Jahren legen wir in Dole an. Seit Jahren würden wir gerne am Pizza-Boot eine Pizza kaufen. Doch immer wenn wir hier durchkommen ist August und im August hat das Pizza-Boot geschlossen.

Vor Tagen hat Luciano schon gesmst, dass es, weil September, endlich Pizza gibt. Ab 5 soll die Bude offen sein. Mittags um 3 stößt der Kamin bereits dicke Qualmwolken aus. Um 17.30 machen wir uns hoffungsvoll auf den Weg um den Hafen. Bude ist zu. Keiner ist da. Wir drücken uns noch ein bisschen rum, warten. Luciano ruft die Nummer an, die am Boot steht. Es klingelt im Boot. War wohl nichts.

Wir ziehen alle Register unserer sadistischen Phantasie, wobei kilo-schwere Haufen Hundekacke auf seinem Trottoir noch einer der harmlosen Wünsche ist. Hängeschultrig schlurfen wir zurück. Kaum auf der Brücke, oh Wunder über Wunder, die Welt ist voller Mirakel, fährt das Pizza-Bäcker-Mobil vor.

Wir machen sofort kehrt. Vermeiden Blickkontakt mit den am Ufer liegenden Kanadiern, Holländern und Bumsboot-Fahrern, sehen ihrem Gesichtsausruck allerdings an, dass sie uns für meschugge halten und bestellen unsere Pizzen. Lassen sie, da eine Stunde Wartezeit, ans Boot liefern, geben zu, dass sich der

Aufwand gelohnt hat und spülen mit einer ordentlichen Portion auf die Schnelle improvisierte Pfirsich-Bowle nach.

Schön, wenn man liebgewordene Gewohnheiten wieder aufnehmen kann. Wir erobern romantische Picknick-Plätze, grillen, trinken Bowle und Sangria, treffen Gleichgesinnte, lachen, lassen es uns gut gehen und jeder erzählt von seinen Abenteuern.

Um hinter einer Penische herzuzockeln braucht man die Geduld eines Hiob und die Ausdauer eines Jagdhundes. Uns stehen sechs Penischen ins Haus. Auf einer Strecke auf der man mit viel Glück während seiner Reise mal einer einzigen begegnet, sind sechs Penischen eine Sensation und ein Verkehrshindernis wie ein Stau auf der A 61.

Vor dem Tunnel Thoraise belegen wir den Steiger. So richtig können wir das Gerücht der annahenden Penischen nicht glauben. In Frankreich verbreiten sich gerne Neuigkeiten wie Lauffeuer in den Kanälen, die sich anschließend als Scheißhausgerüchte rausstellen.

Hier war es keins. Um zwanzig vor vier schiebt sich der erste Brummer hinter uns aus der Schleuse und reißt uns aus unserem wohlverdienten Mittagsschlaf. In Zeitlupe schiebt er sich durch den Tunnel. Dahinter ist direkt ein kleines Becken, dann zweigt rechtwinklig ein Schmalspurkanal ab, der nur im Einbahnverkehr gefahren werden kann. Bis es der Penische gelingt, ihre Nase um 90° zu drehen und ihren Weg fortzusetzen, vergeht gut eine halbe Stunde. Es ist harte Arbeit. Wir können mit unseren zwei Motoren auf der Stelle drehen, ein Berufsschiff kann das nicht. Sie müssen Taue ausbringen und mächtig rangieren, bis sie endlich in der richtigen Richtung stehen. Eine Stunde später passiert uns die nächste Penische. Später taucht ein Bumsboot aus dem Tunnel auf. Er steuert schnurstracks auf die Schleuse zu, merkt gar nicht, dass die nicht reagiert, weil sich von unten die nächste Penische nähert.
Opa, Oma und Enkelin. An ihrem Geschrei erkennt man die Österreicher. Opa ist der Steuermann. Er versucht rückwärts zu fahren und in eine Lücke am Ufer zu rangieren. Mit einem Motor rückwärts geradeaus zu fahren, ist nicht möglich. Enkelin gibt Anweisungen. „Opa, nach rechts. Nach links. Weiter nach links." Opa brüllt zurück: „Mit rechts und links kann ich nichts anfangen." Enkelin dirigiert weiter. Opa brüllt weiterhin zurück. Steht quer im Kanal. Endlich, die Penische ist schon am hochschleusen, schafft Opa es ans Ufer. Sie binden nicht fest. Stehen nur, gucken, warten.
Manfred und Luciano stehen auf der Schleuse, helfen dem Schiffsmann. Manfred hat den Auftrag von seinem Admiral bekommen, das Manöver der

Penische hinter dem Tunnel zu filmen. Sie fahren auf dem Bug der Penische mit. Kommen winkend und feixend an uns vorbei.

Opa, nicht am Ufer fest, wird von der Penische angezogen und donnert mit dem Heck an dessen Heck. Opa versucht abzuhalten, keiner ist am Steuer. Der Schiffsmann ist ein Filou. Sieht, dass das Bumsboot von seinem Schraubenwasser mitgezogen wird und gibt kräftig Gas. Das sprudelnde Wasser dreht Bumsboot samt Opa, Oma und Enkelin zweimal im Kreis. Das dröhnende Lachen des Schiffmanns übertönt alle Motor- und Auspuffgeräusche. Ich verstecke mein Grinsen hinter vorgehaltener Hand und einem Hüsteln. Opa rennt schimpfend zum Ruder, macht noch mal eine Drehung um 360 Grad, dann hat er wieder die Richtung zur Schleuse.
Die komplette Bumsboot-Besatzung macht ein Gesicht wie ein Bus von hinten, als sie unserem Blick entschwindet.

Drei Penischen packen es heute noch, die anderen drei warten im Unterwasser und fahren morgens von 7 bis 9 an uns vorbei. Als direkt dahinter zwei Bumsboote hochschleusen und die Schleuse für einen dritten klingelt, wird es Luciano zu viel. Wir legen ab und zuckeln im Standgas weiter. Die Penischen brauchen mindestens 5 Stunden nach Besançon. Das wird auch für uns eine ermüdende Reise.
Bereits vor der nächsten Schleuse haben wir den ganzen Konvoi eingeholt. C'est la vie.

In Besançon treffen wir unsere Freunde Uta und Traugott. Wir unternehmen einen Ausflug zusammen. Sie sollen die Freuden und Leiden des geplagten Bootsvolkes kennenlernen. Wir ziehen alle Register, schleusen abwärts und aufwärts, fahren einen Tunnel, Kanal und den Fluss. Auf dem Rückweg stehen wir vor einer Schleuse, die, statt uns das obere Tor zu öffnen, das untere Tor öffnet. Wahrscheinlich hat die Besatzung eines Bumsbootes, das weiter unten an einem Steiger liegt ihren Drücker eingesetzt. Wenn Dummheit Rad fahren könnte, müssten sie bergauf bremsen. Manchmal glaube ich, würden diese Charterer eine Mücke verschlucken, sie hätten mehr Hirn im Bauch als im Kopf.

Alles Warten nützt nichts. Die Schleuse schließt ihr Tor nicht. Traugott wird ausgeguckt über den Bug auf die Schleusenmauer zu klettern, den Durchfahrtssensor zu suchen und abzudunkeln um die Einfahrt eines Bootes zu simulieren, dann die Stange zu ziehen. Alles klappt ganz gut, die Schleuse füllt sich, das Tor geht auf, die Ampel springt auf rot/grün. Das war's dann. Manfred fährt mit dem Bug vor den Sensor, so als würde ein Boot ausfahren, doch irgendwie lässt sich das Ding nicht überlisten. Sie schaltet uns die Einfahrt nicht

grün. Wir fahren trotzdem ein. Manfred deckt den Sensor mit der Hand ab bis die Ampel auf grün springt und jetzt ist alles wieder okay.
Vor dem Tunnel Besançon hupt uns das Bateau Mouche. Es hat auf jeden Fall Vorfahrt. Manfred entschließt sich, die handbetriebene Schleuse vor dem Hafen, statt den Boucle hinter dem Tunnel zu nehmen. Leider steht darin das andere Ausflugsboot, die „le Vauban." Wir müssen ganz ans Ufer rangieren. Beim Einfahren in die Schleuse stimmt der Winkel nicht. Ein Fender hakt sich in das Schleusentor ein und platzt.
Man sieht, für die Unterhaltung der Freunde werden weder Mühen noch Kosten gescheut.

Und bei unserer Abfahrt reißen sie sich auf der Zitadelle die Arme aus dem Leib, bis wir nicht mehr zu sehen sind.

Über uns rauschen die herbstlich bunten Blätter der Bäume und graue Wolken werden von einer frischen Brise rasch über den Himmel getrieben. Während unserer Fahrt durch den Doubs ist nicht nur kalendermäßig Herbst geworden. Das Wetter hat umgeschlagen. Margreth hat den ersten Zwetschgenkuchen gebacken, auf den Märkten wird nur noch Winterkleidung angeboten. Wir haben den ersten Vacherin gekauft und vertilgt. Herbstzeitlose recken keck ihre Köpfe aus der Uferböschung. Manch eisiger Windstoß bringt den schwachen, erdigen Geruch von Laub und toten Farnen mit, von Veränderungen und Verlust. Ein untrügliches Zeichen für das Fortschreiten des Jahres. Meine Waage bekommt Kammerflimmern, wenn ich mich drauf stelle. Unwillig bereiten wir uns innerlich auf das Ende unserer Reise vor. Und wir genießen jeden Tag an dem sich der September an den Sommer klammert und das letzte Tröpfchen Sonne aus ihm herauspresst.
Unsere Etmale werden immer kürzer, die Pausen immer länger, doch mit jedem Kilometer nähern wir uns unweigerlich dem Ende unseres diesjährigen Abenteuers.

Schleuse Niffer öffnet ihre Tore und er liegt vor uns. Unser wunderbarer, unvergleichlicher Rhein. Hier ist er weder unvergleichlich noch wunderbar, sondern ein stinklangweiliger Großschifffahrtskanal, von menschlicher Ignoranz und Dummheit in ein Korsett gezwängt, aber er wird mit jedem zurückgelegten Kilometer schöner und freundlicher. Den Höhepunkt erreicht er in unserer Heimat, wenn er das Tal durchbricht, wenn Märchen und Sagen ihn glorifizieren und Elfen und Kobolde, Helden und Dichter ihn begleiten, bis er sich in der Nordsee verliert.

Ein Fluss dauert ein Leben lang.

Lebwohl! – verstrichen ist die Frist;
Ein Buch der Wunder soll ich lesen;
Darf ich nicht bleiben, wo du bist, --
So will ich sein, wo du gewesen.
(Lord Byron, September 1809)

Schlusswort

Ich habe unsere Reise so beschrieben, wie sie abgelaufen ist, habe nichts hinzugefügt und wenig verschwiegen. Jeder der diese Reise machen will, sollte bedenken, dass ein Motorboot mindestens 20 Knoten fahren sollte, um einigermaßen vernünftig durch die Wellen zu kommen. Wir waren mit unserem schweren Schiff und 300 PS hoffnungslos untermotorisiert. Mit einem reinen Flussschiff passieren im Seegang die unmöglichsten Dinge. Uns ist z.B. bei schwerer Dünung Wasser über das winzige Entlüftungsloch des Kühlschrankes eingedrungen und unserem Mitreisenden über die Entlüftung des Wassertanks. Salzwasser ins Trinkwasser.

Alles was sich an Edelstahl an Bord befindet, ist nach kürzester Zeit rostrot. Das Boot beginnt an Stellen zu rosten, die man niemals für möglich gehalten hätte. GFK, Alu oder Holz sind die einzigen geeigneten Materialien. Aber das einzig richtige Boot für das Meer ist ein Segelboot mit einem ordentlichen Motor.

In den Hafenhandbüchern liest man, dass es nirgends erlaubt ist, das Boot mit Süßwasser zu waschen. Das ist nicht wahr. Jeder, wirklich absolut jeder, wäscht sein Boot im Hafen ab. Wir haben anstandshalber immer gefragt und haben nur ein einziges Mal extra dafür bezahlen müssen.

Man sollte für so eine Reise absolut seefest sein. Es gab nur sehr wenige Häfen, in denen kein Schwell entstand und sich das Boot nicht oder nur wenig bewegt hat.

Seine Wetterbeobachtungskenntnisse vom Binnenland kann man hier getrost vergessen. Es ballen sich beängstigend schwarze Gewitterwolken zusammen, doch der Barometer rührt sich nicht und nach kurzer Zeit ist der Spuk wieder vorbei, während auch wieder ohne Beteiligung des Barometers innerhalb einer halben Stunde ein Sturm Stärke 8 entstehen kann und der Himmel strahlendblau ist und die Sonne scheint.

Sollten wir jemals wieder eine solche Reise machen, würde ich nur englische Seekarten kaufen, sie sind um ein vielfaches besser als alles, was wir hatten.

Unsere neu erworbenen C-Map-Module von der Ägäis und der Cote d'Azur waren defekt. Die Firma Gründl hatte es nicht für nötig befunden, uns ein neues Modul in die Türkei zu senden. Sie scheuten wohl das Risiko des Transports.

Es ist jedem anzuraten, den Kartenplotter nur als Navigationshilfe zu nutzen und sich üppigst mit allen erdenklichen Seekarten auszurüsten. Bei schwerem Seegang bringt einem der Plotter mit seinem „wird geladen" zur Weißglut.

Das Hafenhandbuch von Rod Heikell war sehr informativ und hervorragend gemacht, wir haben bedauert, nicht auch sein Griechenland-Buch gekauft zu haben.

Niemals würden wir nochmals diese Reise antreten ohne ein Navtex an Bord zu haben. Die deutsche Welle war oftmals nicht oder nur miserabel zu bekommen.

Die Wetterberichte über UKW sind teilweise fast unverständlich. Der Grieche z.B. spricht so schnell, als wolle er ins Guinnessbuch der Rekorde. Sail 24 war unsere Rettung. Allerdings hat die Vorhersage ab Italien nur noch selten getroffen. Es mag an dem unberechenbaren Wetter gelegen haben...
Nochmals ein Wort zum Trinkwasser. Wir haben auf unserer gesamten Reise Wasser aus dem Tank getrunken, das einwandfrei war. Es ist erschreckend, wenn man die Millionen von Plastikflaschen sieht, die in den Meeren herumschwimmen. Wenn man schon Getränkebehältnisse ins Meer werfen muss, dann wenigsten Blechdosen, die gehen unter und sind in kürzester Zeit verrottet.

Fahrtenbuch

29.04. Wir gehen an **Bord**

30.04. Wir **warten** auf das Eintreffen von Ditmar und Ruth

01.05. Wir **warten** immer noch und langweilen uns das erste Mal in unserem Leben wirklich.

02.05. Wir **warten** immer noch. Schlechte Nachrichten, Ditmar hat Probleme mit einem Motor, der heiß wird und qualmt. Aber wider Erwarten trifft Vite vite unbeschadet ein. Anscheinend blinder Alarm.

03.05. Abfahrt 9:00 Uhr Rhein-Kilometer 513, Ankunft 16:00 Uhr Main-Kilometer 38,5, Oberwasser **Schleuse Offenbach**. 4 Schleusen ohne Probleme. Aufnahme im Bootsclub Kaiserlei sehr freundlich und hilfsbereit. Liegegebühr pro Meter 0,80 Euro plus 1,50 Euro für Service. Dafür ist ein Begrüßungstrunk frei und den Müll wird man auch los. Duschen und Toiletten vorhanden.

04.05. Abfahrt 9:00 Uhr, Ankunft 15:00 Uhr Main-Kilometer 87,3, Floßhafen **Aschaffenburg**. 3 Schleusen. Vor Schleuse Mühlheim über eine Stunde Aufenthalt, mussten auf Berufsschiff warten. Liegen im Motorboot- und Wasserskiclub, ist die erste Anlage im Hafen und uns seit Jahren bekannt. Volle Versorgung und Stadtnähe.

05.05. Liegetag in Aschaffenburg, Vite vite Probleme mit elektronischer Schaltung.

06.05. Liegetag in Aschaffenburg.

07.05. Abfahrt 8:15 Uhr, Ankunft 16:00 Uhr Main-Kilometer 144, **Stadtprozelten**. Dauerregen. Stürmisch. Starker Schwell in den Schleusen. Wenig Verkehr, kein Aufenthalt durch Berufsschifffahrt. Große Steganlage, keine Versorgung. Sog von vorbeifahrenden Schiffen. Wasserstand steigt, hoffentlich bekommen wir kein Hochwasser.

08.05. Abfahrt 8:00 Uhr, Ankunft 15:00 Uhr Main-Kilometer 197,8, **Lohr**. Sehr viel Wasser und Unrat im Fluss. Liegeplatz in der Hafeneinfahrt an der Mauer, Steganlage zu klein für uns. Wasser steigt immer noch. Ein Clubmitglied verlegt sein Boot quer vor die Fingerstege, damit wir uns daran festbinden können. Sie vermuten, dass das Wasser steigt und über die Mauer läuft. Vite vite bleibt liegen und wird verzurrt, damit sie sich nicht auf die Mauer schieben kann.

09.05. Abfahrt 8:00 Uhr, Ankunft 16:30 Main-Kilometer 252,8, **Würzburg.** Der Pegelstand des Mains ist 310, bei 340 wird die Schifffahrt eingestellt. 10 cm Wasser sollen noch kommen. Wir haben heute bei voller Marschfahrt einen Schnitt von 3 - 4kn geschafft. Sehr mühsam. Keine Probleme mit Schleusen. Viel Unrat schwimmt im Wasser.

10.05. Liegetag in Würzburg wegen zu hohem Wasserstand.

11.05. Liegetag in Würzburg, Wasser immer noch hoch aber fallend.

12.05. Abfahrt 9:30 Uhr, verspätet, da um 8:00 Uhr ein Schuber in die Schleuse einfuhr und wir ihm Vorsprung geben wollten. Nach der zweiten Schleuse hatten wir ihn wieder eingeholt und mussten eine ganze Weile hinter ihm herzockeln, bevor wir ihn endlich überholen konnten. Ein freundlicher Schleusenwärter hat sich erbarmt und uns vor ihm weitergeschleust. Ankunft 20:00 Uhr **Wippfeld**, Main-Kilometer 316,5. Sehr langer Tag. Wasserstand hier oben ziemlich normal. Liegegebühr 15 Euro, um an der Mauer auf Vite vite zu liegen, ist ganz schön happig.

13.05. Abfahrt 8:00 Uhr, Ankunft 16:30 Uhr hinter Schleuse **Limbach**, Main-Kilometer 369,7, im Seitenarm an einem Betonponton rechte Seite. An der Steganlage des Clubs anzulegen war nicht erwünscht, da Boote angeblich zu schwer. Haben wir wenigstens Geld gespart. In der Schleuse Ottendorf haben wir rechts an der Mauer angelegt. Ein unheimlicher Schwell hat mir das Tau durch die Finger sausen lassen, das Boot ist auf die andere Seite gedriftet, gegen die Vite vite gedonnert, mit Beiboot am Anker eingehängt, Scheuerleiste an der Schleusenwand verkratzt. Schöne Scheiße. Schwarzer Donnerstag!

14.05. Abfahrt 7:00 Uhr, Ankunft 19:00 Uhr in **Nürnberg**, Kanal-Kilometer 65,2. An jeder Schleuse endlose Wartezeiten. Hafen Nürnberg irre teuer. 18 Euro für eine Nacht verlangen die Halsabschneider. Sparschleusen sehr schwierig zu fahren, mussten mit zwei Tauen schleusen, Boot war anders nicht zu halten. 18m Hubhöhe ohne Schwimmpoller sind eine Zumutung.

15.05. Liegetag in Nürnberg

16.05. Abfahrt 8:20 Uhr, Ankunft 16:30 Uhr, **Liegestelle Mülhausen**, Kanal-Kilometer 114 vor der ersten Abwärtsschleuse auf der Scheitelhaltung. Sämtliche Schwimmpoller der Sparschleusen sind am rechten Ufer. Starker Berufsverkehr, besonders sehr viele Kreuzfahrer unterwegs. Lange Wartezeiten vor den Schleusen.

17.05. Abfahrt 7:40 Uhr, Ankunft 17:30 Uhr, **Regensburg**, Donau-Kilometer 2.379,7. Oberwasser Schleuse Regensburg mit Genehmigung des Wasser- und Schifffahrtsamts und unter schwachem Protest des Schleusenwärters. Beim Abwärtsschleusen waren alle Schwimmpoller am linken Ufer, bis auf die vorletzte, Schleuse Riedenburg, da waren die Poller rechts. Heute keinerlei Gegenverkehr. Donaupegel ca. 0,5m unter normal, deswegen sehr wenig Strömung.

18.05. Abfahrt kurz vor 8:00 Uhr, da werden wir von einem Schubverband verjagt, der an der Mauer anlegen will. Erste Schleusung durch die Schleuse Regensburg um 9:00 Uhr. Ankunft in **Deggendorf**, Kilometer 2.284 um 16:00 Uhr. Keinerlei Vorkommnisse. Im Pulk gefahren mit 2 Berufsschiffen und einem Koppelverband, auch zusammen geschleust. Donau nicht sehr spektakulär. Fahrwasser teilweise sehr schmal. Leitwerke reichen fast bis zur Mitte des Flusses.

19.05. Abfahrt 6:00 Uhr, Schleuse Passau Kilometer 2.230, 9:45 Uhr, Schleuse Jochenstein Kilometer 2.203, 11:45 Uhr, Schleuse Aschach Kilometer 2.163 15:15 Uhr, Schleuse Ottensheim Kilometer 2.147, 17:00 Uhr, Ankunft Winterhafen **Linz**, 18:00 Uhr, Kilometer 2.131,8. Getankt in Schlögen. Donautal jetzt wunderschön. Sehr wenig Verkehr unterhalb von Passau. Strömung mäßig.

20.05. Abfahrt 7:00 Uhr, Ankunft 16:00 Uhr, Kilometer 2.037, **Melk** Yachtclub St. Pöltgen. 2 Schleusen jeweils 1,5 Stunden. Immer noch wenig Strömung, auch der gefürchtete Strudengau nur wenig mehr Strom. Yachtclub sehr versteckt in Seitenarm. Sehr warm, aber starker Wind. Abends Heuriger und Wachaurundfahrt mit dem Auto.

21.05. Liegetag. Einkaufen bei Hofer (Aldi), Weiterfahrt verschoben, da starke Gewitter angekündigt und Weg nach Wien für Nachmittag zu lang.

22.05. Abfahrt 8:00 Uhr, Ankunft 17:00 Uhr, Kilometer 1.926, **Wien**, mussten 1 Stunde im Fluss stehen wegen eines Motorbootrennens vor dem Hafen. Zwei Schleusen je eine Stunde Aufenthalt. Dauerregen, kühl. Landschaftlich sehr schön. Fließgeschwindigkeit ca. 5 – 6km/h, ca. 30 Hotelschiffen begegnet. Sehr viele deutsche Berufsschiffe, auch MSG.

23.05. Liegetag, Stadtbesichtigung Wien bei Sturm, Regen und Donnerwetter.

24.05. Abfahrt 9:30 Uhr, Ankunft 13:30 Uhr, **Bratislava** Kilometer 1.865, Milans Treff. Donau fließt sehr schnell. Schwieriges anlegen an Zollponton. Österreicher winken uns durch. Zollcontainer an Grenze nicht besetzt. Polizei in Brastilava macht Worte, stempelt aber doch die Pässe. Einer will 25 Euro fürs Anlegen. Bekommt er natürlich nicht. In der Schleuse Wien-Freudenberg werden wir sehr beengt mit einem Muflon mit Doppelleichter geschleust. Seitenarm zu Milans Treff schlecht zu erkennen. Hafenbecken sehr viel Schrott und viel Dreck im Wasser.

25.05. Liegetag, Stadtbesichtigung Bratislava mit Hindernissen.

26.05. Abfahrt 9:00 Uhr, Ankunft 19:00 Uhr, Kilometer 1.744 im Altarm vor Anker, da die Zufahrt zum **Yachthafen Neszmély** - Eden-Camping - völlig zugesandet ist. Donau sehr breit, Strömung mäßig. Fluss vor Schleuse Gabcikovo aufgestaut in einen ca. 20km langen See, Breite nicht feststellbar. See mündet in Kanal, 38km lang 500m breit. Slowakei ausklariert, Ungarn einklariert, beides völlig ohne Probleme und ohne Aufenthalt. Weder in Komarom noch hier im Altarm Diesel bekommen.

27.05. Abfahrt 9:30 Uhr, Ankunft 11:00 Uhr, **Esztergom,** Kilometer 1.719. Fahren in einen sehr schmalen Altarm ein. Hier ist ein Yachthafen aber auch keine Tankmöglichkeit. Donau immer noch breit, Strömung immer noch mäßig. Besichtigung Ortschaft und Basilika.

28.05. Abfahrt 12:00 Uhr, Ankunft 15:00 Uhr, **Szentendre** im Seitenarm bei Kilometer 11, Hauptstrom ca. Kilometer 1.667. Wunderschöner Altarm mit Inseln und allem was dazu gehört. Durchgehend 3 - 5m Wasser und betonnt. Sauwetter. Ort reiner Touristennepp. Selbst die Kirchen mit Eintrittsgeld. Wucherpreis ohne Strom und Wasser am Steg und ohne soziale Einrichtungen.

29.05. Abfahrt 8:00 Uhr, Ankunft 11:00 Uhr, Altarm **hinter Budapest** Kilometer 1.633. Kleiner Yachthafen, **Harosi** Yachtclub. Vorher in Wiking-Marina 800l Sprit getankt. Einzige Dieseltankstelle am Wasser in Ungarn. Unsere Rechnung von 1l pro km bewahrheitet sich. Panorama Budapest vom Wasser aus traumhaft schön. Harosi teurer als Winking-Marina. Millionen von Schnaken. Kein Trinkwasser.

30.05. Liegetag

31.05. Abfahrt 10:00 Uhr, Ankunft 14:00 Uhr, **Baggersee bei Kilometer 1.579**, linkes Ufer gegenüber Dunaujvaros. Einfahrt unter der Inselspitze bei 2,5m Wasser, Landseite untief. See ca. 5 - 6m Wassertiefe. Träge Fließgeschwindigkeit.

01.06. Abfahrt 9:00 Uhr, Ankunft 16:00 Uhr, **Baja** Kilometer 1.479 plus 5km kleine Kanäle, um zu der Marina zu gelangen. Supermarkt direkt am Hafen. Viele bekannte Markenartikel, Milka, Danone, Bonduelle etc. Kanal Richtung Balaton geht ab bei Kilometer 1.497,2. Kanal macht sehr guten Eindruck. Bewaldete Ufer an der Donau, teilweise Sandstrände. Wasser gräulich-braun. Keine besonderen Vorkommnisse.

02.06. Abfahrt 8:30 Uhr, Ankunft 14:00 Uhr, **Bezan** Kilometer 1.425. Dazwischen ausklariert in Ungarn von 11:00 Uhr bis 12:15 Uhr. Einklarieren in Serbien von 14:00 Uhr bis 18:00 Uhr. Sehr lange Wartezeit, weil wir auf die Abfertigung von 2 Berufsschiffen und einem Kreuzfahrer warten mussten. Grenzabfertigung viel Schreibkram für die Beamten, aber alle sehr freundlich. Durften nachts am Zollsteiger kostenlos liegen bleiben. Wetter weiterhin nur stundenweise schön. Kosten für die Durchfahrt von Serbien 60 Euro.

03.06. Abfahrt 8:15 Uhr, Ankunft 16:30 Uhr, **natürlicher Hafen bei 1.295** vor Anker. Wie so oft bei strömendem Regen. Genehmigung von Militär eingeholt. Donaulandschaft traumhaft schön. Vukovar zum Teil wieder aufgebaut. Kroatische Grenze überschritten, fahren nur noch in Serbien.

04.06. Abfahrt 9:00 Uhr, Ankunft 11:30 Uhr, Kilometer 1.258, **Novi Sad.** Yachthafen vor der ersten Brücke links im Seitenarm. Hinten im Becken ist eine Werft, vorne kleine Steiger für Boote von maximal 5m Länge. Anlegen für uns nicht möglich. Versuch an einem leeren, abgestellten, fast schrottreifen Hausboot. Sofort kommt einer angerannt und will 50 Euro kassieren. Wir legen wieder ab, da Ditmar sich in die Mitte gelegt hat und für uns kein richtiger Platz mehr ist. Unterhalb der Brücke kleine Anlage von Ruderclub mit Kopfsteiger im Strom und Restaurant. Kein Berufsverkehr, da Brücke bis Samstagnacht geschlossen.

05.06. Liegetag. Stadt und Festung besichtigt. Man muss sich für die Durchfahrt der Brücken bei Polizei und Hafenmeister mit sämtlichen Bootspapieren anmelden. Beide Ämter befinden sich unmittelbar bei der Ponton-Brücke.

Nach der Durchfahrt ist nochmals eine Crew-Liste und ein Abfahrtrapport am Polizeisteiger linkes Ufer unterhalb der Brücke abzugeben. Taxi bis zur Brücke 60 Dinar, auf die Festung 100 Dinar. 1kg Erdbeeren 90 Dinar, Liegeplatz für 2 Nächte 2.800 Dinar. Das Verhältnis stimmt nicht in diesen Ländern.

06.06. Abfahrt 7:30 Uhr, Brückendurchfahrt 8:00 Uhr, Ankunft **Belgrad** 12:30 Uhr. Angelegt an Raportsteiger Kilometer 1.168, ist aber nur für die Berufsschifffahrt. Werden in die Save verwiesen. Save liegt voller Restaurants, Schrott- Fischer- und sonstigen Kähnen. Nach längerem Suchen Polizeisteiger unterhalb Anleger Kreuzfahrer gefunden. Unsere sämtlichen Papiere einschließlich der Donaupässe werden einbehalten und erst bei Wegfahrt wieder ausgehändigt. Anlegeversuch im „Yachthafen" in der Donau, einem Dreckloch ohne Anlegemöglichkeit für Boote über 5m. Zurück in Save, an einem Restaurantboot Marina Dorcol festgemacht um 15:00 Uhr. Essen Fisch und werden sehr freundschaftlich aufgenommen.

07.06. Liegetag, Besichtigung Belgrad.

08.06. Diesel mit Tankwagen bekommen, 400l für 17.200 Dinar = 246 Euro, mit Hilfe von Pedrag Jovanovic, Data Press Direktor, Kondina 24, P.O. Box 155, 11000 Beograd, Tel. 00381 11 3340440, E-mail datapres@bitsyu.net und natürlich Datscho, der Wirt der Kneipe, und die Rechtsanwältin Elena, die glücklicherweise an diesem Tag in dieser Kneipe was zu feiern hatte. Letzter Besuch auf einem Markt, abenteuerliche Taxifahrt zurück. Wasser gebunkert.

09.06. Abfahrt 7:30 Uhr, abmelden Hafenamt ohne Problem, Papiere zurück. Ankunft 15:30 Uhr, Hafen Kilometer 1.072 **Kiseljevo**. Geschützter Ankerplatz, anlanden an Ufer nicht möglich. 17:00 Uhr Gewittersturm mit Regen und Hagel. Unser Anker rutscht, Vite vite segelt an uns vorbei quer durch den Hafen. Beluga weicht mit Motorkraft aus, hupt wie verrückt, da Ditmar nicht merkt, dass er mit Vollgas auf die Hafenmole zusteuert. Glücklicherweise hört Sturm schlagartig wieder auf. Wels gekauft, abends zerlegt und gebacken, wird allerdings noch 3 Tage reichen.

10.06. Abfahrt 8.:30 Uhr, Ausklarieren in Veliko Gradiste, wieder viel Papierkrieg aber alle sehr freundlich, Umtrunk mit Polizist und Zöllner bei Revision an Bord. Donaudurchbruch, Schluchten wie Norwegische Fjorde, Donau aufgestaut, Lot springt von 25 auf 60m, atemberaubender Anblick wie Bergseen, Ankunft 15:00 Uhr, ankern **Fluss Poreca** Kilometer 988 rechts Ufer, da links Militär.

11.06. Abfahrt 10:00 Uhr wegen Morgennebel, Ankunft nach Erledigung des Papierkrieges beim Einklarieren in **Orschova** Kilometer 953 geben 15:00 Uhr im Hafenbecken vor Anker. Im Ort Euro gegen Lei getauscht, sind jetzt mehrfache Millionäre. Allerdings kostet ein Brot schon 6.000 Lei. Am Ponton sollten wir pro Boot 10 Euro zahlen, nach Lektüre des Briefes von Konsul Alex Jakob wurde der Preis reduziert auf 10 Euro für alle drei Boote. Einklarieren pro Boot nochmals 10 Euro. Erstmals wurden auch die Bootspapiere verlangt. Beamten alle sehr korrekt und freundlich.

12.06. Abfahrt 8:00 Uhr, abmelden Hafenamt, Ankunft Schleuse 9:15 Uhr, Ausfahrt Schleuse 11:15 Uhr. Angelegt an einem ukrainischen Muflon am Revisionssteiger. Ukrainer versorgen uns mit frisch gebackenem Brot und Mohnzopf und schenken uns eine Flasche russischen Wodka. Das Schreiben vom Konsul verhilft uns zu einem kostenlosen Liegeplatz für die Nacht auf dem Polizeiboot. Endgültig angelegt 13:30 Uhr, Kilometer 931 **Turnu Severin**.

13.06. Abfahrt 8:30 Uhr nachdem der Chef der Hafenkapitäne bei uns war und uns um Connections bat. Wir haben ihm die Adresse des Deutschen Motoryachtverbandes und eine Kopie des Schreibens von Alex Jakob gegeben. Sie wollen hier einen Yachthafen eröffnen und wünschen sich viele Besucher aus Deutschland und Österreich. Schleuse Djerdab 2 ohne Probleme genommen. Schwimmpoller auf beiden Seiten. Ankerplatz hinter der **Insel Girla** bei Kilometer 837.

14.06. Liegetag. Kontrolle der Motoren und Batterien. Helmut hat Probleme mit dem Ladegerät. Ditmar hat sich wieder mal ein Stück von uns weggelegt. Sie sondern sich immer mehr von uns ab. Sind morgens weitergefahren nach Calafat.

15.06. Abfahrt 8:30 Uhr, Ankunft 11:30 Uhr, **Calafat** Kilometer 795. Prozedur bei Kapitanerie sehr aufwendig. Erstmals wird unser Donaufahrerlaubnisschein verlangt. Vite vite hat heute Morgen um 8:00 Uhr bereits abgelegt, Ziel uns nicht bekannt. Da sie zunehmend nur Belastung für uns waren, ist keiner traurig.

16.06. Abfahrt 8:00 Uhr (wir haben die Uhr auf lokale Zeit umgestellt, eine Stunde vor) zum nächsten Steiger zum Wasserbunkern. Steiger besteht nur aus verbogenem Blech. Tankung für uns an der Bunkerstation nicht möglich, da dort C-Rohr-Anschluss. Manfred bekommt Erlaubnis, in der Kapitanerie in der Küche anzuschließen. - kostenlos übrigens. 1 Stunde bunkern, so langsam läuft das Wasser. Weiterfahrt 9:45 Uhr. Wetter leider wieder diesig und bedeckt aber warm. Ankunft Kilometer 716 um 14:30 Uhr, hinter Insel bei 5 - 6m Tiefe ankern. Ständige Beobachtung von bulgarischem Militär.

17.06. Abfahrt 8:00 Uhr, bei Kilometer 704 das breiteste Stück Donau erreicht, Ankunft 16:00 Uhr hinter einer Insel auf 6m Tiefe bei Kilometer 590 vor Anker. Weit ist das Wasser eines kleinen Flusses auszumachen, der Schlammwasser aus den Karpaten bringt und sich nicht mit dem Donauwasser mischt.

18.06. Abfahrt 8:00 Uhr, Ankunft 13:30 Uhr, **Giurgiu** Kilometer 493 gegenüber Russe, der viertgrößten Stadt Bulgariens. Mal wieder Regen und undurchsichtiges Wetter. Sehr unübersichtliche Strecke mit vielen Inseln. Landmarkierungen, Kilometerschilder und Bojen fehlen fast vollständig. Nur der hohe Wasserstand rettet uns vor Sandbänken. Anmeldung Capitania ohne Probleme, nur Crew-Liste abgeben. Dürfen in einem kleinen Bassin am Ponton der Hafenverwaltung anlegen. Ein Mitarbeiter der Hafenverwaltung hilft uns, Diesel in Kanistern zu bunkern und bietet sich an, uns nach Bukarest zu fahren.

19.06. Mit Taxi nach Bukarest gefahren worden für 50 Euro hin und zurück und Fahrer hat auf uns gewartet. Anschließend hat uns seine Frau zum Mittagessen eingeladen. Katastrophale Zustände in der Stadt. Straßen in noch katastrophalerem Zustand, viele Pferdewagen unterwegs.

20.06. Abfahrt 10:00 Uhr, Ankunft 15:00 Uhr, Kilometer 410 vor Anker bei mäßig fließendem Wasser und kräftigem Ostwind. Wassertiefe 6m. Zwischenstopp in Oltenita, um Stentor-Werft zu besuchen, wurden aber darauf hingewiesen, dass Ausländer in dieser holländischen Niederlassung nicht erwünscht sind. Hafenkapitän bietet uns an, auf dem Ponton der Capitania liegen zu bleiben. Doch im Fahrwasser ist es uns zu unruhig.

21.06. Abfahrt 8:15 Uhr, um 15:00 Uhr fällt unser Anker bei Kilometer 302 auf 2,5m Tiefe, rechtes Ufer in einem schmalen Seitenarm, kurz vor **Cernavoda**. Starker Ostwind wie immer, Wetter gut. Sehr viele Inseln. Keine Bojen mehr im Wasser.

22.06. Anker auf 8:15 Uhr, warten bis Fischer sein Netz hoch hat und Helmut Fisch kaufen kann. Anlegen an Steiger, doch keiner spricht Englisch oder Deutsch. Ablegen, einfahren in Hafen, gefällt uns nicht, nur rostige

Berufsschiffe in Cernavoda. Helmut bleibt um einzukaufen. Wir fahren zurück, schauen in den Donau-Schwarzmeer-Kanal, auch hier keine Anlegemöglichkeit. Fahren weiter bei sehr starkem Wind und ziemlichem Gewell. Anker fällt hinter **Insel Mica** bei Kilometer 254 um 12:30 Uhr und 2,5m Wassertiefe. Wir erhalten die Nachricht, dass Vite vite den Schwarzmeerkanal genommen hat und bereits in Constanza ist.

23.06. Abfahrt 8:00 Uhr bei starkem Gegenwind, der sich auch nicht legt. An Braila vorbei, in **Galati** Kilometer 150 angelegt um 14:00 Uhr an einem Steiger. Anmeldung bei Capitania 100m. Dann Boote verholt auf Ponton der Capitania. Revision soll erfolgen von Ausländerpolizei, Hafenkapitän und Wasserschutzpolizei. 1 Euro Gebühr für die Anmeldung. Wir trinken Schnaps mit allen und verehren dem Hafenmeister eine Flasche Wodka. Können in der Stadt Fleisch kaufen, aber keinen Pfeifentabak. Sehr unruhige Nacht am Ponton.

24.06. Hafenkapitän bringt uns zur Metro zum einkaufen. Zurück sollen wir vor ablegen pro Boot 101 Euro zahlen. Lange Debatten. Hafenkapitän ist das alles sehr peinlich, doch Vorgesetzter bleibt stur. Nach zufaxen von Schreiben von Alex Jakob wird Preis reduziert auf 10 Euro. Abfahrt 14:00 Uhr, Ankunft 18:00 Uhr sm 45 hinter einer Insel vor Anker.

25.06. Um 6:00 Uhr von Polizeiboot geweckt für Passkontrolle. Abfahrt 8:00 Uhr, Ankunft 9:00 Uhr **Tulcea** sm 38,5. Genehmigung zum Befahren des Deltas eingeholt. Liegeplatz mitten zwischen einem chaotischen Haufen Schreckenskähnen gefunden. Abends Pizzeria. Sehr heiß.

26.06. Abfahrt 8:45 Uhr nachdem Manfred wieder fast eine Stunde beim Hafenamt war, um die Abfahrtsgenehmigung nach Sulina zu holen. Fahrt durch den St.-Georgs-Arm Richtung **Isac-See**, quer durchs Delta. 13:00 Uhr angelegt im Arm vor dem See, da dieser total verkrautet.

27.06. Abfahrt 9:00 Uhr, Rundfahrt durchs Delta an Mila 23 vorbei in diverse Seitenarme. Angelegt um 13:00 Uhr irgendwo am Ufer. Helmut macht mit dem Schlauchboot eine Rundfahrt und es passiert ihm wie jedem gewöhnlichen Anfänger, dass er über zwei Stunden umherirrt und nur mit Hilfe von Fischern wieder zurück findet.

28.06. Liegetag zum Reinigen der Filter, Kontrolle der Öle, Staubsaugen etc.

29.06. Abfahrt 9:00 Uhr, Ankunft 13:00 Uhr **Sulina**. SM 0 Kanal sehr trist. Liegen auf Tiefenvermessungsschiff. Wieder viel Papierkrieg und Revision an Bord. Gleiche Prozedur morgen beim Ablegen. Studentin getroffen, die in Deutschland studiert und hier für ihre Diplomarbeit recherchiert.

30.06. sm 92 Constanza, Abfahrt 8:30 Uhr. Aufgestanden 4:30 Uhr, da Messboot um 5:00 Uhr auslaufen wollte. Wegen schlechtem Wetter aber verschoben. Capitania nicht besetzt, erst um 8:00 Uhr. Revision wieder an Bord. Sehr bewölkt und windig. Barometer steigt. Bei Ausfahrt aus Sulina-Kanal schwere Brecher erwischt. Ständig Wellen von der Seite und starker Wind. Gegen Mittag dreht der Wind. Sehr raue See. Ankunft **Port Tomis in Constanza** 19:00 Uhr. Schwierigkeiten, einen Platz zu finden. Anmeldung Bordcontrol über Funk. Es kommen 4 verschiedene Behörden an Bord und füllen Zettel aus. Letzter Besuch 22:30 Uhr.

01.07. Liegetag. Besichtigung Constanza.

02.07. sm 26,7 Mangalia, Abfahrt 10:00 Uhr, da Capitania und Grenzpolizei 2 Stunden brauchen, bis sie an Bord kommen. Ankunft 13:00 Uhr Port **Mangalia**. 5 - 6 Windstärken, Wellen 2 - 3m hoch. Gischt spritzt 5m über Schiff. Sehr schwerer Seegang. Beluga hält sich sehr gut. Mannschaft auch.

03.07. Liegetag wegen starkem Wind. Einkaufen in Mangalia, 100 $ gewechselt und auf den Kopf gehauen. Kurs miserabel. 1kg Weißkraut 4 Lei, Lucky Strike 31.000 Lei, 1 Flasche Palinca 55.000 Lei. Sehr guter Schnaps. Waren die absolute Attraktion im Hafen. Für jedes Bild einen Euro und wir könnten uns in Rumänien einkaufen.

04.07. sm 47, Abfahrt 9:30 Uhr, da sehr viel Papierkrieg zu bewältigen und Grenzpolizei sich Zeit lässt mit den Stempeln fürs Ausklarieren. Sehr starke Dünung mit Kreuzsee, kaum Wind. Kräftige Schiffsbewegung. Erst besser nach Umrundung von Kap Kaliakra. Dann achterlicher Wind und Wellen von hinten. Ankunft 15:00 Uhr in **Baltschick**. Formalitäten des Einklarierens 1 Stunde. Dann verlegen der Boote in einen Yachthafen. Starker Schwell hinter der Mole. Platz sehr unruhig. Liegeplatz 50 Cent pro Meter Boot, Durchfahrtsgenehmigung durch Bulgarien 20 $. Gezahlt wird in Leva. Diesel bekommen wir von 50 Jahre altem Tankwagen.

05.07. sm 53, Abfahrt nach Abfertigung in der Capitania 11:00 Uhr Richtung Varna. Doch nicht angelegt, da Wetter so prima und Wasser ziemlich ruhig, wenig alte Dünung. Weiter bis **Nessebar**. Liegen um 18:00 Uhr an der Außenmole, sehr unruhig, Ostwind 3.

06.07. sm 17, Abfahrt 8:00 Uhr, Ankunft 10:30 Uhr Hafen **Burgas**. Starke Dünung. Portcontrol kontaktiert auf Kanal 16, Hafenkanal ist 11, wird in gut verständlichem Englisch mitgeteilt, bekommen Platz zugewiesen hinter einem Frachter Vanessa. Große Probleme mit den Behörden. Müssen 3x den Liegplatz wechseln. Im Hafen 1m hoher Schwell. Pässe werden eingezogen. Landgang nicht möglich. Man will uns abends um 7:00 Uhr aus dem Hafen schicken. Wir weigern uns. Holen am nächsten morgen um 5:00 Uhr unsere Pässe und Stempel auf der Crew-List von der Immigrations-Polizei. Manfred beschwert sich lautstark.

07.07. sm 50, Abfahrt 6:45 Uhr, Ankunft 13:00 Uhr **Igenada, Türkei**. Grauenvolle Fahrt mit bis zu 4m hoher Dünung. Wellenberge kommen von allen Seiten. Hafenkanal Igneata 8, Hafenkapitän kann leider nur Türkisch. In Igneada können wir nicht einchecken, aber wir dürfen im Hafen bleiben und warten bis sich die Dünung beruhigt hat. Das haben wir auch bitter nötig. Beluga und Kapitän haben sich tapfer geschlagen.

08.07. Liegetag mit kräftigem Nord-Ost-Wind. Großreinemachen innen und außen. Ausruhen und Kraft schöpfen für die restlichen Seemeilen in den Bosporus.

09.07. Liegetag. Immer noch Warten, obwohl kein Wind, aber ein sehr bedeckter dunkler Himmel.

10.07. sm 95, Abfahrt 7:00 Uhr, Ankunft 14:30 Uhr, Bosporus, Tanken, anlegen **MARINA Ataköy Istanbul** 18:00 Uhr. Immer noch starker Schwell mit Kreuzseen. Wind erst Süd 2 später Nord 4. Marina ist auf der linken Seite nach der Ausfahrt ca. 3sm hinter dem Fischereihafen. Hafen mit Tankstelle, Süßwasser, aber kein Trinkwasser an den Stegen.

11.07. Liegetag in Istanbul. Einchecken und Papierkrieg fast 3 Stunden, schlimmer als in Rumänien und Bulgarien. Sehr noble Marina, fast nur mit Luxusyachten belegt.

12.07. 68 sm, Abfahrt 10:00 Uhr nach Erhalt des letzten Stempels von der Ausländerpolizei. Ich bin sicher, dass sich kein Mensch mehr für dieses Transitlog interessiert. Ankunft 18:00 Uhr im Fischereihafen von **Terikdag**. Ein Fischer verlegt sofort sein Boot für uns und wir legen direkt vor einer Kneipe an. Natürlich gehen wir auch Fisch essen und Raki trinken. Wir bekommen Trinkwasser, darüber sind wir sehr froh und füllen gut voll. Herrliche Fahrt ohne Wind und Geschaukel.

13.07. 73 sm, Abfahrt 6:30 Uhr, Ankunft 15:00 Uhr, **Dardanellen, Canakkale** Marina. Kurz vor den Dardanellen steife Brise aus ESE. Wellenhöhe aber lediglich 1m, angenehme Fahrt. Angelegt römisch-katholisch, war aber kein Problem. Dusche, Toilette und Trinkwasser im Hafen, Diesel kommt mit Tankwagen.

14.07. Liegetag da Ausfall von Magellan und Plotter. Wir erhalten Hilfe, müssen aber einen Tag ausharren bis Magellan und Funkantenne eintreffen. Plotterfehler war defekter Chip für Ägäis. Das macht uns Probleme, da wir auch keine Karten für dieses Gebiet haben.

15.07. Liegetag, Starkwind, nachts kräftiges Gewitter mit Sturmböen.

16.07. Liegetag, abends Windstärke 8.

17.07. Liegetag, bereits morgens um 9:00 Uhr starker Wind. Trotzdem versucht Manfred für Sonntag auszuklarieren. Der Hafen ist irre teuer und wir würden gerne die paar Seemeilen bis Limnos zurücklegen.

18.07. 70sm 6Bft. Wellen 3m, Abfahrt 5:30 Uhr, Ankunft 13:00 Uhr, Wasser fliegt, Wellen so hoch, dass Hera manchmal im Wellental vollständig verschwindet. Ankern an der Süd-Westseite von **Limnos** in einer Bucht. Auch hier sehr stark windig aber wenig Wellengang.

19.07. Liegetag 6 Windstärken durchgängig, NE

20.07. 12sm, Liegetag 6 - 7 Windstärken, NE, verlegt um 17:00 Uhr bis 18:30 Uhr nach Limnos-Stadt **Myrina**. Auch hier einklarieren mit Schreibkrieg. Papiere und Pässe werden einbehalten und können erst um 22:00 Uhr wieder abgeholt werden. Stempel gibt es keine. Kosten für die Durchfahrt 15 Euro, Transitlog für Boote über 10m 29 Euro. Zollkontrollen werden keine durchgeführt.

21.07. Liegetag. Wetterbesserung in Sicht. Sehr heiß. Immer noch stark windig, selbst im Hafen.

22.07. Liegetag. Morgen soll der Wind nachlassen, dann hoffentlich weiter.

23.07. 90sm, Abfahrt 5:50 Uhr, See nur mäßig bewegt, fast kein Wind. Strömung läuft gegen uns. Ankunft 17:00 Uhr auf **Skiathos**. Ankern in einer

Bucht. Sehr unruhig durch ständig ein- und ausfahrende Sportboote und Wasserskiläufer. Müssen auf 20m Wassertiefe ankern.

24.07. 90sm, Anker auf 7:50 Uhr, Ankunft **Chalkis** vor der Brücke am Kai 17:00 Uhr. Ruhige, sehr windstille Fahrt. Felsen rechts und links den ganzen Tag im Dunst. Die Monsterwelle einer Fähre ist uns ins Vorschiff gestiegen. Ich habe schon viele Wellen gesehen, aber so was noch nicht. Die Wellen kamen erst, als das Fährschiff schon nicht mehr zu sehen war. Sehr starke Strömung in dem schmalen Golf. Irre heiß. Anmeldung für die Brücke im Hafenamt bei der Brücke. Man muss ab 20:30 Uhr an Bord sein und sich bereithalten. Die Brücke wurde geöffnet um 1:30 Uhr. Sehr viel Verkehr auch durch angelnde Fischer. Unterhalb der Brücke ist das Becken völlig dunkel. Unser Anker fällt um 2:00 Uhr im Becken vom Yachthafen.

25.07. 60sm, bis 10:00 Uhr eine Tankstelle gesucht und gefunden, getankt, dann Weiterfahrt. Ankunft 17:00 Uhr Limin **Lavrion**. Laut Handbuch ein guter Platz zum Ankern, ist aber ein Handelshafen. Als der Golf sich verbreiterte kamen Dünung und Wind. Anmeldung beim Hafenmeister kein Problem. Liegeplatz teuer.

26.07. 75sm, Abfahrt 7:00 Uhr, seit 5:00 Uhr haben die Hafenköter gekläfft. Relativ ruhige Fahrt durch den Golf von Athen trotz starker Berufsschifffahrt und vielen Fähren, sehr viele Inseln und Felsen im Wasser. Nachmittags frischt der Wind auf, kann uns aber nichts mehr anhaben, da wir bereits am Kanal von Korinth sind. Durchfahrt für uns 190 Euro, hat mich fast umgehauen. Ankunft Hafen von **Korinth** 14:00 Uhr. Liegen an einem Schwimmsteg. Wind hat aufgebrist auf 5Bft. 2 deutsche Segler aus Berlin im Hafen.

27.07. 58sm, Abfahrt 8:00 Uhr, Ankunft 14:00 Uhr, **Nisis Trizonia**. Große Bucht hinter einigen Inseln. Mussten wir anlaufen, da Wind auf 6 – 7 aufgebrist hat. Kam glücklicherweise von vorne, so dass wir zwar nass aber sonst nicht weiter gefährdet waren. Sturmwarnung bis 8 wird erteilt, die hat es dann auch am späten Nachmittag. Mehrere deutsche Segler im Hafen und viele Engländer, anscheinend ist der Hafen kostenlos. Keine Versorgung. Restaurant und Supermarkt am Platz.

28.07. 80sm, Abfahrt 8:00 Uhr, Ankunft 17:30 Uhr, Marina Vounaki bei **Palairos**. Kräftiger Wind im Golf von Patras. Dort wird zwischen Peloponnes und Festland eine Brücke gebaut. Hatten ein bisschen Durcheinander mit Traffic-control. Ionisches Meer anfangs ruhig und Windstärke 1, entgegen dem Wetterbericht aufgebrist auf 5. Stellenweise stark eingesalzt geworden. Wellen innerhalb 1 Stunde 1,5m. In Marina getankt, anschließend gleich Liegeplatz genommen und mit Süßwasser Schiff gewaschen, mit Erlaubnis für 6 Euro.

29.07. 20sm, Abfahrt 10:00 Uhr nach dem Zahlen unserer Tank- und Übernachtungsrechung. Recht angenehme Fahrt durch Lagunen an der Insel Levkas vorbei. Dann durch einen schmalen Kanal, der die Ausfahrt ins Meer mit einer Brücke verschließt. 1 Stunde Wartezeit vor der Brücke. Im Kanal gut abgedeckt, kein Wind. Im Meer 1,5m hohe Wellen und 4 Bft. Als Wellen immer schlimmer wurden, abgedreht in den Amprakischen Golf, angelegt am Kai um 14:00 Uhr in **Preveza**. Für morgen noch mehr Wind angekündigt.

30.07. Liegetag. Sehr unruhig an der Mole direkt an der Stadt, Schwell von außen und durch ein- und ausfahrende Boote. Gegenüber Ladekai ständig belegt und wird gearbeitet, Jockel von Frachtschiff läuft ständig. Völlig windstill bis abends, dann Wind die ganze Nacht und Schwell.

31.07. 70sm, Abfahrt 8:00 Uhr anfangs starker Seegang, fast kein Wind, Abdeckung durch Paxi und Antipaxi, keine Wellen mehr, fast Windstill, obwohl Sail 24 4 - 5Bft. gemeldet hat. Sehr schöne Fahrt. Punkt 14:00 Uhr Starkwind in der Bucht von **Kerkira/Korfu-Stadt**. Hafen mit einheimischen Booten überfüllt. Müssen 4x den Platz wechseln, weil ein Fischer oder Ausflugsboot kommt, dann flüchten wir und gehen ganz hinten in der Bucht vor Anker. Nur hier kann ich nichts von Korfu sehen. Auch für die nächsten beiden Tage Starkwind gemeldet.

01.08. 35sm, sehr ruhige, windstille Nacht. Morgens fahren wir in den Zollhafen zum Ausklarieren. Anschließend Stadtbesichtigung. Touristennepp, Dreck, Gestank, Bruchbuden, viele Souvenirläden, Cafes etc. Immer noch kein Wind und wir entschließen uns bis zur Insel Othonoi zu fahren und bis Italien schon ein Drittel weniger zu haben. Abfahrt kurz vor 12:00 Uhr. Leichte Dünung. Wind brist auf um 13:00 Uhr. Bis 14:00 Uhr Wellen 1,5m hoch. Jetzt haben wir genauso weit zurück wie auf die Insel. Wir entschließen uns weiterzufahren. Die Wellen nehmen mit jedem Meter zu, der Wind wird immer stärker. Manchmal stehen wir senkrecht im Wasser. Wellen steigen ein bis zum Steuerstand. Es ist zum kotzen. Um 15 Uhr plärrt Olympic Radio eine Securite-Warnung durch den Äther, 7 – 8Bft. Lecker. Mit Vollgas versuchen wir unter die Abdeckung der Insel zu kommen. Der Insel vorgelagert sind Untiefen und Klippen. Diesmal hab ich wirklich Angst. Manfred gibt sich cool. Unter der Abdeckung der Insel wird der Seegang besser. Manfred kann sich informieren, wo wir sind. Im Standgas schleichen wir an der Insel entlang, tasten uns zwischen Klippen und Untiefen in den **Ormos Amos auf der Insel Othonoi,** Ankunft 16:30 Uhr. Die Bucht liegt bereits voller Schiffe, die meisten Segler. Wir müssen ganz unter Land für einen Ankerplatz. In der Bucht hat es Fallböen. Sehr unangenehm. Unser Anker hält bombig, Manfred muss keine Ankerwache schieben.

02.08. Liegetag in der Bucht. Immer noch windig, teils böig. Später windstill. Abends 45 Boote in der idyllischen, menschenleeren, kleinen Bucht. Nachts ab Punkt 2 Fallböen und starker Wind.

03.8 50sm, Abfahrt 5:30 Uhr, Ankunft 11:00 Uhr **St. Maria di Leuca/Italien.** Etwas taumelige aber erträgliche Fahrt. Liegen an der Mole kostenlos aber ohne Strom. Gegenüber Yachthafen mit allem Komfort. Einklarieren formlos ohne jeden Schreibkram, lediglich eine Crew-Liste abgegeben. Stadt sehr weit entfernt.

04.08. 95sm, Abfahrt 7:00 Uhr, Ankunft 17:00 Uhr **La Castella**. Toller Tag trotz leichter Dünung aus dem Golf von Taranto. Dies war die längste Strecke über freies Wasser, die wir zurücklegen mussten. Angelegt im Fischerhafen.

05.08. 55sm, Abfahrt 7:20 Uhr, See unbewegt, leichter Wind, Ankunft 13:00 Uhr **Roccella Ionica** im Yachthafen an einer Betonmole. Die Fingerstege sind zu klein für große Boote. Liegen an der Mole kostenlos, allerdings ohne Versorgung, die wir aber auch nicht brauchen. Pizzeria am Hafen. Stadt 3km entfernt.

06.08. 80sm, Abfahrt 7:00 Uhr, Ankunft 16:00 Uhr in **Messina**. Wollten eigentlich nach Reggio, haben aber keinen Liegplatz gefunden. Yachthafen wäre angeblich voll und Handelshafen war unmöglich, schlimmer als in Baja. Wettervorhersage verkündete 1 - 2Bft. Wir hatten mindestens 5 und sind mal wieder weiß überkrustet. YH Messina sehr voll, mussten rückwärts anlegen, hatten aber Hilfe von Land und Moorings, war kein großes Problem.

07.08. Liegetag. Der Hafen ist beschissen. Das Boot bewegt sich ständig, weil immer mindestens 6 Fähren in und aus dem Hafen fahren und das immer in voller Marschfahrt. Manchmal reißt Beluga so stark am Steg, dass Manfred Angst hat, wir würden ihn abreißen.

08.08. 100sm, Abfahrt 6:30 Uhr, Ankunft 17:00 Uhr **Cetraro.** Mäßiger Wind und mäßiger Wellengang. Hafen sehr gut, trotz gegenteiliger Angaben im Hafenhandbuch. Kostenloser Liegplatz, aber Vorsicht, der Wirt von der Kneipe macht sich zum Festmacher und verlangt dafür 20 Euro. Bei uns kam er zu spät, wir waren schon fest und trotzdem hat er versucht, uns abends in der Kneipe die 20 Euro auf die Rechnung zu hauen. Spitzbube.

09.08. 80sm, Abfahrt 7:30 Uhr, Ankunft 16:00 Uhr in **Agropoli.** Keine besonderen Vorkommnisse. Großer Hafen. Mit Hilfe eines Jungen mit Mooring rückwärts an Steg angelegt. Sonderpreis für eine Nacht 60 Euro.

10.08. 95sm, Abfahrt 7:30 Uhr, Ankunft 18:30 Uhr vor Anker bei **Gaeta.** Wollten eigentlich in den Hafen von Formia, haben aber keinen Platz gefunden. Irrer Verkehr in der Bucht von Neapel zu den Inseln Ischia und Capri. Wind bis 3, mäßig bewegte See, trotzdem Gischt und alles zugesalzt. Kommen dank des ruhigen Wetters gut voran.

11.08. 105sm, Abfahrt 6:30 Uhr, Ankunft nach tanken um 17:00 Uhr in **Civitavecchia.** Wieder horrende Hafengebühr. Wind 3 See 1m.

12.08. 85sm, Abfahrt 7:00 Uhr, Ankunft 17:00 Uhr in **Salivoli.** Haben den Hafen eine halbe Stunde lang gesucht, weil Angaben im Handbuch ungenau und Hafen hinter dem Kap. Wind 4, Wellen 1m seitlich, sehr unruhige Fahrt. Teuerster Hafen bis jetzt. 85 Euro.

13.08. 45sm, Abfahrt 7:00 Uhr, Ankunft 12:00 Uhr in **Livorno.** Mussten Fahrt abbrechen, da Ligurisches Meer 5m Dünung hatte. Mangels Wind nur eklig, aber nicht lebensgefährlich. Kaum waren wir im Hafen, hat der Wind aufgebrist auf 4. 2 Stunden später Sturm. Das hätte uns ganz schön in Kalamitäten gebracht.

14.08. Liegetag und Arbeitstag

15.08. 40sm, Abfahrt 9:15 Uhr, Ankunft 14:00 Uhr vor Anker in der Bucht von La Spezia vor der Ortschaft **Le Grazia.** Immer noch extrem hohe Dünung im Meer. Wind 2.

16.08. 90sm, Abfahrt 6:30 Uhr, Ankunft nach Tankung um Hafen **Alassio** um 16:00 Uhr. See immer noch kabbelig, konnten aber die Bucht von Genua abkürzen, mussten sie nicht komplett ausfahren. Ab Nachmittag starke Eintrübung. Wind 2.

17.08. 101sm, Abfahrt 7:00 Uhr, Ankunft vor Anker 16:30 Uhr nahe **St. Tropez** in der Anse de Canebiers. Obwohl Sail 24 für 2 Uhr nachts 3 Windstärken gemeldet hat, ist die Nacht und auch der Morgen völlig windstill. Wir wagen einen Versuch. Es hat fast keine Dünung, doch das Wasser ist unruhig. Gegen Mittag bekommen wir die versprochenen 4Bft. Vor Monaco, Nizza und Cannes herrscht ein Verkehr wie in Frankfurt auf der Zeil. Riesen-Yachten schießen vorne, hinten und seitlich an uns vorbei, überholen uns mit Vollgas. Manfred schlägt Hacken mit der Beluga wie ein Hase hinter dem der Hund her ist, um in die ekelhaften Walzen zu fahren. Die Fahrt ist wieder einmal sehr unangenehm. Wettervorhersage für morgen 7Bft.

18.08. 25sm, Abfahrt 7:00 Uhr, Aufgabe 10:00 Uhr in **Anse de Cavalière**. Die Bucht ist nicht so groß wie die letzte Nacht in der uns ein schreckliches Unwetter erwischt hat. Windböen haben Meer und Regen über das Wasser fliegen lassen. Faustgroße Hagelkörner haben uns attackiert und wir hatten Bedenken, dass es unsere Fensterscheiben einhaut. Die Anker sämtlicher Boote sind ausgebrochen. Es war ein Geschrei und Gehupe, dazwischen das Krachen des Donners, ohrenbetäubend. Der Himmel wetterte als würde eine Neonröhre ständig an und ausgeknipst. Später gingen Blitze nieder. Dem Krachen nach müssen auch welche eingeschlagen haben. Irgendwo ist eine Jauchegrube oder die Kanalisation übergelaufen. Es hat bestialisch gestunken. Manfred musste die Motoren anwerfen. Ob unser Anker geslippt ist, oder er ihn ausgebrochen hat, lässt sich nicht feststellen. Wir hatten ständig Kollisionsgefahr mit einer großen gelben Markierungstonne. Doch wir haben den Schlamassel ziemlich schadlos überstanden - bis auf den Kompass der Selbststeueranlage, der spielt seither total verrückt. In den Häfen ist kein Platz zu bekommen und der Himmel sieht immer noch nach Weltuntergang aus. In der Lioner Bucht sind 3 – 7Bft gemeldet mit entsprechendem Seegang. Wir werden wohl noch einen zusätzlichen Tag ausharren müssen. Manfred hat heute Nacht einen Gichtanfall bekommen. Völlig unverständlich wovon.

19.08. 60sm, Abfahrt 8:30 Uhr obwohl wir eigentlich einen Liegetag einschieben wollten, aber die See war ziemlich ruhig und die ganze Nacht hatte es kaum Wind. Ab Cap Sicié wurde die Dünung immer höher. Am Cap d'Aigle erreicht die Dünung die unerträgliche Höhe von mehr als 2m und der Wind frischt auf. Wir flüchten in die Bucht von Cassis. Ankunft **Cassis** 15:00 Uhr. Mittlerweile hat der Wind bereits wieder Sturmstärke erreicht. Das Wasser fliegt. Wir versuchten einem gekenterten Segler zuhelfen, doch sie kamen alleine zurecht.

20.08. 35sm, 40km, Abfahrt 8:30 Uhr leider ohne zu tanken, da Tankstelle defekt. Strammer Wind und die Gischt salzen uns ein. Passieren die Schleuse von Port St. Louis du Rhone um 12:30 Uhr. Sind um 13:00 Uhr in der Rhone. Diese hat Hochwasser, ist sehr dreckig, aber wenigstens nicht mehr salzig. Ankunft 16:00 Uhr in **Arles**. Steiger erwartungsgemäß voll belegt. Ein kleiner Segler belegt großzügig einen 15m Platz. Wir bitten ihn, uns an den Steg zu lassen und außen auf uns drauf zu liegen, doch er alte Holländer weigert sich. Wir sollen uns einen anderen Platz suchen. Ein Engländer, den wir schon öfter getroffen haben, lässt uns außen drauf. Selbst als später noch ein kleineres Boot kommt, weicht der Holländer keinen Meter nach vorne, der andere zwängt sich mühsam in die kleine Lücke. Noch zwei spätere Boote kommen ins Päckchen, ein Segler auch bei uns als 3. Boot.

21.08. Liegetag, kein Ruhetag. Manfred entsalzt und entrostet und wir putzen wie die Wilden innen und außen.

22.08. Liegetag. Mittlerweile sehen wir schon wieder ganz passabel aus. Manfred hat sogar die Reling neu geölt.

23.08. Liegetag

24.08. 40km, 1 Schleuse, Abfahrt 9:30 Uhr, Ankunft 14:30 Uhr **Avignon**. Dicke Bewölkung teilweise Regen. Kühl. Man sollte nicht glauben, dass wir noch in Südfrankreich sind und es immer noch August ist. Anlage in Avignon vom Hochwasser weggeschwemmt. Dalben noch im Wasser. Liegen zur Zeit nur an Mauer möglich. Natürlich sehr voll wie überall. Wollten in Vallabregues anlegen, doch kein Platz, mittlerweile viele Dauerlieger.

25.08. 30km, 1 Schleuse, Abfahrt 9:30 Uhr, Ankunft 12:00 Uhr **Ardoise**. Verspätete Abfahrt wegen Tankung. Schönes Wetter aber starker Nordwind, hoffentlich gibt das keinen Mistral. Sehr viel Dreck im Wasser. Anlage in Ardoise mit Strom und Wasser, pro Meter 1 Euro. Hafenmeisterin spricht Deutsch. Deutscher Segler am Steg mit großen Problemen mit seinem Verstellpropeller.

26.08. 50km, 2 Schleusen, Abfahrt 8:30 Uhr, gleich an der ersten Schleuse eine Stunde Wartezeit. Ankunft 15:30 Uhr in **Viviers**. Die Rhone fließt fast auf der ganzen Strecke wie im Binger Loch. Wir kommen kaum vorwärts. Natürlich haben wir Mistral. Wie könnte es auch anders sein. Winziger

Hafen mit merkwürdig hohen Fingerstegen. Hinten an Dalben festzumachen. Zauberhafter mittelalterlicher Ort.

27.08. 55km, 3 Schleusen, Abfahrt 7:30 Uhr. Wir sind so früh weil 2 englische Narrow-Boote neben uns auch ablegen und die Schleuse nur 1km weiter ist. Mehr Boote haben eher eine Chance ohne größere Wartezeiten geschleust zu werden. Doch die Eile war nicht unbedingt erforderlich, ein Berufsschiff kommt zu Berg. Mistral brist auf ca. 7 Windstärken. Das Wasser fliegt bis zu den Windschutzscheiben. Es ist ungeheuerlich. Die Strömung ist enorm. Manfred fährt fast Vollgas um wenigsten mit 8km/h vorwärts zu kommen. Ankunft **Valence** 15:00 Uhr.

28.08. 72km, 3 Schleusen, Abfahrt 8:30 Uhr kein Mistral. Wasser sehr hoch, sehr viel Dreck und Gras, sehr starke Strömung. An jeder Schleuse lange Wartezeiten. Ankunft 17:30 Uhr **Condrieu**. Schönes Wetter aber nicht mehr so heiß.

29.08. 40km, 2 Schleusen, Abfahrt 8:30 Uhr, Ankunft 13:30 Uhr in **Lyon**. Liegen in der Saone an der Mauer, an der uns 2001 die Fahrräder geklaut wurden.

30.08. Liegetag in Lyon, Vignette gekauft.

31.08. 50km, 1 Schleuse, Abfahrt 9:00 Uhr, Ankunft 13:00 Uhr **Montmerle-sur-Saône**. Kühl aber sonnig. Anleger sehr gut mit Strom und Wasser aber nicht mehr kostenlos. Alle Einkaufsmöglichkeiten, auch Bank und Supermarkt am Ort.

01.09. 60km, 1 Schleuse, Abfahrt 9:00 Uhr, Ankunft 15:00 Uhr in **Tournus**. Anleger immer noch prima mit Wasser und Strom. In Macon getankt. Wunderschön ruhige Fahrt bei herrlichem Wetter.

02.09. Liegetag

03.09. 100km, 3 Großschleusen, 2 Kleinschleusen im Doubs, Abfahrt 7:00 Uhr, Ankunft 17:00 Uhr im **Rhein-Rhone-Kanal** vor der 3. Schleuse. Wunderschöner Tag, herrliches Wetter. Morgens Unterbrechung wegen starkem Nebel.

04.09. 18km, 6 Schleusen, Abfahrt 8:00 Uhr, Ankunft 11:30 Uhr in **Dole**. Treffen Luciano und Margreth. Schönes Wetter. Können nur am Kopfsteiger liegen, hier gibt es aber weder Wasser noch Strom. Stinkt immer noch eklig. 1. Nacht frei, dann 5,40 Euro. Nächstes mal auf die andere Seite liegen, kostenlos.

05.09. Liegetag, Pizza mit Hindernissen. Abends Bowle. Heiß.

06.09. 28km, 7 Schleusen, Abfahrt 9:00 Uhr, Ankunft 13:00 Uhr **Ranchot**. An jeder Schleuse Zirkus, ging entweder nicht auf oder nicht zu. Liegegebühr dieses Jahr 5 Euro mit Strom und Wasser und WC. Trotzdem schöner Platz zum Grillen. Sehr warm.

07.09. 20km, 6 Schleusen, Abfahrt 9:30 Uhr, Ankunft 13:00 Uhr **Thoraise**. Steiger von Bumsboot großzügig belegt. Luciano legt an die Wiese, wir an einem abgestellten Kahn an. Später belagern dann wir die Anlage. Nachmittags kommen 3 Penischen der erwarteten 6, der Rest liegt vor der Schleuse vor Anker bis morgen. Es hat Schnaken wie in unserer besten Zeit an der Donau.

08.09. 14km, 4 Schleusen, Abfahrt 9:30 Uhr, Ankunft 14:30 Uhr **Besancon**. Durch die Penischen Stau wie auf der Autobahn. Sehr heiß.

09.09. Liegetag. Besuch von Traugott und Uta, Spazierfahrt mit den beiden, dabei einen Fender gefetzt

10.09. Liegetag. Markt, Wetter trübt ein.

11.09. Liegetag. Grotte von Osselle, sehr interessant, abends Regen.

12.09. 20km, 4 Schleusen, Abfahrt 10:30 Uhr, Ankunft 14:00 Uhr **Deluze**. Bewölkt, leicht getröpfelt. Morgens kühl, später besser. Wasser und Strom am Anleger, aber flach am Rand.

13.09. Liegetag. Mehrere Male hinter dem Bäckerauto hergehetzt, um Baguette zu kaufen. Sehr hübscher Ort.

14.09. 18km, 7 Schleusen, Abfahrt 9:00 Uhr, Ankunft 12:30 Uhr bei **Baume-les-Dames Camping Douvot**. Anleger am Campingplatz für 1 Boot.

15.09. 14km, 6 Schleusen, Abfahrt 9:00 Uhr, Ankunft 11:30 Uhr **Clerval**. Anlegemanöver quer zu Strom und Wind war nicht einfach, Anlage sehr klein, immerhin Strom und Wasser. Richtig Herbst, morgens sehr kühl aber wenn Sonne kommt wunderbar warm.

16.09. 14km, 7 Schleusen, Abfahrt 9:30 Uhr wegen Nebel, Ankunft 12:00 Uhr **L'Isle-sur-le-Doubs**. Einkaufen im Super U, dann ein Stück weiter in eine Ausbuchtung, da Anleger ziemlich voll und uns 6 Euro ohne alles zu teuer.

17.09. 6km, 4 Schleusen, Abfahrt 9:00 Uhr Ankunft 10:30 Uhr hinter Schleuse 23 **Colombier-Chatelot**. Guter Anleger mitten in der Natur.

18.09. Liegetag. Wunderschönes Wetter, Grillparty zu meinem Geburtstag.

19.09. Liegetag. Trüb und Regen.

20.09. 24km, 13 Schleusen, Abfahrt 9:00 Uhr, Zwischenstopp in Montbeliard zum Einkaufen, Ankunft 17:30 Uhr Anlage Embrachment von Belfort, neuer Anleger hinter **Schleuse 9**. Mittags sehr schön. Erster Federweise war mehr Traubensaft als Wein. Manfred pflückt Brombeeren.

21.09. 11km, 6 Schleusen, Abfahrt 9:00 Uhr Ankunft 11:30 Uhr in **Montrieux-Chateau** auf der Scheitelhaltung. Dauerregen und kühl.

22.09. 9km, 14 Schleusen, Abfahrt 8:30 Uhr, Ankunft 11:00 Uhr **Dannemarie**. Trocken aber sehr kühl und sehr kalter, starker Wind. Unsere Tage sind gezählt.

23.09. Liegetag. Konnten wegen Sturm und Regen nicht weiterfahren. Habe Gelegenheit genutzt für einen Großwaschtag.

24.09. 23km, 21 Schleusen, Abfahrt 9:00 Uhr, Ankunft 15:30 Uhr in **Mülhausen**. 1,5 Stunden Mittagspause haben wir in einer Schleuse verbracht. Mit elektrischen Schleusen gab es Probleme. Kurz vor Mülhausen gab's natürlich noch einen kräftigen Regenguss. Musste sein. Sonst Wetter ganz passabel. Oft Sonne.

25.09. 58 km 4 Großschleusen 1 Kleinschleuse
Abfahrt 9.30 Ankunft 17:00 in **Vogelgrün**. Elend lange Wartezeiten an den Schleusen. Regen oder sehr bedeckt und kühl. Abschied von Luciano und Margreth.

26.09. Liegetag auf Vogelgrün wegen miserablem Wetter.

27.09. 110km, 6 Schleusen, Abfahrt 8:00 Uhr, Ankunft 17:00 Uhr in **Baden-Baden**. Schleusen relativ gut und ohne längere Wartezeiten bewältigt. Wetter diesig, manchmal Regen.

28.09. 178km, Abfahrt 8:30 Uhr, Ankunft 18:00 Uhr am **Liegeplatz**. Unsere Heimfahrt gestaltete sich unspektakulär, manchmal kam sogar die Sonne durch.

Ein ereignisreicher Sommer ist zu **Ende**

Segelwandern von der Adria bis ins östliche Mittelmeer

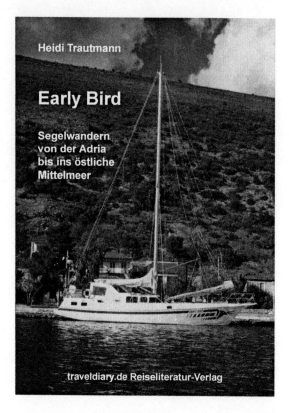

"Es ist Luxus, frei zu sein – und wenn Dir etwas nicht passt, holst Du die Leinen ein und segelst dem nächsten Horizont entgegen. Wenn Du dann draußen bist auf See, dann legst Du alles ab, lebst und bist einfach – ganz einfach. Das ist Luxus!"

Karl und Heidi Trautmann haben ihren Traum verwirklicht, in ihrer Freizeit ein Segelboot gebaut, ihre Jobs an den Nagel gehängt und die Leinen gelöst. Heute ist die Early Bird ihr Zuhause, das östliche Mittelmeer ihre Heimat, der Hafen von Girne im türkischen Teil Zyperns ihr Ankerplatz.

Eine Reise entlang der Geschichte und der Küsten Griechenlands, der Türkei, Syriens, Libanons, Israels und Ägyptens, von der Planung eines Segel-Abenteuers auf bayrischem Festland zu einem neuen Leben in zypriotischen Gewässern..

Erhältlich im Buchhandel und bei www.traveldiary.de